U0674133

发展规划研究2023年

浙江省发展规划研究院　编

图书在版编目（CIP）数据

发展规划研究 . 2023 年 / 浙江省发展规划研究院编 . 北京：中国发展出版社，2025. 4. -- ISBN 978-7-5177-1485-9

Ⅰ . F127.55

中国国家版本馆 CIP 数据核字第 20256WT899 号

书　　　名：发展规划研究 2023 年
著作责任者：浙江省发展规划研究院
责 任 编 辑：张　楠
出 版 发 行：中国发展出版社
联 系 地 址：北京经济技术开发区荣华中路 22 号亦城财富中心 1 号楼 8 层（100176）
标 准 书 号：ISBN 978-7-5177-1485-9
经　销　者：各地新华书店
印　刷　者：北京瑞禾彩色印刷有限公司
开　　　本：710mm × 1000mm　1/16
印　　　张：22.5
字　　　数：370 千字
版　　　次：2025 年 4 月第 1 版
印　　　次：2025 年 4 月第 1 次印刷
定　　　价：108.00 元

联 系 电 话：（010）68990635　68990625
购 书 热 线：（010）68990682　68990686
网 络 订 购：http：//zgfzcbs.tmall.com
网 购 电 话：（010）88333349　68990639
本 社 网 址：http：//www.develpress.com
电 子 邮 件：814700996@qq.com

浙江省发展规划研究院　编

前　言

习近平总书记指出，用中长期规划指导经济社会发展，是我们党治国理政的一种重要方式。党的二十届三中全会审议通过的《中共中央关于进一步全面深化改革、推进中国式现代化的决定》明确提出，“发挥国家发展规划战略导向作用”“健全国家经济社会发展规划制度体系”。发展规划作为一种战略性、前瞻性、导向性公共政策，在凝聚发展共识、引领发展方向、配置公共资源、实现战略目标等方面发挥着不可替代的作用。

作为新时代全面展示中国特色社会主义制度优越性的重要窗口，浙江省高质量发展建设共同富裕示范区以及中国式现代化省域先行区，以其独特的实践经验、创新活力和系统化探索，为发展规划研究提供了极具价值的“浙江样本”。浙江省发展规划研究院作为浙江省委、省政府重要决策智囊，省级高端智库试点单位，具有全国影响的综合性智库，面向全国，深耕浙江，承担“七五”以来全省多轮、多地发展规划咨询工作，参与广东、江西、福建、重庆、贵州、新疆、西藏、甘肃、内蒙古等 20 多个省份相关发展规划编制，积累了丰富实践经验。

《发展规划研究》是浙江省发展规划研究院创办的内刊，立足浙江，放眼全国，以反映发展规划领域理论创新、实践探索，以及浙江在推进共同富裕和中国式现代化建设中的路径探索为主要任务，聚焦经济发展、文化建设、社会建设、生态文明建设等领域发展规划工作的最新内容和热点话题。本书精选《发展规划研究》2023 年的文章共计 52 篇，内容涵盖宏观经济、区域发展、城镇发展、基础设施、产业发展、能源环境、社会发展、铁路 PPP 等多个领域，既注重理论探讨，也强调实证分析，力求为读者提供丰富的理论参考与实践案例。我们相信，本书的出版将为推动发展规划研究领域理论与实践创新提供有力支撑，为政策制定者、研究人员、企业管理者以及广大读者提供一本兼具理论深度与实践价值的参考读物。

目　录

第一章

宏观经济板块：推进营商环境“一号改革工程”

营商环境评价体系研究述评*

张颖

营商环境是指企业等市场主体在市场经济活动中所涉及的体制机制性因素和条件。党的二十大报告中强调，要完善产权保护、市场准入、公平竞争、社会信用等市场经济基础制度，优化营商环境。优化营商环境是党中央提出的经济发展新方略，也是党的十九大之后“放管服”改革的新目标，受到各级政府高度重视，优化营商环境成为促进区域发展的重要抓手，一系列政策举措随之推出。构建适合地方经济社会发展特点的营商环境指标体系及配套评价机制，并以此开展营商环境评估，是认清自身发展状况、发现本地营商环境问题必不可少的基础工作，以评价促改革，对降低制度成本、促进政策精准发力、提升市场主体满意度有着显著作用。当前正值世界银行发布新版《营商环境成熟度报告》（B-Ready）评价体系之际，对已有营商环境评价体系进行研究，以期为进一步优化营商环境评价体系提供参考。

一、国外主要营商环境评价指标体系

世界银行自2002年起每年发布《营商环境报告》（DB），经济学人智库（The EIU）每五年发布一次营商环境报告。此外，经济合作与发展组织（OECD）建立了“创业环境”评价指标体系，全球创业观察（GEM）建立了“创业环境”评价指标体系。由于这些国际组织本身具有较大的影响力，其设定的指标体系被许多国家和学者采用，均为得到国际认可的评价指标体系。

---

* 本文刊于《发展规划研究》2023年第6期。

（一）世界银行的评价指标体系

世界银行第一次发布的《营商环境报告》中提出的评价指标体系包括 5 个一级指标，调查了 133 个经济体。在 2020 年的报告中，评价指标体系已涵盖了 10 项一级指标，二级指标已有 37 项，调查范围扩大到 190 个经济体。10 个一级指标分别为开办企业、办理施工许可、获得电力、获得信贷、产权登记、纳税、跨境贸易、执行合同、办理破产和劳动力市场监管。这些指标均用来计算营商便利度得分和排名，最终衡量出各经济体营商环境的优劣情况，有助于各经济体采取有效措施，以此提升它们的营商环境。

2021 年 9 月 16 日，世界银行决定停止发布《营商环境报告》及相关数据，并宣布将研究一种新的方法评估商业和投资环境。2022 年 2 月 4 日，世界银行发布了《宜商环境评估体系》（BEE）的项目说明，作为过渡。2023 年 5 月 2 日，世界银行发布了《营商环境成熟度报告》（B-Ready）指南和方法论手册，设立了监管框架、公共服务和效率三大维度，贯穿市场准入、获得经营场所、公共设施接入、劳动力、金融服务、国际贸易、税收、商事解纷、市场竞争、企业破产等 10 个主题（相当于一级指标）。

（二）经济学人智库建立的评价指标体系

经济学人智库每五年会发布一份全球各经济体的营商环境排名报告。其营商环境评价指标体系是将市场重点要素与宏观环境进行有机结合，评价对象为全球 82 个经济体，其中一级指标有 10 个，分别为政治环境 、宏观经济环境、市场机遇、自由市场及竞争政策、外资政策、外贸及汇率管制、税率、融资、劳动市场和基础建设。

（三）经济合作与发展组织的“创业环境”评价指标体系

经济合作与发展组织以企业为出发点，纵观初创企业的整个发展生命周期，将其创业环境划分为 3 个方面，分别是影响创业企业的决定因素、反映企业发展的直接效应以及企业成熟所产生的社会效应，据此建立了一种创业环境评价指标体系。其中针对影响创业企业的决定因素确定了 6 类指标，分别为市场状况、政策框架、资金获取、技术与研发、创新能力和创业文化。

二、国内主要营商环境评价指标体系

国外的营商环境评价指标体系构建早、更具普适性，国内的营商环境评价大多以世界银行的营商环境评价指标体系为基础，构建出适合我国国情、具有我国特色的营商环境评价指标体系，有代表性的主要有以下几个。

（一）中国国际贸易促进委员会的中国营商环境研究报告

中国国际贸易促进委员会贸易投资促进部、中国国际贸易促进委员会研究院自 2016 年起连续六年开展中国投资（营商）环境调查、发布年度报告。研究综合运用问卷调查、实地调研、企业座谈、对比分析及文献分析等方法，获取不同地区、行业及所有制企业相关数据。2022 年度中国营商环境评价指标体系由 12 个一级指标和 48 个二级指标组成。各一级指标由二级指标加权平均得出，综合评价由一级指标取算术平均得出。12 个一级指标包括基础设施环境、生活服务环境、政策政务环境、社会信用环境、公平竞争环境、社会法治环境、科技创新环境、人力资源环境、金融服务环境、财税服务环境、海关服务环境以及企业设立和退出环境。

（二）国家发展和改革委员会的中国营商环境报告

2018 年由国家发展改革委牵头，会同有关部门和地方，借鉴国际做法和自身前期积累的相关经验，构建具有中国特色、国际可比的营商环境评价指标体系。指标体系有 18 个一级指标，包括开办企业，劳动力市场监管，办理建筑许可，政府采购，招标投标，获得电力，获得用水用气，登记财产，获得信贷，保护中小投资者，知识产权创造、保护和运用，跨境贸易，纳税，执行合同，办理破产，市场监管，政务服务，包容普惠创新。2019 年、2020 年连续两年开展了评价工作，评价对象为全国 31 个省级行政区的 41 个城市，其中浙江省杭州市、宁波市、衢州市、义乌市 4 个城市为试点对象。

（三）中华全国工商业联合会的万家民营企业评价营商环境报告

2019 年中华全国工商业联合会发布首个营商环境报告——《2019 年万家民营企业评价营商环境报告》，指标体系包括要素环境、政务环境、法治环境、市场环境和创新环境 5 个一级指标。2022 年有 8 万多家民营企业参与调查，评价对象包括全国 31 个省（自治区、直辖市）和新疆生产建设兵团。

（四）北京大学—武汉大学联合团队的中国省份营商环境研究报告

北京大学—武汉大学营商研究联合课题组在系统总结中外主流的营商环境评价指标体系的基础上，构建了一套中国省份营商环境评价指标体系，包括 4 个一级指标、16 个二级指标和 30 个三级指标。4 个一级指标包括市场环境、政务环境、法治环境和人文环境。2020 年中国省份营商环境研究报告首次发布。2021 年、2022 年分别以上年的指标体系为基础，结合相应指标数据的可获取性，调整了个别指标的数据来源，目前已连续发布三年。

此外，由于各省份的营商环境存在差异，还有众多学者、政府部门以省域、城市、县域或部门为研究对象，构建各具特色的营商环境评价体系，为优化特定的营商环境提供指导，不再一一赘述。

三、国内外营商环境评价述评

（一）主要构成要素

参考国家“十三五”规划纲要提出的“营造公平竞争的市场环境、高效廉洁的政务环境、公正透明的法律政策环境和开放包容的人文环境”，以市场环境、政务环境、法治环境和人文环境作为主要维度或一级指标来考量，上述与营商环境评价相关的国内外评价体系基本可以涵盖这 4 个维度（见表 1–1）。

市场环境涵盖反垄断、反不正当竞争、招标投标、政府采购、知识产权保护、中小企业保护、市场准入、融资、基础设施、社会信用等各方面，是以各类市场主体的权益保护为基础，充分发挥市场在资源配置中的决定性作用，完善市场经济基础制度，最大限度减少政府对市场的干预。

政务环境涵盖行政许可、税务、项目投资、不动产登记等，是要推进政务服务事项、实施清单和服务的标准化，推进政务服务审批、服务场所办事、网上流程等规范化，推进政务服务事项集成化办理，为企业提供更多便利。

法治环境涵盖优化营商环境的相关法律、法规、规章、行政规范性文件的废改存立，为市场主体提供高效、便捷的多元解纷途径，以及提升监管的精细化、智能化水平，实行包容审慎监管等。

人文环境涵盖文化价值观念、文教事业、创业意识、创新能力等，是人类的语言、文化及各种意识形态领域的活动所形成的物质和精神的境况和氛围，属于营商环境的软环境。良好的人文环境构建需要开放包容的人文氛围和培育优良的政务服务精神和企业家精神，特别是在数字化时代，观念创新和制度创新是构建人文环境以适应时代发展的关键。

表 1–1 各营商环境评价指标要素分类

机构	市场环境	政务环境	法治环境	人文环境
世界银行	市场准入、金融服务、公共设施接入、市场竞争	获得经营场所、国际贸易、税收	商事解纷、企业破产	劳动力
经济学人智库	市场机遇、自由市场及竞争政策、融资、基础建设	宏观经济环境、外资政策、外贸及汇率管制、税率	政治环境	劳动市场
经济合作与发展组织	市场状况、资金获取、技术与研发	政策框架	—	创新能力、创业文化
中国国际贸易促进委员会	基础设施环境、社会信用环境、公平竞争环境、金融服务环境、企业设立和退出环境	政策政务环境、财税服务环境、海关服务环境	社会法治环境	生活服务环境、科技创新环境、人力资源环境
国家发展和改革委员会	政府采购、招标投标、获得电力、获得用水用气、获得信贷、知识产权创造保护和运用、保护中小投资者	开办企业、办理建筑许可、纳税、登记财产、执行合同、政务服务、跨境贸易	办理破产、市场监管	劳动力市场监管、包容普惠创新
中华全国工商业联合会	要素环境、市场环境	政务环境	法治环境	创新环境
北京大学—武汉大学	市场环境	政务环境	法治环境	人文环境

资料来源：作者自制。

（二）评价方法

从评价数据来源看，评价方法可大致分为客观评价和主观评价。客观评价是利用各数据库、各机构等第三方的报告作为数据来源；主观评价则采用问卷的形式，通过对评价主体的态度感知进行调研来获得数据。

以指标构建的细分化程度进行划分，评价方法可分为简单类和复杂类。简单类主要是从系统性角度来构建指标，针对各经济体微观层面的营商环境；复杂类则是根据一国的具体国情及特色，针对宏观及微观层面，构建出更加详细、明确的指标，如世界银行的 B-Ready 体系。

四、对构建浙江营商环境评价指标体系的启示

（一）对标世界银行最新版本 B-Ready 体系，宏观与微观相结合

B-Ready 体系显著拓宽了营商环境内涵，把区域宏观经济情况、金融、就业、社会稳定性等纳入营商环境分析范畴，强调有相关规章制度、方便企业获得，而不是简单地强调企业全生命周期活动的效率和成本。在构建浙江营商环境评价指标体系时除考虑市场环境、法治环境、政务环境、人文环境外，还应该考虑经济生态环境。

（二）响应国家要求和体现浙江特色相结合

国家高度重视营商环境建设，出台了一系列有力政策，为评价指标体系建设指明了方向。国家“十三五”规划纲要提出“完善法治化、国际化、便利化的营商环境”“营造公平竞争的市场环境、高效廉洁的政务环境、公正透明的法律政策环境和开放包容的人文环境”；“十四五”规划纲要提出“构建一流营商环境”“完善营商环境评价体系”。根据上述两个五年规划纲要，构建评价体系时应充分考虑市场环境、政务环境、法治环境、人文环境、国际化等方面，同时结合浙江实际情况，适度体现地区特色，在构建浙江营商环境评价指标体系时合理增加特色指标。

（三）评价角度要主观与客观相结合

营商环境评价指标体系需要兼顾指标的主观性与客观性，例如企业家对于营商环境的评价与感受等主观指标，能侧面反映营商环境真实情况。同时应注意不同企业之间的差异，让中小民营企业面临的真实情况能够在指标体系中充分体现。相对应的评价方法也需要主观与客观相结合。

（四）指标可比与数据可得相结合

营商环境评价指标要易于理解、方便比较，既要方便不同地区之间的横向比较，也要方便不同年份的纵向比较。此外，还需注意指标数据的可得性，避免因忽略数据可得性导致研究缺乏支撑。

营商环境省级立法的比较研究*

邹承羲　谢天

党的十八大以来，习近平总书记围绕优化营商环境作出了一系列重要论述，阐述了“法治是最好的营商环境”这一论断①。立法则是法治化营商环境最有力的制度保障。截至2023年4月，各地已出台的省级优化营商环境条例有23部，根据“十四五”规划纲要中提出的“持续优化市场化法治化国际化营商环境”要求，以及世界银行和国家发展改革委不断调整优化营商环境评价指标的新形势，对照国务院出台的《优化营商环境条例》，为更好地发挥地方立法对优化营商环境的促进和保障作用，有必要对营商环境地方立法作一次全面梳理。

一、省级营商环境立法情况概述

国内现行有效的省级优化营商环境条例共有23部。国务院《优化营商环境条例》（以下简称《条例》）于2019年10月公布，自2020年1月1日起施行。在此之前，有7个省份颁布了地方性法规。辽宁省于2016年、河北省于2017年、陕西省于2018年分别出台了省级优化营商环境条例。2019年，黑龙江省、吉林省、天津市、辽宁省集中出台了省级优化营商环境条例。《条例》生效施行之后，2020年出台省级营商环境条例的省份有9个，分别为山西省、北京市、上海市、广西壮族自治区、山东省、江西省、陕西省（修订）、江苏省、河南省；2021年

---

*　本文刊于《发展规划研究》2023年第6期。

①《习近平主持召开中央全面依法治国委员会第二次会议强调　完善法治建设规划提高立法工作质量效率　为推进改革发展稳定工作营造良好法治环境》，新华社，2019年2月26日。

有 5 个，分别为四川省、重庆市、青海省、上海市（修正）、贵州省；2022 年有 7 个，分别为福建省、宁夏回族自治区、广东省、北京市（修正）、云南省、湖北省、黑龙江省（修订）。

由于优化营商环境是一项持续推进的工作，因此有不少省份根据新情况、新要求对地方性法规进行了重新颁布或修订、修正。例如，辽宁省于 2016 年 12 月颁布的《辽宁省优化营商环境条例》已失效，现行有效的为 2019 年 7 月通过的《辽宁省优化营商环境条例》；陕西省于 2018 年 3 月颁布的《陕西省优化营商环境条例》于 2020 年 11 月进行了修订；黑龙江省于 2019 年 1 月颁布的《黑龙江省优化营商环境条例》于 2022 年 12 月进行了修订；北京市于 2020 年 3 月颁布的《北京市优化营商环境条例》于 2022 年 8 月进行了修正；上海市于 2020 年 4 月颁布的《上海市优化营商环境条例》分别于 2021 年 10 月、2023 年 11 月进行了修正。

二、省级营商环境立法内容分析

（一）制定时间集中在《条例》生效之后

截至 2023 年 4 月，出台省级优化营商环境条例的省（区、市）有 23 个。其中，自 2020 年 1 月 1 日起施行《条例》之后，山西省、北京市、上海市、广西壮族自治区、山东省、江西省等 19 个省（区、市）相继出台优化营商环境条例。

（二）立法总体思路基本相同

从各省份优化营商环境条例解读来看，立法在总体思路上主要把握 3 个方面。一是坚持问题导向，针对营商环境评价体系中存在的短板，借鉴一流标杆提出优化路径；梳理市场和基层反映的共性痛点、堵点、难点，形成制度性解决方案。二是覆盖市场经营主体全生命周期，为企业准入、生产经营、退出市场提供全流程服务，打造高效便捷的政务环境、公平有序的市场环境、公正透明的法治环境等。三是对标国际国内最高标准，各省份以世界银行营商环境评价的主要指标为参照，开展适合自身的一系列改革，将其中实践证明行之有效、人民群众满意、市场经营主体支持的改革成果用法规制度固化下来。

（三）章节安排上基本与《条例》一致

《条例》分为总则、市场主体保护、市场环境、政务服务、监管执法、法治保障与附则 7 个章节。各省级优化营商环境条例章节设置与《条例》高度一致，其中市场环境、政务服务和法治保障是所有省级条例都设置的章节（见表 1–2）。《条例》共有法条 72 条。从法条数量上看，在各省级优化营商环境条例中，最多的为《黑龙江省优化营商环境条例》（2022 年修订）的 104 条，最少的为《山西省优化营商环境条例》的 59 条。各地条例的法条数量主要在 65 条至 80 条之间。

表 1–2　省级优化营商环境条例章节与国务院《条例》对照情况

序号	条例名称	章节内容				
		市场主体保护	市场环境	政务服务	监管执法	法治保障
1	《黑龙江省优化营商环境条例》（2022 年修订）		●	●	●	●
2	《湖北省优化营商环境条例》		●	●		●
3	《云南省优化营商环境条例》	●	●	●		●
4	《北京市优化营商环境条例》（2022 年修正）		●	●	●	●
5	《广东省优化营商环境条例》		●	●	●	●
6	《宁夏回族自治区优化营商环境条例》		●	●	●	●
7	《福建省优化营商环境条例》		●	●	●	●
8	《贵州省优化营商环境条例》	●	●	●	●	●
9	《上海市优化营商环境条例》（2021 年修正）		●	●	●	●
10	《青海省优化营商环境条例》		●	●	●	●
11	《重庆市优化营商环境条例》		●	●	●	●
12	《四川省优化营商环境条例》		●	●		●
13	《河南省优化营商环境条例》		●	●		●
14	《江苏省优化营商环境条例》		●	●	●	●
15	《陕西省优化营商环境条例》（2020 年修订）	●	●	●	●	●
16	《江西省优化营商环境条例》	●	●	●	●	●
17	《山东省优化营商环境条例》		●	●	●	●

续表

序号	条例名称	章节内容				
		市场主体保护	市场环境	政务服务	监管执法	法治保障
18	《广西壮族自治区优化营商环境条例》		●	●	●	●
19	《山西省优化营商环境条例》		●	●	●	●
20	《辽宁省优化营商环境条例》（2019 年通过）		●	●		●
21	《天津市优化营商环境条例》		●	●	●	●
22	《吉林省优化营商环境条例》		●	●	●	●
23	《河北省优化营商环境条例》		●	●	●	●

注：●表示设置此章节。
资料来源：作者自制。

（四）各省份均有地方特色内容

章节上体现特色。《天津市优化营商环境条例》与《云南省优化营商环境条例》都设置了“人文环境”章节。天津市强调了城市治理能力的提高、人才的培养引进、绿色发展理念、社会保障体系建设与人文领域的交流合作等；云南省重点阐述了优化营商环境政策与成效的宣传、政企沟通渠道的畅通、亲清政商关系的构建、宜居宜业良好环境的打造等。此外，《云南省优化营商环境条例》还设立“创新环境”章节，包括人才引育、鼓励创新、推动园区建设、促进跨境贸易发展等内容。《山西省优化营商环境条例》单独列出了“优化审批”章节。《河南省优化营商环境条例》包含了“优化宜居宜业环境”与“营商环境工作监督”章节。《黑龙江省优化营商环境条例》包含了“守信践诺”与“开放环境”章节。

内容上体现特色。上海市作为我国优化营商环境各项改革的标杆地区，在立法方面也提出了有特色、有引领性的内容，特别是与本地改革开放的试验高地充分融合。《上海市优化营商环境条例》第五条特别强调浦东新区、中国（上海）自由贸易试验区和临港新片区、张江国家自主创新示范区和虹桥商务区应在优化营商环境改革方面大胆试、大胆闯、自主改，起到引领示范作用。其中，浦东新区正在试验的“一业一证”改革在《上海市优化营商环境条例》第十七条中出现。《广东省优化营商环境条例》在支持科研领域方面作了规定，要求科技部门推动市场主体与科研机构、高等学校通过各类产学研合作方式，共同提高自主创新和科技成果转化能力；市场主体开展研究开发活动，按照有关规定享受研究开发费用税前加计扣除、科研仪器设备加速折旧、技术开发和转让税收减免等优惠待遇。《江西省优化营商环境条例》突出改革创新，将近年来江西深化“放管服”改革、优化营商环境实践中的特色做法纳入条例进行固化、推广。例如，该条例第三十八条第二款明确，发挥江西政务服务网、“赣服通”、“赣政通”等平台作用，推动政务服务事项实现掌上办；又如第四十三条第二款要求，推行投资项目“容缺审批 + 承诺制”办理模式，对项目开工之前需办理的行政审批、法定行政审批中介服务等事项，在具备主审材料但暂时缺少可容缺报审材料的情形下，经项目单位自愿申请、书面承诺按照规定补齐，审批部门可以先行办理，法律、法规另有规定的除外。

三、对浙江省立法的启示

浙江省于 2023 年开展《浙江省优化营商环境条例》立法工作。作为省级层面出台较晚的优化营商环境条例，更需要吸收其他省份现行条例在制定和颁布过程中的经验，同时充分突出浙江特色，体现浙江辨识度。

（一）在立法思路上要体现 4 个“全”

一是全球一流，条例理念在营商环境全球规则话语体系中具有普适性和引领性，能够有力支撑国际化营商环境建设。二是全国领先，在深化落实《条例》的基础上，以浙江探索实践丰富现有营商环境法律体系的内涵，打造营商环境立法“浙江范例”。三是全省聚力，汇聚全省营商环境领域优秀智慧成果，将条例打造为“重要窗口”在法治领域的突出体现，支撑“两个先行”和 3 个“一号工程”等全省重大战略决策。四是全市场有感，聚焦市场经济运行中对法律保障诉求最强烈的领域，以企业实感为标尺，构建长效解决机制，形成一部企业好懂、好用的地方性法规。

（二）在立法内容上要体现“特”和“首创”

各省份在章节、内容上均有地方特色，浙江省在各细分领域也争创了很多国家试点。比如杭州市国家营商环境创新试点，在国家授权下进行的开拓性的改革尝试，如果条件合适，可以转化为全国领先或首创的法条内容。又如，浙江省作为平台经济大省，平台经济发展在全国较为领先，相应的监管引导也走在全国前列，发布实施了全国首个互联网平台企业竞争合规的省级地方标准《互联网平台企业竞争合规管理规范》,《浙江省电子商务条例》也是全国首部贯彻落实《中华人民共和国电子商务法》的地方性法规。浙江对新经济业态的规范具有一定示范性，也应在营商环境立法中予以体现。

（三）在立法章节上关注经济生态环境

浙江省优化营商环境“一号改革工程”的部署中明确提出，“进一步优化产业生态、金融生态、物流生态，让经济生态成为企业良性发展、经济行稳致远的助推器”。《云南省优化营商环境条例》设立“创新环境”章节，《河南省优化营商环境条例》包含“优化宜居宜业环境”，为浙江省立法提供了借鉴。在经济生态环境领域的立法，是对“一号改革工程”的有力支撑，是对营商环境内涵的拓展，也是对高质量发展理念的回应和贯彻，应该成为浙江立法做出特色的一个突破点。

浙江营商环境“微改革”的实践与建议*

王冰鉴

浙江省营商环境水平总体处于全国前列，但对标国内国际一流标准、对照市场主体诉求，还有不小提升空间。为持续擦亮“无时不在、无事不扰、有事必应”的营商环境金名片，2022 年以来，浙江省突出问题导向和需求导向，推动各地探索营商环境“微改革”，以小切口牵引大场景，为市场主体减负担、疏堵点、解难题。本文全面梳理了浙江省优化营商环境的“微改革”实施进展和成效，同时提出“微改革”下一步发展的思路，对复制推广以“微改革”为重要载体的浙江省优化营商环境模式具有较强的借鉴意义。

一、浙江省营商环境“微改革”进展

营商环境“微改革”指的是浙江省各级政府及其相关部门通过“解剖麻雀”的方式，着眼企业关心的“细微之处”，推出的一系列接地气、有实效、反响好的改革举措。这些切口小、带动大、频次高、易推广的“微改革”在实践过程中充分展现了“牵一发而动全身”的作用，对全省营商环境的优化和经济高质量发展作出了贡献。2022 年，浙江省以营商环境“微改革”为牵引，推动涉企服务和监管不断优化，解决了一批企业的“急难愁盼”问题，提振企业发展信心，有效激发全省经济发展活力。2022 年，全省新增民营企业 46 万户，民间投资增长 4.7%，拉动全部投资增长 2.8 个百分点；民营企业增加值比上年增长 5.2%，拉动规模以上工业增加值贡献率达 83.2%，勇挑大梁，以稳压舱，为稳住经济大盘作出突出贡献。

---

* 本文刊于《发展规划研究》2023 年第 6 期。

目前，全省各市、县（区）均推出了地方特色鲜明的“微改革”举措，其范围涵盖政务环境、法治环境、市场环境、生态环境和人文环境（见表 1-3）。个别地区针对“微改革”率先建立了规范化和长效化的工作机制，例如，湖州市形成了 24 项首批营商环境“微改革”事项清单，并在全市范围内开展落实；嘉兴市、衢州市均开展了年度营商环境“十佳实践案例”评选等。

表 1-3　2022 年浙江省各市营商环境“微改革”项目

地区名称	“微改革”涉及内容	所属类型
杭州市	涉及办理建筑许可、商事登记、企业重整、跨境贸易、信用体系建设、不动产登记等	政务环境、法治环境、市场环境、生态环境
宁波市	涉及服务非公经济、纳税、知识产权保护、数字监管、公共服务、信用体系和信用监管、财产登记、政务服务、公平竞争等	政务环境、法治环境、市场环境
温州市	涉及开办企业、普惠金融、用地监管、助企纾困等	政务环境、法治环境、市场环境、生态环境
嘉兴市	涉及遗产继承、办理建筑许可、综合执法、智慧物流、开办企业等	法治环境、市场环境、生态环境
湖州市	涉及服务非公经济、获得信贷、破除办事隐性壁垒、政企关系等	政务环境、人文环境
绍兴市	涉及政务服务、破产管理、知识产权保护、平台经济监管等	政务环境、法治环境
金华市	涉及就业创业、政务服务、公共资源交易、助企纾困、服务非公经济、企业重整、多元解纷等	政务环境、法治环境、市场环境
衢州市	涉及公共服务、政务服务、信用体系、电力获得等	政务环境、法治环境
舟山市	涉及纳税、服务非公经济、智慧物流、公共资源交易、办理建筑许可等	政务环境、市场环境、生态环境
台州市	涉及市场监管、知识产权保护、服务非公经济、企业重整、公共服务等	政务环境、市场环境
丽水市	涉及就业创业、行政执法、公共服务、服务非公经济、维护公平市场、跨境贸易、助企纾困等	政务环境、法治环境、市场环境、生态环境

资料来源：作者根据浙江省 2022 年优化营商环境案例评选各市入围案例整理。

二、浙江省营商环境“微改革”的主要做法

（一）打通“小堵点”，提升“大效能”，积极促进企业办事高效便捷

通过“微改革”打造政务服务升级版，精准识别共性高频问题、深化数据

共享、优化办事流程，加强“一网通办”服务集成。一是“一码”提升办事便利度，南湖区首创“畅行码”，“一码”贯通十六类数据，涵盖五大子场景，车辆核验通过时间从原来的 2 分钟缩短至 15 秒，高速路口核查效率提升 70%，打通货运车辆绿色通道，畅通货运物流绿道。二是“一照”打通涉企服务全链条，衢州市以电子营业执照为身份信任源点，将“企业身份码”作为电子亮照亮证数据通道，开发“企业端、大众端，执法端、政务端”应用，扩大电子证照应用范围。

（二）做精“小接口”，完善“大平台”，持续推进政务服务泛在可及

通过“微改革”拓展企业政务服务迭代事项范围，并进一步扩围至与群众生产生活密切相关的服务，将接口统一纳入“浙里办”综合平台。一是“一件事”应用场景不断延拓，温岭市率先打造工伤处理全链条“一件事”服务应用场景，上架“浙里办”和“浙政钉”双端，全面塑造工伤保险经办和智治两大场景，时效提升率最高达 87%，工伤事故发生率下降 6.96 个百分点，再就业比例达 48.8%，年均可减少工伤医疗费垫资 3500 余万元。二是便利化改革向公共服务延伸，海宁市创新开发“遗产继承一件事”数字化应用，上线“浙里办”的“浙里逝安”联办平台，解决企业经营人员遗产继承领域服务“无门”难题，成立公民遗产服务中心，打造一卡通办继承公证，推出遗产信息授权代查询服务，迭代升级远程完成公证办理。

（三）填补“小空白”，实现“大突破”，全面推动市场环境治理精准有效

通过“微改革”向营商环境的空白地带、薄弱环节持续精准发力，用绣花功夫推动实际问题有效解决，实现治理与发展的同频共振。一是瓶颈问题取得突破，德清县工程渣土“一件事”应用，按照“1+7+2”结构，实现工程渣土全生命周期闭环管理，项目审批由 15 天变为“当日结、零趟跑”，平均缩短项目建设工期 12 天，同时以渣土资源集约利用促进经济循环化发展。二是关键领域靶向发力，椒江区推出“付省心”应用，针对预付消费领域突出问题，构建 5 个重点场景，实现入驻商户“零跑路”“零卷款”，群众满意度达 98.4%，有效降低预付风险，拓展企业金融服务，推动消费回暖，全面营造数字消费生态。

（四）解决“小需求”，满足“大期盼”，不断提升企业满意度、获得感

通过“微改革”因地制宜开展特色化、差异化探索，发挥基层首创精神打通改革落实“最后一公里”，为企业提供包容普惠的市场环境。一是关注涉外办税促进更高水平对外开放，青田县搭建“世界华侨”（中国青田）国际税收服务 e 站，提供“线上咨询 + 线下代办”一站式服务，“云上 +”架起跨境税收“服务桥”，累计为华侨提供线上咨询 1 万余次，“不见面全球代办”服务 1570 余次，完成国际税收情报交换 4 笔。二是关注科技型中小企业融资，增强民营经济活力，温州市创新技术产权证券化开辟融资新路径，打通中小企业银行间市场融资渠道，挂牌上市全国首个技术产权证券化产品，解决抵押不足问题，降低企业融资成本，18 家科技型企业凭借 142 项技术产权取得共计 2 亿元的长期限低成本融资。

（五）聚焦“小切口”，构筑“大格局”，有力支撑经济高质量发展

通过“微改革”践行新发展理念，构建新发展格局，在数字化建设、创业创新、新经济发展等领域不断激发出推动经济高质量发展的强劲动能。一是提升物流体系数智水平，杭州市建设“空港疫智控”，加速打造数智机场枢纽，运用数字技术重塑管理模式，实现“安全一张网”“运行一张图”“出行一张脸”“物流一张单”“通关一次检”“管控一平台”。2022 年 1—9 月，完成航空货邮吞吐量 62.12 万吨，充分保障跨境货物运输。二是激发就业创业新活力，金华市创建“新业态者在线”，精准画像 15.8 万名从业人员，聚焦五类共性问题，已服务 52.1 万人次，新增就业创业 1.59 万人次，参保 2.23 万人次，职业认同度提升 16%，保障新就业形态从业人员权益。三是保驾护航平台经济良性发展，诸暨市开发“浙里直播共富”应用，通过促规范、育人才、优服务，全力打造“管服一体、服管融合”的直播营商环境，现已纳管直播间 6207 家，关联主播 7261 人，直播违法违规行为发生率从实行“微改革”前的 46% 降至 5% 以下。

三、对浙江营商环境“微改革”下一步发展的建议

基于浙江营商环境“微改革”实践的深厚基础，应深入挖掘“微改革”价值，将其作为落实营商环境优化提升“一号改革工程”的重要载体之一，上下联动、系统推进，破解一批全省营商环境的痛点、堵点、难点问题，确保浙江优化营商环境工作持续领跑全国。

一是扎实推进“微改革”工作。积小为大，在优化营商环境工作过程中抓小事、抓细节，一步一个脚印解决企业“急难愁盼”问题，积小胜为大胜。以小见大，精准定位难点堵点、靶向施策，瞄准领域空白、大胆创新，找准小切口治理，引导行业、领域发展，以“微改革”牵引“大变革”。

二是切实提升“微改革”含金量。注重提炼总结，积极将成果转化为理论、制度、机制成果，贡献出能在全国层面推广的浙江方案、浙江智慧、浙江模式。持续迭代升级，不断提高基层实践创新的质量，加大系统集成力度，以及对部门协同、数字赋能的探索力度，促进营商环境优化方面不断有新思路、新作为和新突破。加快复制推广，强化“发现问题—找到方法—实践解决—归纳提升—复制推广”的闭环思维，集合专家、媒体等各方形成提炼归纳工作的合力，使得创新价值充分彰显。

三是全方位营造“微改革”比学赶超氛围。思维转换，以提升城市能级、促进高质量发展、提升区域竞争优势的综合眼光来看待营商环境优化工作，变被动为主动，充分激发基层工作的积极性。比学赶超，激励基层单位在相互学习中找差距，在相互比较中找不足，以工作实效为导向互鉴互学，助力浙江省营商环境再优化。

数字营商环境的理论探究和实践探索*

——以浙江省为例

谢天

营商环境是高质量发展的土壤，是有为政府促进有效市场发展的重要载体。在当下的数字时代，经济运行方式、商贸交易模式、社会组织形式、政企互动机制等都发生了深刻的变革，为营商环境的建设带来了众多新形势、新诉求、新机遇、新挑战。为了更好地顺应、回应乃至驾驭数字变革的浪潮，数字营商环境正在成为营商环境理论研究和实践探索的重要新兴领域。

一、研究背景

（一）国家对数字营商环境建设提出要求

2020年11月，习近平主席在亚太经合组织第二十七次领导人非正式会议上发言，首次提出“数字营商环境”，强调“倡导优化数字营商环境，激发市场主体活力，释放数字经济潜力，为亚太经济复苏注入新动力”[①]。党的二十大报告提出加快发展数字经济，并强调要完善市场经济基础制度，优化营商环境。《“十四五”数字经济发展规划》在发展目标中要求“数字营商环境更加优化”，

---

* 本文刊于《发展规划研究》2023年第6期，公开发表于《中国经贸导刊》2024年第2期（总第1052期）。

① 习近平：《携手构建亚太命运共同体——在亚太经合组织第二十七次领导人非正式会议上的发言》，新华社，2020年11月21日。

《长三角国际一流营商环境建设三年行动方案》明确提出“探索开展数字营商环境改革试点”。从国家的要求和引导来看，探索建设数字营商环境已成为下一阶段营商环境优化工作的改革突破口。

（二）世界银行大力提倡数字营商理念

自 2003 年起，世界银行每年发布《营商环境报告》（DB），对全球主要经济体开展营商环境水平评价。近两年来，为进一步与时俱进提升评价的科学性，世界银行对评价体系进行优化迭代，于 2023 年 5 月正式发布新的《营商环境成熟度报告》（B-Ready），将从 2023 年起分批次对全球 180 个经济体重新开展评价。B-Ready 体系在评价内涵和指标体系设置上大幅扩容，将原先聚焦办事便利度的单个考察维度，丰富提升到监管框架、公共服务和效率三大支柱维度。在新体系中，世界银行明确将在所有领域的指标中都贯穿对数字技术应用的考察，考察对象既包括数字政府建设（如电子证照系统），也包括企业对数字技术的应用（如跨境电子商务发展）。打造数字营商环境正在成为全球营商环境领域的领先理念。

（三）浙江省数字营商环境建设有良好基础

浙江省营商环境工作秉承“一张蓝图绘到底”的改革思路，从 2003 年“数字浙江”战略提出开始，先后实施了“四张清单一张网”改革、“最多跑一次”改革、政府数字化转型，再到近年来在营商环境领域开展的数字化改革。在一脉相承的改革历程中，浙江省持续完善改革理念和方法论，不断优化数字工具开发运用，坚持问题导向、市场导向，构建智能化治理工作闭环，打造服务和管理相融合的新体系，在数字营商领域形成了一批具有创新性、引领性、示范性的实践经验成果。2022 年 5 月，在财政部与世界银行组织的中国优化营商环境改革经验国际交流会上，浙江省向全球分享了运用数字技术优化涉企服务的经验做法。

二、数字营商环境理论探究

（一）数字营商环境的内涵界定

关于数字营商环境的定义和内涵界定，目前尚无国家层面的权威定义，学术、政务等各界都在积极进行诠释。有观点认为数字营商环境是数字市场主体在从事数字贸易类经济活动时所涉及的技术、市场、法治等外部环境；另有观点认为数字营商环境是用数字技术赋能传统营商环境建设；还有观点认为数字营商环境是营商环境的各项体制机制规则在数字空间的孪生，进而对物理空间、社会空间产生影响。

本文认为，数字营商环境的核心是运用数字化理念、思维和技术，重构传统业务流程、重塑体制机制，从而有效降低市场主体营商办事制度性交易成本，精准智能动态优化政务、法治、市场等各领域营商环境。

在这样的界定下，有两点需要注意：一是数字营商环境并不是与以往的营商环境截然不同的新概念，并不存在“数字”与“传统”的对立。从理论上说，随着数字时代不断发展，一切营商环境的领域终究将被数据所穿透、被数字化改革所重塑，也就终究都将属于数字营商环境的范畴。二是数字营商环境并非仅针对数字经济相关新模式、新业态，推动数字经济发展也并非构建数字营商环境的唯一目标。数字营商环境建设依然着眼于经济发展全局，其目标是解放和发展数字时代生产力，推动经济整体高质量发展。

（二）数字营商环境的主要特征

全景感知。数字时代新技术和大数据的运用，将极大提升政府对微观主体全景式的敏锐感知能力。比如浙江省的营商环境“无感监测”体系，以实时数据采集取代人工问卷，就是新背景下构建感知图景的实践探索。基于全面大量、“零延迟”的数据抓取分析，数字营商环境的评价监测可以实现对营商环境全景进行实时监测和评估，以更精细的视角发现市场运行堵点，从而推动形成更精准的解决方案，促进高效治理。

精准服务。以数字基础设施和技术为支撑，政企互动能够打破时空限制，营商办事便捷度得到质的提升。提供涉企服务的政府部门在便利性的基础上，兼具智能性和前瞻性，精准发现并匹配市场需求，将服务和治理触发点尽可能前移，进一步强化市场主体营商办事可持续性、可预期度，降低市场主体找政策、找资源、找办事入口的隐性成本。

敏捷智治。数字营商环境具有前所未有的敏捷性，推动政府与市场的权责边界动态调整，实现资源要素高效配置、经济社会高能协同，从而推动实现整体智治，持续降低制度性交易成本，为经济高质量发展创造新价值、增添新动能。尤其是对于新经济业态，数字营商环境能迅速匹配相关监管和服务，在实现监管不缺位的同时，不越位干扰创新活力，助力新经济业态规范健康发展。

（三）数字营商环境的改革路径

夯实数字基座。数字营商环境改革面临的首要任务是打通“数据孤岛”，打破数字壁垒，推动营商各领域数据共享、系统互通、业务集成。在数字基础设施层，需要构建一体化、智能化公共数据平台、政务工作云平台、数据共享空间等数字基座。

做强业务中台。在数字基座的基础上，在业务层，面对频繁变化的市场主体需求，通过快速的业务流程再造，运用数字基座中的标准化数据模块，以积木方式迅速搭建数字化应用，并综合到集成性的政务应用平台，打通一站式入口。在实战中，通过对需求最大限度、最快速度响应，持续推动数字化应用迭代、数据流重构和业务流再造。

驱动制度重塑。数字营商环境改革本质上是通过数字化驱动传统治理方式的变革，数字是牵引，改革是目标。通过一体化的数字基座和业务中台，重构传统业务流程，催生营商环境涉及的各领域的变革，形成高效精准治理闭环，全方位重塑政府间、政府和市场主体间的交互模式，全方面实现规则重构、功能再造、机制突破、模式创新，形成营商环境服务和监管融合新范式。

三、浙江省数字营商环境创新实践

（一）在线评价监测，实现营商环境全景感知

浙江省依托数字化改革的优势基础，革新传统的评价模式，构建起营商环境的数字化感知评价体系，并拓展应用至民营经济发展和重大任务推进领域，不断夯实数字基础，实现对营商环境全景进行实时监测、评估和分析。

全景动态评价营商环境。浙江省以实时数据采集取代人工问卷，在全国首创“无感监测”营商环境评价体系。对标世界银行、国家评价指标体系，协同 25 个省级部门，打通了 21 个核心系统和 408 个办事系统，涵盖 18 项一级指标，设置了 249 个监测数据采集点。以开办企业为例，“无感监测”体系在营业执照办理、纳税、银行开户、公章刻制等 7 项业务中设置 14 个采集点，并以信用代码为标识，归集各环节产生的用时、费用等信息。系统应用上线以来，浙江省年度营商环境评价调查人员、成本均压减了约 90%，已累计推动各地完成预警整改近百次。

精准问诊民营经济。打通发展改革、经信、市场监管等 15 个部门数据，首创民营经济发展指数，实现对地区民营经济发展精准画像。对先导性、趋势性重要指标，差别化设置预警阈值，建立自动预警推送机制，推动各地加强分析研判、科学决策。例如，对标“民间项目投资增速要快于面上投资增速”目标，已对浙江全省 36 个地区推送预警信息，智能生成地区报告 860 余份。

在线督导改革攻坚进程。构建在线动态督导机制，清单式具象化实时把握各地改革任务完成率，推动责任单位加大改革攻坚力度。国家层面实时跟进杭州营商环境试点 153 项改革举措、150 项系统互联互通任务推进情况；省级层面对营商环境五年行动方案的 78 项举措进行量化监测；地方层面主要展示各地特色化改革探索情况。2022 年，杭州市 153 项改革举措全部取得阶段性成效，省级重大改革任务完成率达 100%。

夯实营商环境数字基座。迭代建设数据中心、共享接口等数字基础设施，为数字营商环境提供坚实技术基座。持续完善一体化数字资源系统（IRS），汇集 3095 个数据项、273 张表、6500 余万条数据资源，实现营商各领域数据共享。

对数据资源进行标准化整理，各地可利用标准化的数据模块，根据需要快速灵活搭建数字化应用，进而实现系统互通、业务协同。目前，浙江全省各地基于“浙政钉”平台自建开发的应用数已超 4000 个，省、市、县三级通过接口日均调用 20 余万条营商环境的相关数据，数据共享需求满足率达到 99.5%。

（二）数字化赋能，拓展营商环境改革空间

数字营商以更精细、更下探、更贴近企业的视角，瞄准营商环境优化工作的堵点、断点和空白点，发现市场主体个性化需求和市场运行深层次障碍，提供更精准高效的数字化解决方案，切实提升市场主体获得感，拓展改革深度、广度。

数据集成提升改革实效。针对涉企高频关键事项，进一步加强数据集成，实现改革实效的聚合提升，切实解决企业痛点。杭州、宁波、嘉兴、湖州等地精简企业年检、税务年报等申报内容和流程，企业填报字段数减少 36%，并且只需填报一次。温州市打通社会救助、预算、社银等 61 个业务系统，打造惠企利民资金兑现新模式，符合条件的主体无须提交申请即可收到推送，平台直达各类奖补和减负资金 453 亿元。

多跨协同打通改革堵点。把企业的呼声作为第一信号，精准定位难点堵点、靶向施策，提升服务质效。温岭市针对企业工伤处置认定难、就医烦、报销慢等堵点，创新全闭环服务，将各类工伤情形梳理为 7 种高频套餐，工伤认定提速 56%、处理时效提升 87%，减少垫资 3500 万元。湖州市德清县聚焦工程渣土消纳堵点，推行渣土治理供需智能匹配、全闭环智能执法监管、生态修复循环利用，累计消纳渣土 400 余万立方米，解决企业问题 132 个，支撑项目建设跑出加速度。

线上线下弥合改革断点。坚持企业视角，针对企业遭遇的营商办事断点，强化线上线下协同，实施联动治理，确保改革闭环。湖州市德清县创新设立“兜底办”机制，专门聚焦因政策变动、职能调整、边界不清等给企业带来的办事断点，打通大厅窗口、“12345”热线、“我德清”App 等企业诉求反馈渠道，建立多级响应机制，实施限期整改，办结率接近 100%。

填补营商环境改革空白。以数字化的泛在性和穿透力，发现营商环境改革空白地带，推动地方大胆创新。海宁市创新涉企遗产继承一站式服务，聚焦企业经营人员及股东去世后遗产继承、贷款抵押担保处置等空白领域，汇集市场监管、

公安、民政、档案等部门数据，成立全国首个公民遗产服务中心，为超 150 家企业办理股权继承公证，解决企业融资需求 8000 余万元。

（三）运用敏捷治理，助推新经济高质量发展

浙江省数字营商环境的建设，始终以解放和发展数字经济时代的新质生产力为目标。通过敏捷治理，实现规范管理快速跟进、资源要素高效配置、经济社会高能协同，为经济创新发展引导方向、增添动能。

数字化监管树立规范。随着远程办公、在线教育、在线问诊等新业态、新模式加速发展，为优化新产业、新业态营商环境，推动平台经济等新业态高质量发展，浙江省打造全国首个平台经济数字化监管系统“浙江公平在线”，监测覆盖 480 家电商平台、1900 万家店铺，采取不同的数据抓取规则和识别模型，对“二选一”“大数据杀熟”等垄断及不正当竞争行为进行靶向监管，规范平台经济竞争秩序。

引导新业态健康发展。把稳高质量发展导向，在规范各类垂直领域的同时，更要注重对新业态的健康引导和保障。诸暨市开发上线“浙里直播共富”应用，为直播电商行业提供法律合规指导和直播脚本预检服务，可自动“问诊”预播视频中的违规信息并提出修改建议，现已纳管直播间超过 6000 家，关联主播超过 7000 人，直播违法违规行为发生率从平台上线前的 46% 降至 5% 以下。

服务新业态从业者。随着新技术和数字经济的发展，灵活就业人员规模不断扩大，为支持数字经济健康高质量发展，需要紧跟新就业趋势，为新业态从业者提供服务。金华市聚焦新业态从业者管理空白，开发“新业态者在线”应用，为新业态从业者提供工作、生活、权益保障等服务，激发劳动者就业创业新活力，惠及 52.1 万人次，新增就业创业人员 1.59 万人、参保 2.23 万人次。

强化要素政策供给。数字经济具有跨行业、跨地域、技术含量高等特点，进一步强化要素、政策等供给支持，有利于降低市场主体创新创业成本，更大激发科创活力。温州市积极探索将科技型中小企业最具价值的“无形资产”转化为可交易的“金融资本”，挂牌上市全国首个技术产权证券化产品，解决抵押不足问题，18 家科技型中小企业通过 142 项技术产权，率先获得 2 亿元的长期限、低成本融资。

以建设数字政府推动营商环境优化*

——先进国家相关做法对浙江省的启示

邹承羲

营商环境是一个国家或经济体软实力的重要体现，全方位反映了经济发展与社会进步水平，在企业主体的全生命周期中发挥重要作用。党的二十大报告中明确提出，营造市场化、法治化、国际化一流营商环境。

随着科技发展，数字化已然呈现出不可阻挡的时代趋势，数字技术在社会发展与人民生活的方方面面越发起到重要的作用。当前，数字化已成为促进经济效率提升、推动高质量发展的重要基础支撑。新时代的经济高质量发展离不开“数字技术”的赋能，更离不开“营商环境”这一重要体制机制的有效保障，积极探索以数字化手段优化营商环境的可行路径的重要性日益凸显。大力建设数字政府、推动政务数字化改革，不仅是优化营商环境的重要手段，更是世界各国的普遍共识与共同目标。

近年来，浙江省以数字化改革为抓手，大力推动营商环境优化工作。浙江省的中国民营经济 500 强企业数量连续 24 年居全国第一，在国家发展改革委发布的《中国营商环境报告 2020》中参评城市获得标杆的数量居全国第一，总体营商环境水平处于全国前列。截至 2023 年 3 月底，浙江市场主体总量已突破 960 万户。虽然浙江省优化营商环境工作取得了显著成效，但是正如习近平总书记指出的，营商环境只有更好，没有最好①。对标国际前沿水平，借鉴先进国家建设

---

* 本文刊于《发展规划研究》2023 年第 6 期。

①《习近平：共建创新包容的开放型世界经济——在首届中国国际进口博览会开幕式上的主旨演讲》，《人民日报》2018 年 11 月 6 日。

数字政府的前沿理念与成功案例，对浙江省未来开展优化营商环境工作有着重要参考价值。

一、营商环境与数字政府建设的密切关联性

（一）世界银行《营商环境报告》（DB）

世界银行 2003—2020 年每年公开发布《营商环境报告》，对各国营商环境进行详细量化分析。新西兰、新加坡、丹麦、韩国的营商环境排名坚挺、名列前茅，2016—2020 年均牢牢占据世界排名前列（见图 1–1），是全世界优化营商环境的标杆与学习目标。

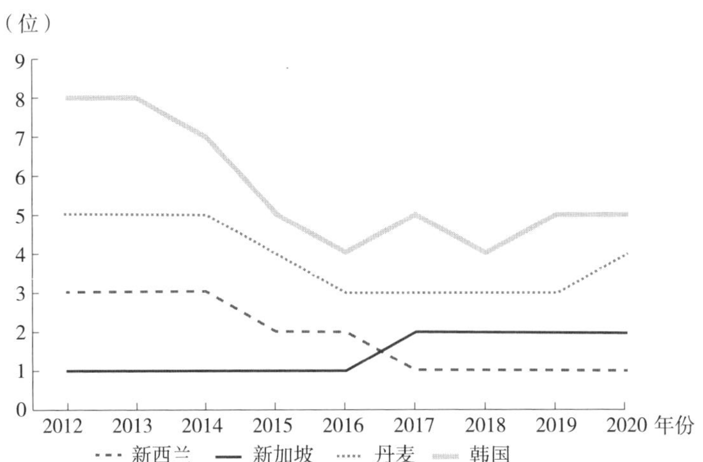

图 1–1　2012—2020 年新西兰、新加坡、丹麦、韩国营商环境排名变动情况

资料来源：作者根据世界银行历年《营商环境报告》整理。

（二）《联合国电子政务调查报告》（United Nations E-Government Survey）

《联合国电子政务调查报告》是联合国的官方评估报告，主要考察建设数字政府的情况、衡量电子政务在提供公共服务方面的有效性。其以多年的纵向研究为基础，根据联合国电子政务发展指数（EGDI）、主要数据（由联合国经济和社

会事务部收集和拥有）和其他联合国机构的次要数据进行排名。EGDI 作为一项综合指数，主要评估电子政务发展情况。报告自 2001 年发布，大致每隔两年发布新版，截至 2023 年共发布 12 版。

纵览近年来联合国电子政务发展调查报告排名情况，可以看出营商环境水平与数字政府建设存在密切关联。新西兰、丹麦、韩国的营商环境领先世界，电子政务发展水平排名情况同样优异，在 2022 年报告中进入世界前五（见表 1–4）。由此可见，领先的营商环境离不开领先的数字化理念与应用。

表 1–4　先进国家电子政务发展排名

国家	EGDI 指数				电子政务发展排名			
	2016 年	2018 年	2020 年	2022 年	2016 年	2018 年	2020 年	2022 年
新西兰	0.8653	0.8806	0.9339	0.9432	8	8	8	4
新加坡	0.8828	0.8812	0.9150	0.9133	4	7	11	12
丹麦	0.8510	0.9150	0.9758	0.9717	9	1	1	1
韩国	0.8915	0.9010	0.9560	0.9529	3	3	2	3

资料来源：作者根据联合国历年发布的《联合国电子政务调查报告》整理。

二、先进国家建设数字政府的举措与特点

通过广泛搜集材料与多方面横向对比，可发现各先进国家以建设数字政府推动营商环境优化的各项举措有着明显的共性，具体表现如下。

一是发挥战略部署与规划的顶层引领作用。先进国家在建设数字政府、优化营商环境的进程中无一例外地接连发布各项数字化相关领域战略文件，提供先进的、富有前瞻性的顶层战略部署与设计规划。例如，丹麦于 1999 年发布《数字丹麦：向网络社会转型的报告》，推进社会数字化转型。2016 年开始推行数字化战略，在法律上强制政府、企业、个人三者之间形成电子交互，并在政府内部创建了“用户友好和使用简单”的数字部门。2022 年 5 月，丹麦政府启动了一项新的数字化战略，提出九大目标和 61 项举措，推动丹麦居民生活和企业运营的数字化转型。新西兰 2022 年以来制定的数字化战略与数字公共服务战略等，聚

焦促进经济发展、优化政府与民间的交流方式、推动公共服务高质高效，促进了经济增长，社会也更加信任、包容。韩国从 2007 年开始实施《推进电子政务战略》，2012 年实施“智慧化数字政府计划”，重点聚焦移动化的电子政务服务，加强电子政务与移动通信技术的结合。2019 年 10 月，公布了《数字化政府创新推进计划》，旨在顺应数字化转型趋势优化政务服务。

二是加大力度推动网络与基础设施建设。数字政府建设的基础在于扎实的数字化基础设施建设。综观各先进国家的数字基础设施建设情况，其网络建设情况与互联网渗透率都位居世界前列。例如，丹麦 98% 地区覆盖 5G 服务，几乎全体丹麦人都习惯且熟练于在各领域使用数字化服务，尤其在银行业、商业与网络娱乐业。丹麦的互联网渗透率达 100%。新西兰互联网渗透率达 94%。韩国的互联网渗透率达到了 97%，智能手机用户占比 85%，韩国还具有世界上最快的互联网速度并连续三年在网速方面都是世界第一。

三是建立专业化的专职机构。先进国家在建设数字政府过程中都展现出极强的政府推进力量，包括组建专门机构、设立专门岗位、构建专门工作机制等。例如，丹麦于 2011 年成立了隶属于财政部的数字化机构，推动公共部门数字化进程，提高工作效率。丹麦政府、工业联合会、商会也合作设立了数字中心，协同推进数字化建设的各项工作。新西兰设有专门的政府首席数字官、政府首席数据信息安全官、政府首席隐私官等岗位，汇聚专业化人才团队与力量指导监督数字政府建设工作。韩国设置了国家政策调整会议和公共数据战略委员会，各部门设置政府 3.0 责任官，并且设有完善的电子政务管理机构。同时，积极推进政府部门与民间组织在数据开放、平台建设等方面开展合作。

四是积极开发数字化应用场景。先进国家在生活、工作、商业等各领域都积极推出便捷高效的数字化应用场景，缩短时间、简化流程，全方位提质增效。例如，丹麦引入了数字密钥（NemID，或英文“EasyID”）系统，将几乎所有的行政程序都移植到网络上，使丹麦公民可以轻松地在线访问各种政务和企业服务。在医疗保健领域，丹麦政府开展了电子病历、电子处方等数字化服务，使患者可以方便地获得医疗服务。在税务领域，丹麦政府实现了电子税务申报和缴纳，让纳税人可以在网上完成所有的税务事务。新西兰建立在线服务门户网站，将行政流程数字化，如在线申请签证、在线提交税务申报等，实现了政府服务的线上化，便于民众办事，提高了政府的服务质效。新西兰政府通过数字化转型计划和立法改革，将土地测量和地契系统进行整合，于 21 世纪初完成电子登记转换，土地登记和测量服务全面上线，该系统一年完成超过 60 万笔数字交易、超过 300 万次在线地契查询，并可进行数据复制备份及灾难复原。新西兰政府还建立了全国性的数字身份验证系统 RealMe，为政府机构、金融机构和其他服务机构提供数字认证服务，有效提高了公共服务的效率和安全性。韩国早在 2002 年，就已建立了包括公民请愿服务、电子采购服务、国内税收服务及国家教育信息系统等在内的综合性门户网站。

五是持续推动信息开放共享。先进国家均积极倡导业务协同与信息共享，建立成熟完备的管理体系和工作机制，使得政府、公民与企业之间的信息流通成为可能，有效打破信息屏障、增效降本。例如，丹麦数字化机构（the Agency for Digitisation）下的基本数据部和数据结构部主要负责政府数据开放共享。丹麦的数据开放门户网站旨在向民众提供数据信息的交流平台，加速数字化进程。新西兰于 2009 年设立数据开放网站，设立了跨部门的数据开放治理小组。新西兰统计局网站实时更新包括季度企业数量在内的多种公开数据，提供面向中小企业的绩效评估等工具，帮助企业横向比较、改进提升。韩国早在 2002 年就实现了政府机构之间对房产、汽车、税务等与民生密切相关的 20 种行政信息的共享，大幅提高了行政效率。在公共数据管理方面，韩国政府建立了公共数据门户网，成立开放数据中心（Open Data Center），成立开放数据战略委员会（Open Data Strategy Council），通过了“促进公共数据提供与推广基本计划（2013—2017）”，建立起一站式的公共数据提供框架。

六是注重保护弱势群体权益。在数字化技术背景下，某些弱势群体需要付出极大的努力才能使用数字化的各种服务，致使这些人在数字政府建设进程中处于边缘化的境地。各先进国家均注重对弱势群体权益的保护。例如，丹麦指出，随着数字化进程持续推进，边缘群体的利益与需求出现了保障不足的问题，要保障社会各群体都能充分享受到数字政府建设带来的便捷，建立多方群体利益诉求与表达的渠道，同时加强政府各网站与服务平台的可访问性与可操作性。对于可能难以获得在线服务的群体，如老年人、残疾人、难民和社会租房群体，丹麦政府会与非政府组织和基层组织合作，组织数字培训课程，以提高其计算机知识水平。新西兰数字化土地登记测量系统仍为登记者提供线下登记土地产权的服务，以人工方式在新西兰土地信息局处理中心的土地产权办公室完成。线下服务的保留有效解决了移动政务服务平台页面字体太小、操作烦琐、审核机械死板等对弱势群体不友好的堵点，是非常值得关注和学习的方面。韩国启动“与数字化时代弱势群体同行”活动，该活动旨在推广无人终端机等便民设施，普及智能手机等终端简单用法，缓解“数字鸿沟”给数字化时代弱势群体带来的不便。韩国政府联合新韩银行、CJ CGV 等企业以及市民组织，启动了政府—市民强化数字化时代应对能力合作机制。韩国政府还任命了 100 名数字导游，在接受两周培训后前往老年人经常活动的区域，以面对面的方式线下帮助不习惯使用数字设备的市民。

三、对浙江省的启示

（一）紧跟国家步伐走本省特色道路

国务院于 2022 年 6 月发布《国务院关于加强数字政府建设的指导意见》，对新时代建设数字政府工作提出了要求。为贯彻落实国家部署，浙江省人民政府于 2022 年发布《浙江省人民政府关于深化数字政府建设的实施意见》，公布了未来的数字政府建设工作目标。浙江省要积极贯彻落实国家加强数字政府建设的重大决策部署，同时借鉴吸收先进国家数字政府战略的前沿理念，依照本省省情，综合评判分析优势与短板，探索走出一条最优、最具本省特色的道路。

（二）加强网络普及与基础设施建设

根据《浙江省互联网发展报告 2021》，浙江网民规模达 5506.7 万人，互联网普及率为 84.2%，与先进国家仍有较大差距。浙江省要继续加强网络普及与数字化基础设施建设，进一步提高网络覆盖率、提升网络连接质量与可靠性，为开展数字政府各项工作打下坚实基础。

（三）加大政府专业人才力量支撑

目前，浙江省在政府层面相较于先进国家缺乏数字化领域专业人才力量。应当学习先进国家做法，在政府层面配置更多专业力量，例如设立数字化专门机构、设立专班、设立办公室。可学习新西兰经验，探索设立专业化政府职位，如首席数字官、首席数据官、首席隐私官等。

（四）优化信息共享服务

截至 2023 年 5 月，浙江省官方数据开放平台共开放 26644 个数据集（含 12994 个 API 接口）、148145 项数据项、1110759.30 万条数据，平台还包含数据需求申请、数据纠错、权益申诉等多个模块，展现了本省优秀的数据开放共享水平。但是平台缺乏基于数据的分析工具与相关服务，与先进国家有差距。可学习新西兰相关经验，提供数据分析工具，为企业改进经营策略提供参考。

（五）降低数字化服务门槛

政府应当尊重民众自主选择权，将线上政务服务作为为民众谋便利、优化营商环境的“加分项”而非“必选项”。可学习新西兰相关成功经验，推动政务服务线上线下同步开展，全方位提供便利。

同时，政府应当发挥自身的重要作用，识别、协助弱势群体，弥合所发现的数字差距。可学习丹麦、韩国等先进国家的相关成功经验，帮助弱势群体普及智能手机与网络技能，构建更加友善、低门槛的数字化服务场景。

关于深化浙江自贸试验区与上海自贸试验区联动发展的建议*

张国宁　施纪平　施晴

自贸试验区是新时代我国推进开放型经济高水平发展的高能级平台。当前，以《全面与进步跨太平洋伙伴关系协定》（CPTPP）、《数字经济伙伴关系协定》（DEPA）为代表的高标准规则正在重塑全球经贸秩序，迫切要求我国加速对接高标准国际经贸规则。党的二十大报告明确提出，推进高水平对外开放。稳步扩大规则、规制、管理、标准等制度型开放。实施自由贸易试验区提升战略，扩大面向全球的高标准自由贸易区网络。上海和浙江作为全国开放的“领头雁”，应主动在国内大循环、国内国际双循环中找准“坐标”，形成更加紧密的共同体，为我国高水平制度型开放蹚出一条新路子，推动浙江自贸试验区与上海自贸试验区联动发展。

一、沪浙自贸试验区联动发展进入新阶段

从上海来看，上海自贸试验区承担的战略使命逐步从制度型开放向提升中国在全球生产网络和全球价值链中的地位和国际话语权转变。自 2013 年成立以来，上海自贸试验区围绕制度型开放，在外资准入负面清单管理、国际贸易“单一窗口”、自由贸易账户（FT 账户）、保税维修等方面率先进行改革试点，形成了一批重要制度创新成果，为全国贡献了“上海经验”。2019 年，中国（上海）自贸试验区临港新片区成立，坚持对标国际最高标准、最高水平，在高端制造、高

* 本文刊于《发展规划研究》2023 年第 6 期。

端服务业等重点领域率先实现突破，助力我国突破国际产业链创新链“卡脖子”困境。

从浙江来看，浙江自贸试验区承担的战略使命从围绕油气全产业链开放发展拓展到聚焦五大功能定位。2017年，浙江自贸试验区正式挂牌成立，聚焦“一中心三基地一示范区”目标，走出了特色化、差别化探索的道路。2020年，浙江自贸试验区实现扩区，从围绕油气全产业链开放发展拓展到聚焦五大功能定位，包括打造以油气为核心的大宗商品资源配置基地、新型国际贸易中心、国际航运和物流枢纽、数字经济发展示范区和先进制造业集聚区。总的来看，作为全国仅有的两个实现扩区的自贸试验区，沪浙两地联动发展的空间和潜力巨大，完全可以形成“1+1>2”的联动效应，共同成为我国自贸试验区“雁阵”中的“头雁”。

二、沪浙自贸试验区联动发展面临新问题

浙江自贸试验区成立以来，复制了一批上海的制度创新经验。扩区后，两地进入了更宽领域、更深层次的合作。但两地联动发展还存在四大短板。一是联动发展不平衡。从自贸片区联动发展的情况来看，舟山片区与上海自贸试验区的联动要多于其他3个片区，片区联动发展的不平衡问题较为突出。二是联动发展不充分。沪浙自贸试验区的联动发展主要集中在油气、航运、物流等领域，在数字贸易、先进制造业集聚、服务业扩大开放等领域较少。三是联动发展不系统。两地联动发展缺乏系统设计，多以4个片区单独与上海合作为主，未形成点、线、面、体的一体化联动发展，缺少标志性项目和具有战略意义的成果。四是联动发展前瞻性不足。对标高标准的国际经贸规则，上海自贸试验区进行了有益探索，而浙江自贸试验区更多是学习、复制上海的政策，两地尚未在共同推进规则、规制、管理、标准等制度型开放方面探索合作。

三、进一步深化沪浙自贸试验区联动发展新举措

面对世界百年未有之大变局，沪浙自贸试验区肩负着代表国家参与更高水

平国际合作与竞争的历史责任，必须加快树立一体化联动发展、融合发展、共生发展的“新思维”，从复制推广为主向一体化协同联动发展转变，从简单的优势互补向融合发展转变，从相互竞争向共生发展转变，推进沪浙自贸试验区联动发展，深化沪浙自贸试验区联动发展的新举措，努力形成一批联动发展的标志性成果。

（一）以协同开展压力测试为导向，共同打造对接国际高标准经贸规则先行先试引领地

主动对接 CPTPP、DEPA 等国际高标准经贸规则，协同开展差异化压力测试。上海重点围绕服务贸易、知识产权等领域开展压力测试，浙江重点开展数字经济领域压力测试，以高水平对外开放和高标准市场体系建设联动打造国内规制对接国际高标准经贸规则的试验场。联合临港新片区开展劳工标准、知识产权等领域的一体化立法、共同执法，逐步实现与国际规则接轨。

（二）以小洋山合作为依托，共建大宗商品特色自由贸易港

加强沪浙小洋山区域合作开发，联合制定出台沪浙小洋山区域合作开发方案。先行依托衢山及周边离岛和相关海域创建海关监管特殊区域，争取依托舟山全域及宁波北仑全域升级建设大宗商品特色自由贸易港。对标新加坡自由贸易区和海南自贸港，建设沪浙离岸贸易创新发展实践区，聚焦税收、外汇结算、营商环境等重点领域和重点环节发力，争取形成一致的投资、贸易、运输、金融、财税体制，共同探索国际投资贸易新规则。

（三）以强化义甬舟开放大通道省市合作为突破口，共同打造世界级航运中心

以世界一流强港宁波舟山港为依托，加强与上海港联动合作，完善以宁波舟山港为核心的“一体两翼多联”港口发展格局，拓展海上丝绸之路航运网络。积极推进海外仓布局，在境外重要海港陆港、“义新欧”中欧班列沿线布局一批海外仓，推动沪浙自贸试验区内注册企业共享海外仓。以金华—义乌国际陆港为依托，深化“第六港区”建设，推动港口、物流枢纽等开放门户功能前移。

（四）以推动油气体制改革为突破口，共同打造国际油气交易中心

全面推进长三角期现一体化油气交易市场建设提速发展。依托在洋山港开展船舶液化天然气（LNG）等新型燃料保税加注业务试点，协同探索制定经营资质管理办法和运营规则。探索开展保税 LNG 海上加注等改革试点，力争国家储备原油借还动用试点、大宗商品交易中心落地取得突破。聚焦洋山保税船供公共服务平台建设，探索跨省区域合作新机制。

（五）以集成电路、生物医药等领域建设为重点，协同构建现代化开放型产业体系

对标上海自贸试验区“自设立之日起 5 年内减按 15% 的税率征收企业所得税”，研究实施减征企业所得税的政策。聚焦产业链创新链短板，强化境内境外联动，重点围绕集成电路和生物医药等领域，共建一批国际合作科技基地和国际产业链合作引领项目，引导企业在上海自贸试验区设立面向国际前沿的科研和人才飞地，共同打造产业链创新链合作高地。

（六）以人才政策为着力点，共同打造全球人才高地

针对海外高端紧缺人才，实施一体化的人才引进、服务和评价制度，在往来便利、金融管理、资质互认、人才认定等方面加强衔接，共建长三角自贸试验区海内外“人才池”。积极争取将浙江自贸试验区纳入上海国际人才绿卡通道，两地共享国际人才教育、医疗等配套政策。联合建立国际职业资格证书认可清单制度。

（七）以深化“双 Q”和外债、人民币国际化为突破口，促进自贸试验区金融稳步发展

对标上海临港新片区，高标准出台股权投资行业支持政策，深化开展合格境外有限合伙人（QFLP）、合格境内有限合伙人（QDLP）试点，给予 QFLP 试点企业税收优惠。依托跨境融资便利化试点，进一步扩展试点主体类型和额度，打造“凤凰行动”[①] 升级版。以推动人民币国际化为中心，借鉴临港新片区

① “凤凰行动”是浙江省政府推进企业上市和并购重组的计划。

的经验，在风险有效防控的前提下，在浙江自贸试验区以及其他新片区协作区积极探索符合国际通行准则的、符合浙江实际情况能落地的自由贸易账户、外汇结算、融资租赁、投资出入境管理等政策。

（八）以争取影视文化和健康医疗两个先行区创建为突破口，打造优势服务业领域对外开放标志性载体

发挥横店影视产业集聚区和杭州优势，打造影视文化对外开放先行区，复制上海自贸试验区临港新片区等地政策，探索经纪机构、演出机构、音像制品制作等先行开放，引聚高科技拍摄和后期制作等专业领域的外资企业。以浙港合作为切入点，在杭州谋划健康医疗服务对外开放先行区，积极争取放宽外资市场准入，支持高端医疗设备和进口药准入，开展生物医药研发和制造，打造健康医疗全产业链。

（九）以信息共享为导向，联合共建新型国际贸易中心

深化长三角国际贸易“单一窗口”合作共建机制，聚焦数据归集、数据开放和共享合作，推动由口岸执法向口岸物流、贸易服务等全链条拓展。推进大宗易行、六六云链等贸易平台与上海“离岸通”建立合作机制，共同推进离岸贸易真实性审核平台建设，推进长三角自贸试验区全区域新型离岸国际贸易工作，实现业务审核、金融政策共享及信息平台合作。

（十）以数据交易所和 eWTP 的合作为重点，共同探索数字经济制度规则话语权

发挥浙江数字自贸区优势，借鉴上海经验，依托杭州滨江建立面向全球的大数据交易平台。推动杭州滨江大数据交易平台与上海数据交易所交叉上市，实现交易资源开放共享。推进国家数字服务出口基地、浙江大数据交易中心与上海“信息飞鱼”建立合作机制，联合上海数据交易所，探索在医疗健康、新能源等领域的跨境数据流动试点合作。以市场化方式推进世界电子贸易平台（eWTP）在上海和全球布局。

第二章

区域发展板块：
探索环杭州湾产业带高质量发展新路径

编制新的环杭州湾产业带规划，打造习近平经济思想实践样板*

李金波　郭鹏程　柯敏　罗煜

浙江省环杭州湾地区包括杭州、宁波、绍兴、嘉兴、湖州、舟山六市，是长三角一体化的重要组成部分。2003 年，时任浙江省委书记的习近平同志主持编制了《浙江省环杭州湾产业带发展规划》（以下简称《规划》）。时隔近二十年，可以发现《规划》蕴含着习近平经济思想的重要萌芽。进入新发展阶段，在新的历史起点上谋划编制新一轮环杭州湾产业带规划，着力打造习近平经济思想的实践样板，意义十分重大。

一、《规划》是习近平经济思想的重要萌芽，具有极强的前瞻性

21 世纪初我国加入世界贸易组织（WTO），加速融入经济全球化。当时的浙江正在实现从资源小省向经济大省的历史性跨越，正加快进入工业化、城市化、信息化、市场化和国际化发展的新阶段。但浙江各地经济基础、发展水平不一，承接国际制造业转移的区位条件各有优劣。习近平同志指出，从区域分布来看，建设先进制造业基地不可能齐头并进，必须率先在若干发展基础厚实、区位条件优越的区域获得突破，并带动欠发达地区工业发展。杭州湾地区是浙江省加快对外开放、培育新兴产业的主要阵地，要把环杭州湾大产业带建设作为加快浙江省

* 本文刊于《发展规划研究》2022 年第 12 期。

先进制造业基地建设的重中之重”[①]。在充分调研论证的基础上,《规划》于 2003 年 12 月 24 日由浙江省人民政府印发（浙政发〔2003〕48 号）并实施。《规划》在以下几方面闪耀着习近平经济思想的光芒。

《规划》蕴含着推动长三角一体化的思想。在《规划》出台之前，浙江印发了《中共浙江省委、浙江省人民政府关于主动接轨上海积极参与长江三角洲地区合作与交流的若干意见》。《规划》正是在这一文件的指导下制定的。2004 年 3 月 28 日，习近平同志接受中央人民广播电台采访时指出，随着经济全球化进程的加快和世界产业结构的调整和转移，长三角地区的地位和作用日益凸显。我们规划环杭州湾地区的产业带和城市群，与传统的以单个城市规划为主的方式不同，这项规划顺应经济全球化和区域一体化的发展趋势，打破了行政区划界线，将环杭州湾地区放到以上海为龙头的长三角城市群乃至全国城市体系中去[②]。在《规划》中，无论是“四区一翼”（先进制造业基地核心区、改革开放与新型工业化先行区、科技创新先导区、生态建设示范区、世界第六大城市群的南翼）的总体定位，还是产业导向、设施建设、保障举措等具体内容，都强调主动对接上海，把加快区域一体化布局、打造长三角“金南翼”作为出发点和立足点。这为习近平同志亲自谋划、亲自部署、亲自推动长三角一体化上升为重大国家战略提供了重要的探索和铺垫。

《规划》蕴含着实现高质量发展的思想。环杭州湾地区是浙江经济社会发展最迅速、最有活力的区域之一，也是浙江经济重心所在，但当时的发展也面临不少困难和短板。一是制造业整体水平不高，参与国际竞争能力不强；二是产业协同发展能力较弱，中心城市集聚先进要素的功能不强；三是区域产业发展与城市功能、重大基础设施、生态系统建设布局缺乏统筹考虑。为此,《规划》创新性提出“突出园区和城市、民资和外资、制造业和服务业融合发展，实施大集群战略”，“构筑新型产业体系，形成先进制造业集聚区、城市连绵带和绿色生态网为主体的‘区—带—网’的开发格局”。其中，“区”即“先进制造业集聚区”，重点培育电子信息、现代医药、石化、纺织、服装五大产业集群以及 6 个成长性产业集群；“带”即“城市连绵带”，其核心是杭州、宁波两大城市经济圈，并与其

---

① 习近平:《干在实处　走在前列——推进浙江新发展的思考与实践》，中共中央党校出版社，2013。

② 习近平:《干在实处　走在前列——推进浙江新发展的思考与实践》，中共中央党校出版社，2013。

他城市构成组合有序、功能互补、布局合理的区域城镇体系；“网”即由绿色开敞空间、绿色廊道、各类保护区组成的“绿色生态网”和由交通、物流、信息、给排水、能源供应、环保等设施构成的“现代化基础设施网”。习近平同志指出，推动建设环杭州湾产业带，有利于充分发挥浙江的优势，推动“民营经济”实现新的飞跃，促进“块状经济”形成“产业集群”，引导“强县经济”向“都市经济”转变，从而进一步提高浙江的综合实力和国际竞争力[①]。这背后蕴含着推动质量变革、效率变革和动力变革的高质量发展新思路。

《规划》蕴含着新发展理念和习近平生态文明思想。《规划》提出，选择基础条件好、成长空间大、带动作用强、市场占有率高、盈利能力佳的产业，着力集成优势、重组产业与整合园区，强化创新、人才、流通功能平台建设，形成产业之间、产业群之间开放协同、整合创新、动态优化、高效低耗的新型产业体系。这些要求与后来的创新、协调、绿色、开放、共享的新发展理念高度相通。习近平同志明确要求，要把环杭州湾地区建成一条产业集群优势明显、生产力布局合理、科教支撑有力、生态环境优良，产业区、城市群、物流网有机融合的“黄金产业带”；一个汇聚各种先进生产要素和文明因子的城市群；一块充分体现人与自然和谐发展的生态区[②]。《规划》创新性引入生态学概念，提出要“有限开发”，以产业为支撑、以区域重大基础设施共建共享为基础，强调产业、城市、生态的和谐发展。这些理念与后来习近平同志提出的“绿水青山就是金山银山”一脉相承。

二、《规划》实施坚持“一张蓝图绘到底”，效果超出预期

近二十年来，浙江省委、省政府以环杭州湾地区为实践地，坚持一张蓝图绘到底，一任接着一任干，持之以恒、接续奋斗，生动践行了习近平经济思想，当年擘画的美好蓝图如今已基本成为现实。二十年间，环杭州湾六市常住人口由 2304 万人增长到 3717 万人，地区生产总值（GDP）从 0.55 万亿元增长到 5.12 万

---

① 习近平：《干在实处 走在前列——推进浙江新发展的思考与实践》，中共中央党校出版社，2013。
② 习近平：《干在实处 走在前列——推进浙江新发展的思考与实践》，中共中央党校出版社，2013。

亿元，名义增长率达 8.3 倍，人均名义 GDP 从 2.4 万元增长到 13.3 万元，增长了 4.5 倍，实现了跨越式发展。

长三角“金南翼”地位更加凸显。一是跨区域交通互联互通体系不断完善。2005 年洋山港东海大桥建成，2007 年杭州湾跨海大桥建成，2013 年嘉绍大桥建成，2020 年沪杭甬高速公路智慧化改造完成，环湾地区整体融入上海“一小时交通圈”。二是区域一体化深入推进。沪浙小洋山区域合作开发顺利完成，宁波前湾沪浙合作发展试验区和嘉兴全面接轨大上海桥头堡建设加快推进，杭绍甬、甬舟、嘉湖一体化全面提速。三是坚持唱好杭甬“双城记”。杭州和宁波的城市能级不断提升，两大都市区地区生产总值、常住人口在长三角地区占比分别达 20.6%、18.5%，资源要素集聚能力稳步提升，辐射带动作用进一步增强。

“数字经济 + 先进制造”成为浙江新名片。《规划》印发以来，环湾地区坚定不移推进“腾笼换鸟、凤凰涅槃”行动，纺织业、服装业等传统劳动密集型产业提质增效，沿海重化工业发展规模壮大，技术密集型产业快速跃升，先进制造业基地建设取得重大进展，企业自主创新能力不断提升。环杭州湾六市共有 85 家企业入围 2022 年中国民营企业 500 强，占全省的 79.4%，占全国的 17%，拥有制造业单项冠军示范企业和专精特新“小巨人”企业分别达到 81 家、736 家，数量均居全国第一。数字经济蓬勃发展，不仅吸引了华为、网易、中兴等多家知名通信企业入驻杭州，还孕育出了阿里、大华、海康威视等数字经济跨国巨头，杭州“天堂硅谷”产业集群优势凸显。2021 年环杭州湾六市数字经济核心产业增加值达到 6943 亿元，占全省比重为 83.2%；拥有数字经济高新技术企业 0.8 万家、科技型中小企业 1.3 万家、年营收超千亿元级数字经济企业 2 家、年营收超百亿元企业近 40 家。

“两山理论”探索实践走在全国前列。一是统筹推进山水林田湖草系统保护修复，生态环境质量得到有效提升。环杭州湾地区已有 19 个县（市、区）以及嘉兴、湖州两市成功创建国家生态文明建设示范区，杭州、宁波、绍兴三市为省级生态文明示范市。二是循环经济体系初步建立，形成了以电厂粉煤灰、钢铁厂冶金渣等大宗固废综合利用为重点的企业循环型产业链，以化工、医药、合成革等产业为纽带的园区循环型产业链，以废金属、废塑料、废纸等再生资源回收利用为核心的社会循环产业链等三大循环经济体系。三是强力推进能源消费总量和强度“双控”，在全国率先完成煤电超低排放改造，加快推进可再生能源发展。四是率先探索生态产品价值实现路径，创新性实施以安吉“两山银行”为代表的生态产品市场化价值实现及交易机制，建立完善以特别生态功能区（淳安）为代表的跨区域生态补偿机制等。

三、建议编制新一轮发展规划，打造习近平经济思想实践样板

《规划》倾注了习近平同志对很多重大问题的思考，是习近平经济思想的重要萌芽和生动实践。近二十年的探索表明，习近平经济思想具有强大的生命力，是经过实践检验、符合中国国情、体现社会主义市场经济规律的创新理论。进入新阶段，启动编制新一轮《环杭州湾产业带高质量发展规划》，赓续习近平同志在《规划》中提出的重要经济思想和发展理念，意义十分重大。

一是有利于为全国学习贯彻习近平经济思想提供鲜活的实践样板。习近平经济思想既博大精深，又务实创新，如何结合各地实际抓好落实，是摆在广大党员领导干部面前的重大政治课题。环杭州湾地区是习近平经济思想的重要实践平台，通过新一轮规划编制，更加全面系统准确地贯彻习近平经济思想，可以让各地更加深入地理解和领会习近平经济思想的科学性、原创性和实践性，从而增强实际工作的针对性和主动性。

二是有利于更好推动落实长三角一体化重大战略。通过编制新一轮规划，着力将环杭州湾地区打造成为世界级先进制造业集群集聚发展带，长三角世界级城市群“金南翼”，以及生产、生活、生态和谐共生的魅力湾区，加强与上海等地区联动，可以更加深入地推动落实长三角一体化重大国家战略。建议由有关部门牵头组织编写相关规划，并将之纳入长三角一体化建设的有关工作。

三是有利于加快探索中国式现代化的现实路径。环杭州湾地区不仅产业基础雄厚、创新动能强劲、开放氛围浓厚，在发展数字经济、建设生态文明、推进共同富裕等方面也走在了全国前列，具备率先探索中国式现代化现实路径的条件。编制和实施新一轮规划，将其打造成中国式现代化先行区，既是浙江的使命，更是国家的需要。

科学评估环杭州湾产业带建设实践，开启新一轮高质量发展*

柯敏

回顾《浙江省环杭州湾产业带发展规划》（以下简称《规划》）发展理念，深入总结环杭州湾产业带近二十年来的发展成就，全面寻找短板差距，对于系统研究习近平经济思想的丰富内涵，开启新一轮环杭州湾产业带高质量发展具有重要意义。

一、对标定位、实现进位，《规划》实施成效显著

（一）从发展战略定位看，《规划》目标任务已基本实现

“先进制造业基地核心区”从产业协作分工角度出发，提出培育若干具有国际竞争优势的产业集群，为浙江一以贯之打造全球先进制造业基地指明了方向，2021 年环杭州湾六市制造业增加值达到 1.8 万亿元，占全省比重达到 88%，96 家企业入围中国民营企业 500 强，国家制造业单项冠军、专精特新“小巨人”企业数量均居全国第一。“世界第六大城市群重要组成部分”作为长三角一体化国家战略的重要萌发，为近五年来浙江深度融入长三角一体化、打造四大都市区、唱好杭甬“双城记”、打造长三角世界级城市群“金南翼”奠定了底色基调。“生态建设示范区”作为“两山理论”重要思想源头，统筹经济建设与生态文明协同发展，目前环杭州湾地区已基本实现国家级、省级生态文明示范市全域覆盖。

---

* 本文刊于《发展规划研究》2022 年第 12 期。

“改革开放与新型工业化先行区”率先提出在更高层次、更宽领域、更广范围参与国际经济大循环，建立起适应国际竞争需要、符合国际经济惯例的政府管理体制，当前环杭州湾地区自贸区已实现舟山、宁波、杭州三市全覆盖，综合保税区实现六市全覆盖。“科技创新先导区”率先提出以企业为主体的创新生态体系，突出打造杭甬两大科技中心，当前浙江正积极打造“互联网 +”“新材料”“生命健康”三大科创高地，推进“揭榜挂帅”等体制创新。

（二）从发展战略目标看，环杭州湾产业带实现争先进位

一是总体目标超前完成，2010 年环杭州湾六市实际地区生产总值为 19647 亿元、人均地区生产总值 8.2 万元，分别达成规划目标的 160% 和 203%。2021 年，环杭州湾地区实现地区生产总值 73516 亿元、人均地区生产总值 11.4 万元，以全省 57% 的人口和 60% 的建设用地贡献了全省 70% 的 GDP。二是五大标志性产业集群转型提升，电子信息、石化、纺织三大产业集群较好地完成了规划目标，2010 年达成度分别约为规划目标值的 1.9 倍、1.4 倍和 1.5 倍，现代医药和服装产业相对滞后（见表 2–1）。三是六大成长性产业集群加快打造，产业基础不断夯实，竞争优势持续增强，其中新型金属材料及制品、先进装备制造、交通运输设备规模提升最为明显，2010 年营收规模分别约为规划目标值的 31 倍、28 倍、22 倍（见表 2–2）。

表 2–1 《规划》标志性产业集群目标规模和实际规模对比　　单位：亿元

标志性产业集群	《规划》设定的 2010 年销售收入目标	2010 年规上工业主营业务收入	2020 年规上工业主营业务收入
电子信息	超过 2500	4827	12734
现代医药	超过 1000	273	1190
石化	超过 2500	3604	6520
纺织	超过 4000	6094	5938
服装	超过 2500	1440	1735

资料来源：2003 年、2010 年和 2020 年的浙江统计年鉴。

表 2-2 《规划》成长性产业集群目标规模和实际规模对比　　单位：亿元

成长性产业集群	《规划》设定的 2010 年销售收入目标	2010 年规上工业主营业务收入	2020 年规上工业主营业务收入
交通运输设备	超过 100	2162	4266
先进装备制造	超过 100	2840	5661
新型金属材料及制品	超过 100	3093	53321
造纸业及纸制品	超过 100	752	9681
食品加工制造	超过 100	1328	15381
家用电器及设备产业集群	超过 100	预计 2025 年产值达 5000 亿元	

资料来源：2003 年、2010 年和 2020 年的浙江统计年鉴。

（三）从发展战略任务看，主要产业集群提质升级

一是传统劳动密集型产业缩量提质，如纺织业在工业总产值中占比在 17 年间下降了 14.5 个百分点，服装产业形成以化纤印染为主导、服装产品生产为辅助的现代产业体系。二是资本密集型产业总体较为稳定，以化学原料和化学制品制造业等为代表，化学原料和化学制品制造业占比提升了 2.1 个百分点（见表 2-3）。宁波—舟山石化产业集群跻身全国七大石化产业集群前列，形成较好的规模集聚优势。三是技术密集型产业快速跃升，并分化衍生出细分产业集群，如电子设备制造业先降后升，近十年间提升了 4.9 个百分点，并衍生发展了数字安防、集成电路、智能计算、网络通信等标志性产业链；汽车制造业从无到有，提升了 6.6 个百分点，成为拉动环湾地区发展的强劲动力；医药制造业始终保持在 2% 左右，仍以化学药、制剂药为主，新药研发和试验规模总量仍然偏小。四是五大标志性产业集群布局优化，电子信息产业以杭甬为主，绍兴的地位加速凸显；现代医药产业实现了从杭州“一枝独秀”到“杭州为主、绍兴为辅”格局的转变；石化产业始终保持宁波遥遥领先的态势，绍兴和舟山的石化产业优势在不断强化；纺织产业由“绍杭领先、嘉兴为辅”转变为“嘉杭领先、绍兴为辅”的格局；服装产业方面宁波取代嘉兴成为新的龙头，但嘉兴服装产业仍然具有较强的竞争优势。

表 2-3　环杭州湾六市前十大细分产业产值占工业总产值之比变化情况

排序	2003 年	2010 年	2020 年
1	纺织业（20.70%）	纺织业（13.00%）	电气机械和器材制造业（10.50%）
2	电气机械和器材制造业（9.60%）	通用设备制造业（10.00%）	计算机、通信和其他电子设备制造业（9.30%）
3	计算机、通信和其他电子设备制造业（7.60%）	电气机械和器材制造业（8.40%）	化学原料和化学制品制造业（7.90%）
4	通用设备制造业（7.30%）	化学原料和化学制品制造业（7.40%）	通用设备制造业（6.70%）
5	纺织服装、服饰业（7.20%）	其他运输设备制造业（6.40%）	汽车制造业（6.60%）
6	其他运输设备制造业（6.00%）	化学纤维制造业（4.80%）	纺织业（6.20%）
7	化学原料和化学制品制造业（5.80%）	计算机、通信和其他电子设备制造业（4.40%）	非金属矿物制品业（4.90%）
8	化学纤维制造业（4.60%）	橡胶和塑料制品业（4.00%）	金属制品业（4.00%）
9	石油、煤炭及其他燃料加工业（4.30%）	石油、煤炭及其他燃料加工业（3.50%）	石油、煤炭及其他燃料加工业（3.90%）
10	金属制品业（4.00%）	黑色金属冶炼和压延加工业（3.30%）	化学纤维制造业（3.90%）

资料来源：2003 年、2010 年和 2020 年的浙江统计年鉴。

二、把握新阶段、新趋势、新特征，直面制约环杭州湾产业带高质量发展的突出问题

当前，全球产业链供应链加速重构、深度调整，以应用技术创新见长的红利空间逐步压缩，国内国际双循环新格局和制度型开放正在加速构建，同时，环杭州湾地区也承担着主动融入长三角一体化、浙江高质量发展建设共同富裕示范区的光荣使命，这对环杭州湾产业带高质量发展提出了更高要求。但与国内外先进湾区相比，当前环杭州湾产业带仍然面临以下 5 个突出问题。

（一）产业转型压力较大，产业基础能力和产业链现代化水平有待进一步提升

一是优势产业领域仍以纺织、服装、石化和木业家具等传统特色产业为主

导，产业集群化、数字化、服务化、绿色化还有很大拓展空间。二是创新型企业主体不多，2020 年杭甬两市高新技术企业合计为 4279 家，仅为北京的 15%、南京的 53%，具有生态主导力、全球竞争力的世界一流企业不多。三是战略性新兴产业链高附加值环节和关键核心技术受制于人，适应未来产业发展的产业组织、应用场景、基础设施、标准体系和产业政策有待进一步完善。

（二）基础创新能力不足，创新链与产业链价值链有机融合机制有待探索

一是基础研究整体投入明显偏低，2020 年浙江省基础研究经费投入占研发经费投入比重仅为 3.24%，明显低于北京（15%）、上海（7.9%）、广东（5.9%）和全国平均水平（6.0%）。二是研发投入过度依赖企业，研发经费中企业支出占比达到 90%，部分新型研发机构过度市场化，导致前瞻性、基础性不足。三是基础研究机构、国家级科创平台等较少，环杭州湾地区仅拥有 1 个国家级重大科学装置、15 家国家重点实验室和 3 所“双一流”高校，与沪宁合走廊、广深科技创新走廊相比差距明显。四是高层次人才支撑不足，全省 2020 年高新技术企业科研人员数（68.54 万人）明显少于江苏（84.36 万人）和广东（163.05 万人）；拥有两院院士 55 名，明显少于上海（179 名）和江苏（102 名）；拥有国家杰出青年科学基金项目 162 项，明显少于江苏（327 项）、湖北（221 项）和上海（567 项）。

（三）整体开放能级亟待提升，全球重要资源集聚配置能力仍显不足，制度、规则开放还需进一步深化

一是杭州国际化基础设施、制度、服务短板仍然突出，在会集国际人才、参与国际性组织、国际规则制定方面显著不如北京、上海等城市，建设国际经济交往中心、全球数字贸易中心的步伐还要加快。二是宁波外向型经济发展质量不高问题突出，“十三五”实际利用外资水平、设立境外机构数量明显小于预期，具有全球影响力的标志性、引领性平台还比较少，宁波舟山共建自由贸易港、浙江自贸试验区对标 CPTPP、RCEP 等高水平经贸规则任重道远。

（四）产业平台综合竞争力不足，产城分离、同质竞争问题仍然存在

一是高能级产业平台综合竞争力仍待提高，根据商务部和科技部 2021 年度排名，环杭州湾地区有杭州经济技术开发区、宁波经济技术开发区、嘉兴经济技术开发区位列全国经济技术开发区 20 强，排名分别为第 9 位、第 17 位和第 18 位；杭州高新区（滨江）、宁波高新区分别居全国高新区综合排名的第 5 位、第 13 位，与苏州工业园区、中关村科技园区等差距明显。二是各类平台还存在产城分离现象。环杭州湾四大新区城市功能、配套设施、人口承载能力总体较为不足，交通可达性较差，运输物流成本较高，如钱塘新区、滨海新区和前湾新区具备连片发展潜力但缺乏系统谋划和整体推进。三是平台之间重复建设、同质竞争问题较为突出，招商引资全产业链谋划意识不强，相互之间没有形成明显的跨区域上下游关系，群多链少、群龙无首、聚合力不强状况凸显。

（五）基础设施建设规划前瞻性不足，杭州湾两岸“竖琴式”交通网络尚未形成

一是交通枢纽建设与区域经济发展不够匹配，杭州、宁波的机场运行水平、吞吐能力与同类机场相比有较大差距，宁波舟山港“大而不强”问题突出，航运经纪、金融、保险、海事法律等高端服务业发展滞后，港口岸线开发效率有待提升，配套航道、锚地和管廊建设也相对滞后。二是轨道上的长三角建设进度有待加快，跨湾通道多在底部布局且较为单一，沪甬、沪舟之间缺乏直通通道，区域物流“快车道”尚未建成，环湾货运铁路仍处于前期谋划阶段，公铁海河联运仍有较大发展空间。

三、践行新发展理念，找准环杭州湾产业带新一轮高质量发展的着力点

结合新形势、新要求，新一轮规划在贯彻《规划》提出的“强化比较优势”“强化产业导向”“强化整合提升”“强化产业、城市、生态和谐发展”“强化科技创新”“强化资源集约利用”6 个导向的基础上，要牢牢把握环杭州湾地区

作为“长三角核心区重要组成部分、国家战略全局‘第一梯队’成长力量”总体定位，以杭州都市圈、宁波都市圈、临沪经济圈“三圈”为重点，破除资源流动障碍，推动甬舟、杭绍甬、杭嘉湖一体化发展，加快发展动能变革、经济结构转型和功能形态重塑，增强高端要素集聚力、科技创新策源力、全球资源配置力，合力共塑区域城市竞争力，重点把握以下 5 个着力点。

（一）以深度分工促进产业协同

主动应对全球产业链供应链短链化、近岸化、本地化趋势，以环杭州湾地区 1~3 小时车程为近域范围，从产业链内部环节入手，深入推进环杭州湾地区关键产业链补链强链延链，加快重大产业项目跨区域协同配套，争取整合产业链上中下游 70% 的零部件、半成品的产业集群，实现研发—产业化、整机—零配件、生产—展示—销售、制造—服务等产业环节精准对接、高效协同，构建空间上高度集聚、上下游紧密协同、供应链集约高效的战略性新兴产业集群。

（二）以基础研究推动科技创新

将基础研究、原始创新作为环杭州湾地区高质量发展的第一动力，全力支持杭州建设综合性国家科学中心，集聚国家重大科技基础设施，健全新型实验室体系，夯实前沿科学创新力量。加强与上海、江苏、安徽在基础研究、关键技术、成果转化等方面的合作，协同布局建设环杭州湾技术创新中心和高水平新型研发机构体系。积极引入海外知名高校、研究机构、跨国公司到环杭州湾地区建立分校、分中心，持续培养高精尖科技人才，筑牢湾区原始创新根基。

（三）以开放融入放大比较优势

用足用好 RCEP 带来的重大机遇，主动对标 CPTPP 等高标准经贸规则，积极发挥宁波舟山港国际大宗商品配置枢纽优势，争取设立海关监管特殊区域，与上海共建自由贸易港。积极发挥环杭州湾地区数字经济、跨境电商优势，支持杭州打造数字贸易开放枢纽，争取国家数字贸易示范区和服务业扩大开放综合试点。深化环杭州湾地区一体化的要素市场化改革，深度融入全国统一大市场，有效打通生产流通消费分配环节，实现跨区域泛城市化、同城化发展。

（四）以新型设施驱动未来布局

适应建设“轨道上的长三角”的新形势，超前布局环杭州湾地区货运铁路、沪甬、沪绍金、沪舟甬等跨湾跨海铁路通道，优化内河水运网络及集疏运体系，推动海铁、海河、海空联运，协同布局油品、天然气等大型管道设施，打造高效便捷运输通道。面向未来产业集群、创新生态、人本需求，谋划一批能够适应数字经济发展和数字化社会建设的数字基础设施和融合基础设施，前瞻布局车联网、物联网、工业互联网、飞联网等新基建应用场景。整合部署产业链、创新链、平台链、设施链，拓展多元空间容纳能力，统筹生产生活生态空间，推动产城人文高效聚合。

（五）以绿色低碳实现转型发展

主动应对碳达峰碳中和任务框架，先立后破、统筹处理“双碳”任务与经济社会发展关系，以存量优化、技术更新为手段，加快环湾地区低效用地空间腾退再利用和高耗低效产业改造提升，谋划能够满足“双碳”发展需要、支撑未来重大项目落地和经济社会发展的绿色能源基础设施体系，积极布局秦山零碳未来城、六横清洁能源岛等一批新型能源基地，优化构建更低能耗、更低排放、更高附加值、更高质量水平的产业体系，切实找到环杭州湾产业带绿色低碳转型发展的新路子。

环杭州湾产业带先进制造业协同发展问题及对策建议*

张薇

环杭州湾地区是浙江省制造业高质量发展的主平台，《浙江省环杭州湾产业带发展规划》（以下简称《规划》）创新性提出“产业集群”的理念，并对“5+6”产业集群的发展方向、重点领域、布局导向、功能平台提出了具体规划指引。经过19年的发展，环杭州湾地区的制造业已基本完成了从相对独立的“块状集聚”到互动合作的“产业集群”的模式升级，尤其是电子信息、石化、纺织等标志性产业集群规模迅速壮大，在长三角地区的地位持续提升。但进入新发展阶段，在新一轮科技革命和产业变革加速创新融合、全球制造业发展格局加速调整的背景下，环杭州湾地区仍然面临制造业中高端供给不足、城市间高效协作体系尚未建立、制造业创新能力与规模体量不匹配等问题。为此，建议环杭州湾地区聚焦重点产业尤其是战略性新兴产业，加强资源统筹布局，推进跨区域跨集群分工协作，进一步夯实产业创新基础，创新体制机制，加强城市间合作支持引导，提升环杭州湾产业带先进制造业能级和核心竞争力。

一、现状特征

环杭州湾产业带以浙江省44%的土地面积创造了75%的规上工业产值，《规划》中提出的“5+6”产业集群规模持续壮大、产业层次持续提升，电子信息产业达到万亿元级规模，石化、纺织、服装等传统特色产业在长三角竞争优势不断

---

* 本文刊于《发展规划研究》2022年第12期。

增强，集成电路、节能与新能源汽车、炼化一体化与新材料等标志性产业链加速发展，是浙江建设全球先进制造业基地的主阵地。

从集群规模看，环杭州湾地区形成电子信息一大万亿元级产业集群和石化、纺织、先进装备制造、金属材料及制品四大 5000 亿元级产业集群。2020 年环杭州湾六市电子信息产业规上工业营业收入达到 12734.06 亿元，是唯一达到万亿元级的产业。石化、纺织、先进装备制造、金属材料及制品产业规模均超过 5000 亿元，分别达到 6519.51 亿元、5938.45 亿元、5660.64 亿元和 5332 亿元。

从集群成长看，木业家具、石化、服装、电子信息等产业在长三角的营收占比提高明显。对比 2010—2020 年环杭州湾地区各产业规上工业营业收入在长三角的占比情况，除食品加工制造业、造纸业及纸制品产业外，其他主要产业的营业收入占比均呈现增长趋势，在长三角的地位持续提升。其中，木业家具、石化、服装、电子信息四大产业增长幅度较大，分别增长 8.8%、8.6%、8.1% 和 7.5%。

从地方集群特色看，湖州的木业家具，嘉兴的纺织，宁波的服装、石化和汽车制造等在长三角具有较强竞争力。从环杭州湾六市 2020 年各产业规上工业营业收入在长三角相应产业的占比来看，湖州木业家具产业占比达到 15.28%，优势最为突出；其次是嘉兴的纺织产业，占比达到 12.16%；宁波的服装产业、石化产业和汽车制造业在长三角的占比也均超过 10%，同样具备较强的实力。

从集群投资联系看，环杭州湾地区是浙江与沪苏皖制造业投资联系的主要区域，嘉兴是沪苏皖最大的制造业投资目的地。2016—2020 年，环杭州湾六市制造业接受沪苏皖企业投资额占全省总额的 79.86%，六市制造业企业在沪苏皖的投资额占全省总额的 68.01%。其中，嘉兴制造业接受的沪苏皖企业投资额最大，杭州制造业企业对沪苏皖的投资额最大。

从标志性产业链看，环杭州湾各市特色环节优势不断凸显。环杭州湾地区集聚了全省十大标志性产业链，其中，网络通信、集成电路、生物医药、炼化一体化与新材料、节能与新能源汽车、智能装备六大产业链空间分布以环杭州湾地区为主体且在各市相对均衡。2020 年，环杭州湾地区上述六大产业链上市企业及专精特新企业分别有 26 家、50 家、68 家、130 家、100 家、176 家，上市企业营业收入占长三角的比重分别为 35.3%、23.6%、25.3%、24.3%、24.5%、

33.8%，在长三角具备较强实力，且环杭州湾六市均形成了自身的特色优势。其中，网络通信产业，杭州应用领域企业数量较多；集成电路产业，杭州和宁波分别在设计和材料领域拥有较多企业；生物医药产业，绍兴、宁波、杭州分别在化学药、医疗器械和研发等领域有较多企业；炼化一体化与新材料产业，环杭州湾地区集聚了大量先进基础材料企业，且宁波的关键战略材料优势相对突出；节能与新能源汽车产业，宁波、杭州拥有大量通用零部件领域企业；智能装备产业，宁波在特色专用装备、机器人与智能制造装备、关键基础件等多个领域均拥有大量企业。

从集群活力看，单项冠军和专精特新“小巨人”企业加速集聚。宁波是全国制造业单项冠军“第一城”，拥有单项冠军示范企业 35 家；杭州有单项冠军示范企业 22 家，仅次于宁波，居全国第二位。从国家级专精特新“小巨人”企业来看，环杭州湾地区共有 338 家，占长三角总数的 26.8%。其中，宁波以 182 家次于上海和北京，居全国第三位，实力同样不俗。

二、存在问题

对标国内先进地区，环杭州湾产业带仍然面临一些问题和瓶颈，包括新兴产业优势不够突出、重点产业链补链强链需求迫切、有国际影响力的企业数量较少、产业基础能力尚需提升、城市间产业合作机制仍待完善等。

优势领域仍然以传统特色产业为主，且存在路径“低端锁定”。环杭州湾地区在长三角具备较强竞争力的产业仍然集中在纺织、木业家具、服装等传统领域，2020 年上述各产业规上工业营业收入在长三角的占比分别达到 41.4%、32.4%、28.9%。苏南五市规上工业营业收入在长三角占比排名靠前的产业则以新兴产业为主，包括电子信息、新型金属材料及制品、先进装备制造等。环杭州湾地区传统特色产业的发展得益于块状经济，但目前产业重点集中在制造加工环节，企业间同质化竞争严重，产业创新和对外合作升级的积极性不高，在产品质量和品牌方面有较大的提升空间，面临被锁定在产业链价值链低端环节的挑战。

重点产业链高附加值环节和关键环节发展缓慢，产业培育仍需提速。从长三角范围来看，环杭州湾地区仍然存在重点产业部分高附加值环节和关键环节发展缓慢的问题。例如，集成电路产业，环杭州湾地区在设计、制造、封装测试和关键材料等各个环节的企业集聚程度均低于沪苏锡地区；生物医药产业，环杭州湾地区的生物医药发展缓慢，且具有相对优势的化学药的部分高端原料、新型药用辅料等仍需进口；新材料产业，环杭州湾地区的关键战略材料企业集聚度低于苏南地区，前沿材料企业数量较少。目前，各地都在大力招引战略性新兴产业项目，但部分项目实质上仍处于低附加值领域，由于战略性新兴产业具有培育周期较长、风险性高等特点，资源要素的分散不利于新兴产业的培育壮大。

企业实力相对较弱，龙头企业统筹产业链上下游资源的作用发挥不足。与广东省、江苏省重点城市相比，环杭州湾地区重点城市的企业实力较弱，规上工业企业主营业务收入、利润总额等均相对较低，尤其是与深圳、苏州等城市差距较大，2020 年，杭甬两地规上工业企业主营业务收入均不到深圳的 50%，杭州的规上工业企业利润总额也仅为深圳的 46% 左右（见图 2–1）。同时，部分头部企业在推进业务多元化过程中，主导了大部分所涉及的行业，关键环节和重要零部件研发制造等均不在环杭州湾地区，本区域的中小企业很难融入这种相对固定的产业生态，一定程度上存在“大树底下难长草”的问题。

企业创新主体作用有待强化，产业基础能力和产业链现代化水平仍需提升。企业是提升产业基础能力和产业链现代化水平的核心力量，其创新实力一定程度上影响着产业链供应链的竞争能力。2020 年，杭州、宁波规上工业企业 R&D 内部经费支出规模分别为 307.20 亿元和 289.01 亿元，与深圳和苏州的 1157.31 亿元和 679.77 亿元差距较大；杭甬两地有 R&D 活动的企业数量占规上工业企业总数的比重分别为 42.61% 和 47.31%，而深圳、苏州和无锡这一比重均超过 50%（见图 2–2）。可见，环杭州湾地区企业的整体创新实力相对不高，很多企业不掌握核心技术，不仅是芯片、精密仪器、装备制造等高端领域存在被“卡脖子”的风险，家电等传统优势产业也面临同样的挑战。

跨区域统筹协调机制仍不健全，产业链深度协作格局尚未形成。目前，环杭州湾地区尚未在推动跨区域产业合作方面出台有针对性的政策指引。尽管企业等市场主体的自主投资、贸易行为是产业合作的基础，但在缺乏顶层机制的情况下，企业间的合作无明确的方向和清晰的路径，导致六市之间还未形成明显的跨区域上下游协作关系，产业聚合力不强。例如，杭州和宁波的汽车制造业都比较发达，但是杭州的整车企业在宁波的零部件采购率并不高；杭州、宁波和绍兴分别在集成电路设计、电子信息材料、集成电路制造等领域形成了比较优势，但三地的产业链协作关系并不紧密。同时，城市间合作的主观能动性也不强，以申报工业和信息化部先进制造业集群为例，环杭州湾地区多个城市在现代纺织、汽车及零部件等领域具备较好的产业基础，可共同申报，但仍未见成效，而广东省已入围了 3 个合作申报的集群（见表 2-4）。

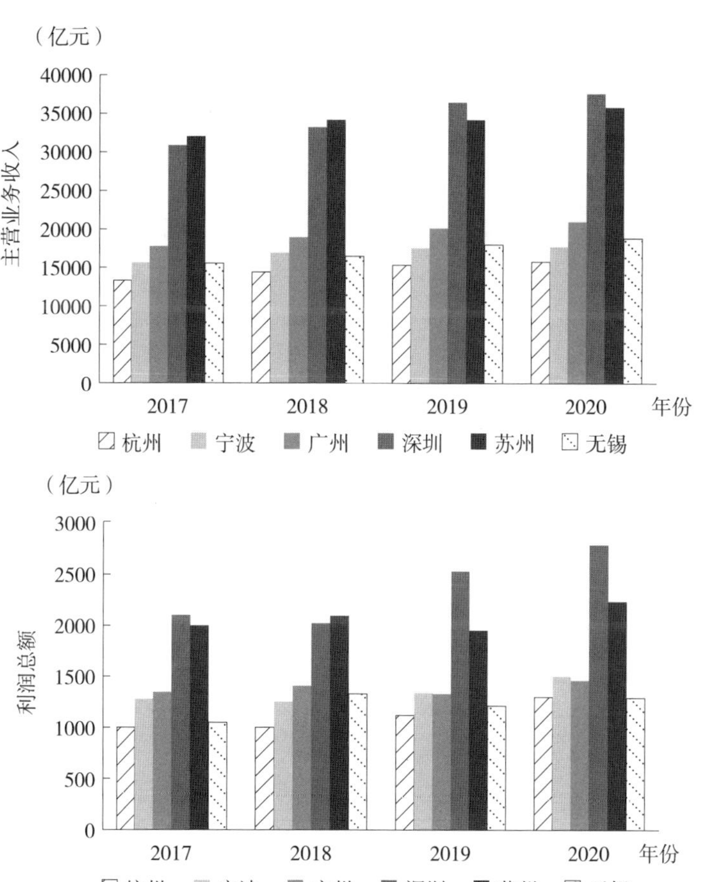

图 2-1　2017—2020 年环杭州湾地区主要城市与广东省、江苏省重点城市规上工业企业主要经济指标对比

资料来源：杭州、宁波、广州、深圳、苏州、无锡 2018—2021 年的统计年鉴。

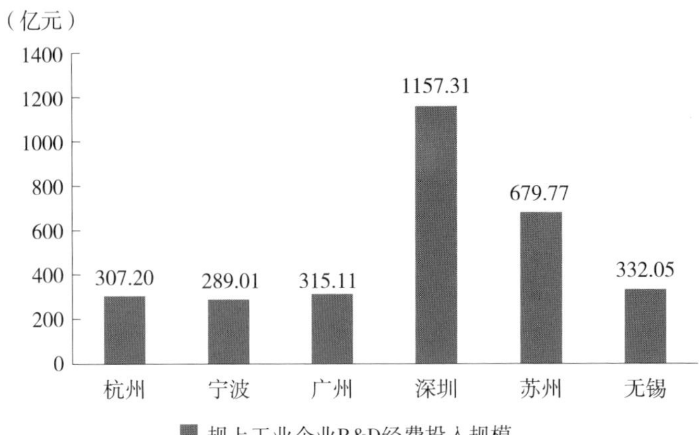

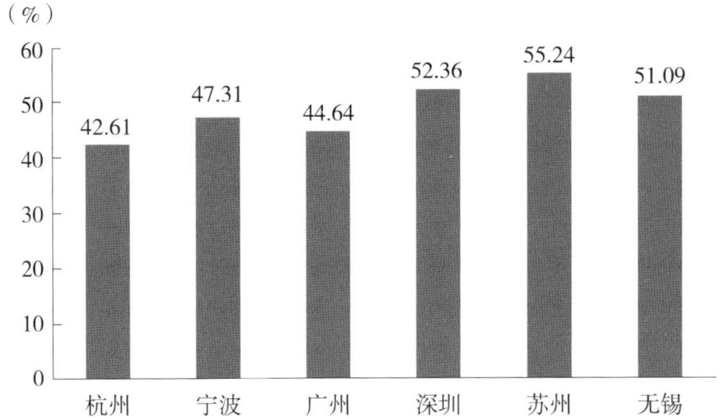

图 2-2 2020 年环杭州湾地区主要城市与广东省、江苏省重点城市规上工业企业科技研发活动对比

资料来源：杭州、宁波、广州、深圳、苏州、无锡 2021 年的统计年鉴。

表 2-4 工业和信息化部先进制造业集群名录（广东、江苏、浙江三省）

省份	批次	先进制造业集群名称
广东省（6 个）	第一批	深圳市新一代信息通信产业集群
		深圳市先进电池材料产业集群
		广佛惠超高清视频和智能家电产业集群
		东莞市智能移动终端先进制造业集群
	第二批	广深佛莞智能装备产业集群
		深广高端医疗器械产业集群

续表

省份	批次	先进制造业集群名称
江苏省（6 个）	第一批	无锡市物联网产业集群
		南京市软件和信息服务集群
		南京市新型电力（智能电网）装备集群
		苏州市纳米新材料产业集群
		徐州市工程机械产业集群
	第二批	常州市新型碳材料集群
浙江省（3 个）	第二批	杭州市数字安防产业集群
		宁波市磁性材料产业集群
		温州市乐清电气产业集群

资料来源：作者根据国家先进制造业集群名单整理。

三、对策建议

立足长三角、面向全球、面向未来，环杭州湾产业带制造业高质量发展需全面审视外部环境和自身发展基础及条件，着力破解制约因素，以各扬所长、错位竞争、耦合协同为导向，激发新兴产业成长潜能，激活特色产业转型动力，抢占未来产业发展先机，加快培育具有根植性、竞争力强的企业群，创新区域协作机制，合力推动重点产业“全链条、矩阵式、集群化”发展。

加强资源集聚系统布局，建设具有国际影响力的先进制造业集群。一方面，立足现有产业发展基础，着力培育四大世界级先进制造业集群，即以视觉智能、集成电路、网络通信、智能计算等为重点的新一代信息技术产业集群，以节能环保型乘用车、特色商用车与专用车、新型纯电动汽车、智能网联汽车等为重点的汽车及零部件产业集群，以炼化一体化、先进高分子材料、高端专用化学品等为重点的绿色石化产业集群，以先进化纤、高端纺织、绿色印染、时尚家纺服装等为重点的现代纺织和服装产业集群。另一方面，顺应科技创新和产业变革方向，加大对新兴产业集群的培育力度，加快建设以创新药、生物药和高性能医疗器械等为重点的生物医药产业集群，以化工新材料、高性能复合纤维及复合材料、磁性材料、电子信息材料等为重点的新材料产业集群，以高档数控机床、智能机器人、船舶与海洋工程装备等为重点的高端装备产业集群，以光伏、海上风电、核电、氢能等为重点的新能源产业集群，以大飞机、通用航空和无人机、商业航天等为重点的航空航天产业集群。

强化跨区域、跨集群分工协作，共同打造若干具有竞争力的产业链。加快上下游环节对接构建跨区域产业链，例如，杭甬绍联动打造生物技术研发—临床试验—生物药品制造产业链，以及集成电路设计—材料—制造、封装测试、装备产业链。整合不同集群资源构建跨区域跨集群产业链，例如，创新汽车产业整零协作机制，联动杭州软件信息服务产业，共同打造电池—汽车零部件—软件信息服务—新能源及智能网联整车产业链；发挥宁波在磁性材料和金属新材料领域的领先优势，为新能源汽车、关键基础件、智能机器人、海洋工程装备提供特殊材料；推动甬舟、嘉绍和杭甬形成绿色石化—现代纺织—时尚服装产业链。

开展前沿探索和集成创新，前瞻布局若干未来产业。加强技术创新探索、交叉融合和颠覆性技术供给，聚焦第三代半导体、类脑智能、量子信息、新一代基因操作技术、再生医学、深海空天、北斗与地理信息等领域，积极布局省级未来产业技术研究院，争创国家未来产业技术研究院。构建更加开放灵活的区域数据信息流通共享平台，支持各类企业开展大数据示范应用、大数据开放共享和要素流通，以信息融合孕育新技术、新模式。打造多元融合的未来技术应用场景，培育应用场景的系统解决方案供应商，支持有条件的企业立足各类场景拓展延伸应用领域，培育未来产业，积累未来技术。

重视大企业衍生生态完善，建立融通发展的科技企业梯队。构建支持衍生公司发展的友好型制度体系，围绕大企业建立衍生公司名录并持续跟踪服务，加强对科技型初创公司的土地、人才和资金等要素保障，支持衍生公司在平等竞争中创新发展并脱颖而出。以“链主型”企业为核心打造“头雁引领群雁飞”的生态，鼓励“链主型”企业联合中小企业建设制造业创新中心，组成联合体参加政府采购，探索建立针对“链主型”企业的土地出让办法，支持其利用较大面积连片土地对核心配套环节进行统一规划管理。做大一批硬核科技企业和专精特新企业，鼓励各地研究制定针对硬核科技企业创新发展的政策，设立硬核科技企业发展基金，鼓励金融机构为中小企业在研发、生产、物流、营销等多个环节提供供应链金融服务。

夯实产业创新基础，增强可持续发展内生动力。加快建设一批制造业创新中心，持续推进省级制造业创新中心建设，探索更加有效的产学研协同机制，支持智慧视频安防制造业创新中心、宁波磁性材料应用技术创新中心、浙江先进功能纤维创新中心等省级制造业创新中心创建国家级制造业创新中心。重点培育一批技术创新中心，在高水平建设已有省级技术创新中心的基础上，聚焦炼化一体化与新材料、汽车及零部件、数字安防、智能制造、集成电路、生物医药、现代纺织等领域持续布局，争创国家级技术创新中心。

创新互动协调体制机制，加强跨区域合作支持引导。探索成立跨区域产业平台联盟，每个产业集群重点建设若干开发区（园区），以龙头企业所处平台为发起方，建立产业平台协同机制，开展产业差异布局、招引政策统一、空间使用协同、资产管理一体、利益补偿协商等工作。探索以“一产业一基金”模式设立若干跨行政区的专项产业基金，各市合作筹集并撬动社会资本跟投，形成千亿元规模的环杭州湾产业带产业发展引领基金。

构建“双枢纽、双门户”开放大通道，助推环杭州湾地区联动发展*

徐博文

环杭州湾区域是浙江省参与全国新发展格局构建的重要组成部分，同时也是落实交通强省、促进区域重大产业集群布局的重要引领区域。《浙江省环杭州湾产业带发展规划》全方位多角度提出了基础设施的建设任务。经过二十年的建设，环杭州湾地区基础设施网络对产业发展的支撑力已有大幅提升，其中世界第一大海港宁波舟山港与全国货邮吞吐量第五的空港杭州萧山国际机场，已成为环杭州湾地区对接内外的核心基础设施，起到牵引全局的重大作用。但仍存在海港发展不优、区域辐射力不强；空港挖潜不足，开放滞后；围绕“双港”的快速交通网络支撑较弱，临港经济圈辐射影响不强等问题。为此，本文提出聚焦“双港”“门户型、枢纽化”发展方向，辐射带动周边网络化、一体化综合交通网络，推动环杭州湾地区交通协同发展的建议。

一、环杭州湾地区交通运输发展的新形势

（一）国家重大战略落地对以海港为核心的运输通道与配套体系提出发展要求

一是国家储运基地加速落地，对以海港为核心的水铁公管道多式联运体系提出更高要求。为应对全球局势的不确定性和加强大宗商品的保供稳价，国家赋予

* 本文刊于《发展规划研究》2022年第12期。

宁波和舟山两市重大任务，包括建设国家重要的铁矿石、油品、铜精矿等储运基地，对以宁波舟山港为核心的多元交通运输配套支撑提出了更高的要求，如加快形成国家大宗商品多式联运枢纽、全球大宗商品资源配置中心，以及加快补齐重大交通通道和集疏运体系短板等。

二是构建长三角世界级港口群，宁波舟山港竞争与合作需“两手抓”。宁波舟山港具有与上海港相当的实力，适度竞争将促进区域内发展活力的持续性，并真正实现联合。持续发挥大宗商品运输特色、全货种超大型货船靠泊能力优势，深化开放便利，拓展远洋集装箱业务，深化与上海国际航运中心集装箱枢纽港错位发展，向国际枢纽港继续靠近，将是宁波舟山港助推长三角世界级港口群建设的重要抓手。

三是国务院对舟山港口岸扩大开放的批复带来新机遇。本次扩大开放，舟山的口岸监管点将达到 65 个，为全国最多，5 个扩大开放区域将为助推浙江自贸试验区、助力万亿元级油气产业集群的崛起带来新机遇，将为外贸保稳提质贡献舟山的口岸力量。

（二）产品升级与贸易扩容带来快速高效的航空运输服务新需求

当前，全球区域产业链重构呈现出短链化、近岸化、本地化趋势，长三角地区作为我国重要的先进制造业基地，已初步形成空间上高度集聚、上下游紧密协同、供应链集约高效的新兴产业集聚态势。2020 年，长三角地区工业增加值占全国比重达到 24.96%。环杭州湾地区作为浙江省先进制造业集聚的重点地区，拥有全省 9 个全国先进制造业百强园区中的 8 个。主要企业营业总收入方面，新能源汽车核心、通用零部件（38.5%），集成电路关键材料、设备与芯片（14.5%），生物医药（25.3%）等领域在长三角地区占有较大的比重，其重点产品已初具全球联通性及高附加值的特征。在中欧全面投资协定（CAI）进一步推进、RCEP 正式生效与我国贸易主动权不断增强，以及环杭州湾地区不断强化全球竞争力的背景与趋势下，区域高货值产品的流通表现出了对更加快速、安全、准时的运输服务需求，当前以及未来一段时间，航空货运将承担起更多服务功能，以更高水平服务应对高端产品的全球供需波动等。

二、海空“双港”建设的问题与短板

环杭州湾地区拥有世界第一大海港宁波舟山港、全国货邮吞吐量第五的空港杭州萧山国际机场，承担了国际开放连接与初级原料保供等战略作用。但在国际供应链波动变化与区域竞争合作不断深化的趋势下，仍存在枢纽引导作用不足、区域影响力不够突出，以及两港联动不足等问题。

（一）海港发展不优，区域高效辐射的影响力亟待增强

一是资源利用不高效，海港建设结构性矛盾仍比较明显。临港产业发展所配套的矿石装卸码头、油气码头、船舶修造码头等专业码头空间布局相对分散，各类功能相互穿插，致使港口岸线低效利用状况突出，航道锚地等资源趋紧，缺少有效整合利用，各类船型在海上相互交织，存在更多交通隐患。

二是集疏运结构亟待优化，大港对经济腹地辐射范围仍不够广阔。港口集疏运过于依赖公路（除去国际海运部分，公路占比达 80%），铁路、内河等承担比例过小。港区铁路建设严重滞后于港口发展，铁路“最后一公里”问题悬而未决，尤其是北仑区域集疏港通道能力长期不足，货物进出效率较低，对内陆经济腹地的拓展速度较慢。宁波舟山港海河联运仍未能有效对接长三角地区航道网，同时承接转运的船舶有限，货源运输组织尚未常态化，纵深服务长江经济带的优势尚未充分发挥。

（二）空港挖潜不足，开放性与枢纽引领作用亟待增强

一是第五航权起步较晚，国际全货运航线亟待补强。第五航权为内容最丰富、最具经济实质意义的第三国运输权。我国已有北京、上海、广州、武汉、厦门、海口、西安、杭州等 15 个城市开放了第五航权，其中北京、上海、广州、海口、西安等市拥有不止一条第五航权航线，海南自由贸易港则申请到了更加开放的“完全第三国运输权”第七航权，在跨国货物运输方面具有更加便利的条件，也加快了相关临空经济区发展。与同类城市相比，2020 年杭州萧山国际机场货邮吞吐量升至全国机场第五位，但在 2021 年底才开通了全省第一条第五航

权全货运航线（纽约—杭州—首尔—纽约），开放航空货运起步较晚，临空经济区发展的引擎才刚刚启动，潜力挖掘亟待推进。

二是航空货运发展与区域重点工业产品缺少联动。北京、上海、广州等航空货种发展更加全面化和高端化，围绕高端电子、精密仪器、医疗、航空航天、高级美妆、奢侈品等高货值产品的运输体系相对成熟。郑州、西安主要突出了专项发展，围绕富士康、三星、美光等国际大厂大量电子设备产品的外输需求。海口依托自由贸易港开放发展优势，不断提高高端消费品运量。当前，萧山国际机场货运货种主要有医药、冷链食品、水果、植物种苗、电子设备等，货运需求主要依托于杭州等市跨境电商行业的快速发展，实际与杭州湾区域高端新能源汽车零部件、生物医药、芯片、高端新材料等高附加值的重点拳头产品联动不足，航空货运发展尚未形成对高端产品运输的效率加成，空港引领带动性表现不佳。

三是联运合作尚未实现有效拓展。与广州、深圳、香港等地空港的海公空铁联运体系相比，杭州萧山国际机场多为陆空联运，空铁联运虽已有规划，但实际运行将在2025年后。进口方面，高货值货物来杭多为货机直达或直接走海运，前者运输成本较高，后者运输耗时较长，而运输时间比全程海运短、运输费用比全程空运低的“海空联运”尚未有效拓展，仍缺少多元化、高端化的综合物流服务供应。

（三）跨湾、沿海联动不足，缺少跨区域快速通道支撑

一是跨湾通道亟待补强。对比粤港澳大湾区，其跨湾联系通道有港珠澳大桥、南沙大桥、虎门大桥、深岑高速及狮子洋隧道，共有4条高速与1条铁路，已经基本形成了对区域协调发展的有力支撑。目前环杭州湾跨湾通道仅有钱江隧道、嘉绍大桥、杭州湾跨海大桥3条，且多靠近湾底的区域，缺少与上海的直接联系，一体化协同支撑不足。

二是沿海平台联络通道仍待快速推进。沪杭甬高速接近饱和，沿湾货运铁路通道虽已被列入规划，但项目前期尚未推进，尤其是三大新区缺少对于城际铁路、专用铁路及重要出海口的谋划，基础设施支撑新区发展能力不足。

三、提升“双枢纽、双门户”地位，扩大经济辐射效应的对策建议

（一）补齐“双港”基础短板，全力提升“双枢纽”

一是加强海港基础设施建设。紧抓宁波舟山港总体规划修订契机，谋划环杭州湾新港区、佛渡作业区等，优化港区、物流园区布局。建设穿山、梅山、大榭等五大千万标准箱（TEU）级集装箱泊位群、三大亿吨级大宗散货泊位群和若干新一代智能化集装箱码头。加强小洋山北作业区建设，深化与上海港在洋山地区合作。加强危险化学品码头建设，研究布局危险化学品专用码头以及专用应急锚地、航道和堆场。同步实施大型集装箱码头自动化改造，提升港口数字化、科技化、绿色化水平。加快整合提升一批港口岸线，转型、淘汰“旧、散、小”码头泊位，推进码头资源有序整合和货主码头开放经营，实现连片化、专业化、集约化运作，集约布局若干多式联运泊位及分拨平台等。

二是提升空港设施服务能级。积极参与长三角世界级机场群建设，积极推动杭州萧山国际机场扩容提升，推进杭州萧山国际机场三期改扩建、铁路杭州萧山机场站枢纽及接线工程、杭州萧山国际机场东区国际货站工程等重大项目，提升亚太地区重要门户枢纽能级，加快形成以快递为主的全国航空物流中心和全球快递集散中心。加快推进数字空港建设，推动 5G、北斗等信息技术在机场多式联运领域的应用，普及自动化和信息化的集装货物处理系统和散货处理系统，建设数字物流公共服务平台，利用信息化、智能化技术优化重组空港货运交通体系。

（二）聚焦国内外开放互联，优化打造“双门户”

一是打造开放“硬核”，拓展海港内陆经济腹地。以长江为重要纽带，全面扩大宁波舟山港在长江沿线的战略布局，推进在江苏、安徽、江西、湖北、重庆等地布局物流中转基地，加快把江苏太仓港打造成宁波舟山港长江通道江海联运和内贸集装箱中转节点，把南京、江阴打造成宁波舟山港长江下游的转运中心等。加强与沿江航运企业合资合作，推动舟山江海联运服务中心与南京长江区域性航运物流中心联动发展，拓展宁波舟山港至长江干线干散货和集装箱江海直达

运输、海江铁多式联运，共同推进一站式全程物流服务，共同打造长江沿线主要港口与宁波舟山港间的快速通道。

二是争取更多国际航空合作，拓展全货运航线。以萧山国际机场首个第五航权全货运航线落地为契机，构建更加完善的货运航线网络，培育拓展国际全货机航线网络，推动杭州萧山国际机场进一步争取第七航权业务，加密“跨国公交”航空货运线路，积极争取开通从欧洲经停杭州再到美国或东南亚的货运航线，打造连接全球的亚太空港门户。重点建成杭州萧山国际机场国际快递和跨境电商进仓通道。提升国际货运中转功能，完善空空、空陆等多层次航空货运中转网络，拓展国际—国际、国际—国内空空中转业务，研究拓展与东北亚、东南亚重点中转海港的海空联运业务，同步推广空地中转联运业务，提升货运中转效率。

三是深化“双门户”开放协同。以发展新型贸易和智慧物流为重点，协同提升“双门户”的全球货物集散能力和资源配置能力。叠加杭州“平台经济”与宁波“供应链经济”综合优势，探索建立“平台＋贸易＋物流＋新技术”供应链新模式，大力发展围绕“双港”的进口贸易、转口贸易、服务贸易和数字贸易，推动新型贸易与传统贸易、线上贸易与线下贸易深度融合。加快建立统一的口岸智能化监管平台，探索自动化机场码头建设和运营，加快建成对外开放、互联全球的新型贸易枢纽中心。

（三）深化港产城一体融合，优化拓展港口腹地经济

一是深化港城双向互促，谋划建立海上港产融合片区。“以产谋港”，以新产业落地为重点，围绕梅山—佛渡—六横的甬舟一体化先行区，聚焦现代化港航物流、新型能源、金属矿物储运加工等临港产业，配套港口设施，适时推动梅山保税港区功能向佛渡、六横延伸，以六横大桥建设为契机，加快集聚资金、人口、商贸、民生服务等实现与港区融合发展。“以港优产”，以港口设施优化与岸线利用效益提升，倒逼产业提升，围绕舟山本岛北部至岱山岛区域，谋划打造以高端船舶与临港装备制造为核心的港产城重点融合片区，加快整合低效利用的港口岸线，推动临港产业升级与高质量发展，协同布局高端船舶与临港装备制造类企业、工人集聚区、客运船舶等，以及推动青山大桥建设，实现区域间快速连接。

二是深化推进临空经济区示范发展。以杭州萧山国际机场为依托，优化拓展临空区域配套航空快递物流、航空特货物流、保税仓储物流、跨境电子商务等产业，打造以智慧物流为主导的空港型特色小镇。推动布局产学研一体的创新创业平台及产业高地，积极发展轨道交通设备等智能化成套设备领域。同步在杭绍一体化的推动下，加快杭绍临空经济一体化发展示范区建设，推进轨道线与杭州萧山国际机场接轨。杭绍合力有机整合，打造空港与城市一体发展的典型区域。

（四）拓展交通联运服务，构建“双港”核心通道网

一是加密环湾通道体系，打造竖琴式交通网络。畅通杭州湾南北翼交通大走廊。南翼重点研究杭绍甬货运大通道项目，通过货运铁路连通杭州钱塘新区、绍兴滨海新区、宁波前湾新区，并进一步连通宁波舟山港，实现三大新区之间物资的快速转运。积极谋划杭甬城际项目，力争建成磁悬浮铁路，提升杭甬客运效率。北翼以沪乍杭铁路为重点，深化沪嘉（嘉兴港区）杭快速连通，推动港航资源整合，促进嘉兴港、上海港货运联络。畅通四大跨湾跨海大通道：沪舟甬大通道，即舟山连岛工程的洋山—衢山—岱山段；沪甬跨海大通道，即慈溪—金山跨海大通道；通苏嘉甬大通道，以及嘉绍跨海大通道，探索升级为跨湾公铁两用通道。合力打造多起点的“1 小时”交通圈。

二是提升多式联运发展水平。做强江海联运。布局长江沿线多式联运泊位及分拨中心，形成集装箱江海联运支线体系，优化矿石煤炭联运体系，提升外贸进口原油及粮食中转运输服务能力。发展海河联运。引导腹地货源“陆改水”，积极推进杭甬运河“二通道”建设，依托镇海港区推进东线、西线散杂货海河联运通道建设，发展集装箱海河联运业务。深化海铁联运。深化“宁波—浙赣湘（渝川）”国家海铁公多式联运示范工程，构建以甬金、甬舟铁路为轴线，连接国家骨干铁路网络的海铁联运业务通道，重点谋划建设北仑支线复线、梅山支线等进出港支线工程，畅通港口铁路“最后一公里”。提升海公联运水平。完善“公路港”网络体系，提升腹地无水港提还箱服务和货源组织功能，吸引出口货物调头转向。推广公路甩挂运输、双重运输。创新海空联运。以杭州萧山国际机场为核心，聚焦东北亚、东南亚中转港，研究拓展海空联运。

提升战略科技力量，塑造发展新优势*

——环杭州湾产业带科技创新发展的问题与建议

罗煜

环杭州湾六市是浙江省创新资源最集中、创新创业最活跃的地区，是浙江乃至我国参与全球科技竞争的重要阵地。在新发展阶段，需要环杭州湾地区深入实施创新驱动发展战略，聚焦“互联网 +”、生命健康、新材料等引领性领域，争创探索新型举国体制浙江路径的先行区，用超常规举措打造人才引领优势、创新策源优势、产业创新优势和创新生态优势，加快建设具有全球影响力的创新高地，在世界创新版图中确立特色优势，成为国际一流的创新湾区。

一、现状背景

（一）杭州湾区域发展面临的新形势与新要求

从世界科技发展大势看，新一轮科技革命和产业变革加速演进，以不可阻挡之势带来全球创新版图的重大调整。科学发展进入新的大科学时代，具有创新投入强度大、多学科跨界融合、全球科技竞争不断向基础研究前移等特征。环杭州湾地区应当抓住科技革命的契机，聚焦新兴产业领域，加强基础与应用基础研究，努力抢占未来科技制高点，实现新的跨越式发展。当今世界进入新的动荡变革期，科技创新成为国际争夺发展权和话语权的焦点，部分西方国家借机打压我

* 本文刊于《发展规划研究》2022 年第 12 期。

国高科技发展，关键技术“卡脖子”受制于人的风险提升。环杭州湾地区应主动适应世界科技发展趋势，前瞻布局未来科技必争领域，加大关键核心技术攻关力度，让科技自立自强成为区域发展的战略支撑，在激烈的国际竞争中赢得优势、掌握主动，为我国建设科技强国作出更大贡献。浙江肩负共同富裕示范区建设重大使命，需要发挥科学技术第一生产力作用。科学技术作为第一生产力，是财富创造的源泉，在推动实现共同富裕的过程中发挥着重要的作用，环杭州湾地区作为浙江省创建共同富裕示范区的桥头堡和先行区，更要发挥科技创新对推进共同富裕的重要引擎作用，深入实施创新驱动发展战略，积极探索社会主义市场经济条件下新型举国体制开展科技创新的新路径，为率先实现共同富裕提供强劲内生动力。

（二）杭州湾区域科技创新的现状基础

环杭州湾地区集聚了浙江省内主要、高端的创新资源要素，占全省比重达70%，区域创新能力位居全国前列，近年来更是取得了一系列亮眼成绩。高能级科技创新平台加快布局，科创“重器”建设取得突破性进展。拥有浙江大学超重力离心模拟与实验装置等 2 个国家重大科技基础设施、之江实验室等 9 家省级实验室，其中之江实验室、西湖实验室已被纳入国家实验室建设体系；拥有浙江大学等 3 所“双一流”高校，中国科学院宁波材料技术与工程研究所、浙江清华长三角研究院等 17 家新型研发机构，以及 347 个重点实验室（工程技术研究中心）、76 家科研院所，是长三角地区重要的创新策源地。企业创新主体作用更加凸显，创新链产业链融合更加紧密。环杭州湾地区拥有 1140 家省级企业研究院、3200 家高新技术企业研究开发中心，国家（省级）高新区数量占到全省的 89%。从企业创新主体作用上看，环杭州湾地区拥有 263 家科技型上市企业，2.1 万家高新技术企业，占全省比重分别达 81.4%、73.6%，阿里巴巴、海康威视、吉利汽车等一批创新型企业在基础研究和前沿技术方面的攻关力度不断加大。科研人才加速会聚，成为区域重要的人才高地。科技人才队伍规模和素质均大幅提高，研究与试验发展（R&D）人员全时当量从 2015 年的 0.81 万人年增长到 2020 年的 1.5 万人年，年均增速为 13.1%。“十三五”期间新增“两院”院士 11 名，新培育国家“杰青”51 名、“优青”129 名；新引进培育省领军型创新创业团队 89 个；入选国家高层次人才外国专家人数连续七年位居全国第一。空间格局不断优化，呈现明显的“点上集聚、带状辐射”特征。环杭州湾地区拥有杭州城西、宁波甬江等四大科创走廊，6个国家级高新技术产业开发区，以及未来科技城、紫金港科技城、嘉兴科技城等一批科技城，创新资源向杭州、宁波等地集聚，创新能级不断增强，并沿着G60科创大走廊、杭州城西科创大走廊、宁波甬江科创大走廊等科创廊道向环杭州湾地区乃至全省辐射。

二、问题短板

（一）基础研究投入偏低，“从0到1”原始创新能力不强

基础研究具有高投入、高风险、长周期的特点，加强原始创新能力需要持续不断地加大科技投入。长期以来，环杭州湾地区基础研究投入相对不足，基础研究引领高质量发展的核心驱动力有待提升。当前环杭州湾地区基础研究经费投入占研发经费投入比重仅为3.24%，明显低于北京（15%）、上海（7.9%）、广东（5.9%）和全国平均水平（6.0%）（见图2–3），与打造创新策源地的目标有明显差距。从R&D经费内部支出结构来看，企业支出占比达90.12%，政府和科研机构投入占比不高。研发投入过于依赖企业，且更多投向应用研究和试验发展环节，也是环杭州湾地区基础研究偏弱的重要原因。

（二）关键核心技术“卡脖子”问题突出，产业技术核心竞争力不足

关键核心技术对于实现科技自立自强至关重要，虽然近年来环杭州湾地区在科技创新方面有重大突破，但整体上原始创新和关键核心技术攻关能力仍然不强，技术对外依存度高，特别是高端数控机床、芯片、精密仪器、工业软件等领域，仍然存在受制于人的短板和“卡脖子”的风险，已成为制约地区产业高质量发展的主要瓶颈之一。同时，与先进地区相比，环杭州湾地区高科技产业发展较为滞后，高新技术企业仅有2.1万家（见图2–4），科创板上市公司有16家，与京沪粤苏等地差距仍然较为明显。

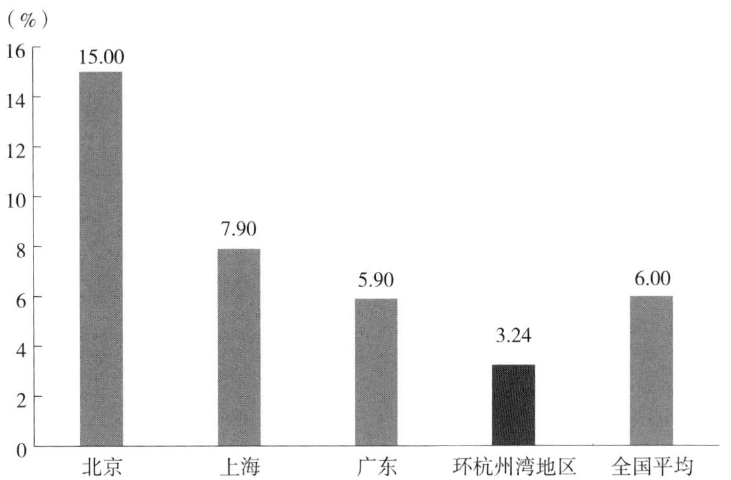

图 2-3　2022 年环杭州湾地区与京沪粤等地基础研究经费投入占比比较

资料来源：作者自绘。

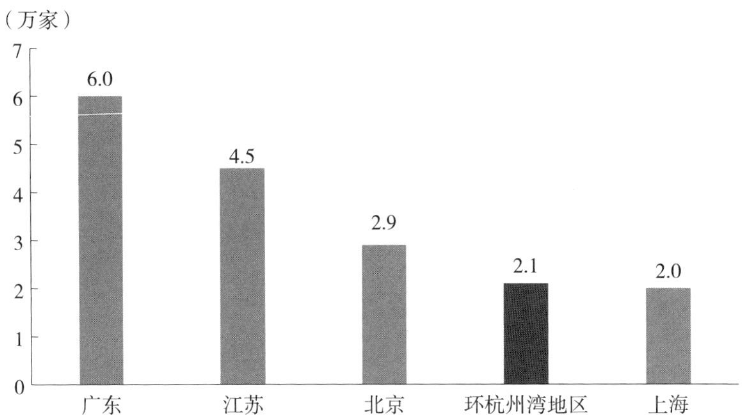

图 2-4　2022 年环杭州湾地区与京沪粤苏高新技术企业数量比较

资料来源：作者自绘。

（三）高层次人才队伍薄弱，重大创新平台和载体相对偏少

目前环杭州湾地区领军型科技创新人才仍较为缺乏，高层次人才队伍建设需进一步强化。从“两院”院士人数来看，环杭州湾地区与同处长三角的上海、江

苏差距明显。截至 2023 年，环杭州湾地区共拥有全职“两院”院士 55 名，而上海有 189 名、江苏有 102 名。研发人员中硕博士比例为 12.3%，低于沪苏粤皖等地（见图 2-5），创新人才培养引进力度不够。同时与先进地区相比，环杭州湾地区缺少列入国家战略科技力量和重大科技布局的高能级创新平台，拥有的国家实验室、重大科学基础设施等“大国重器”不多（见图 2-6）。

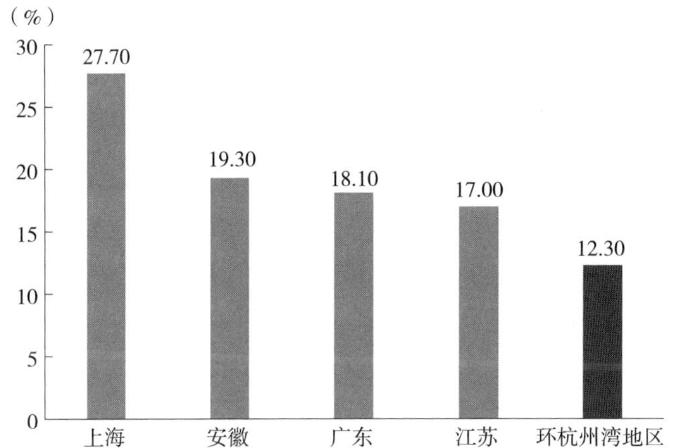

图 2-5　环杭州湾地区与沪粤苏皖研发人员中硕博士比例比较

资料来源：作者自绘。

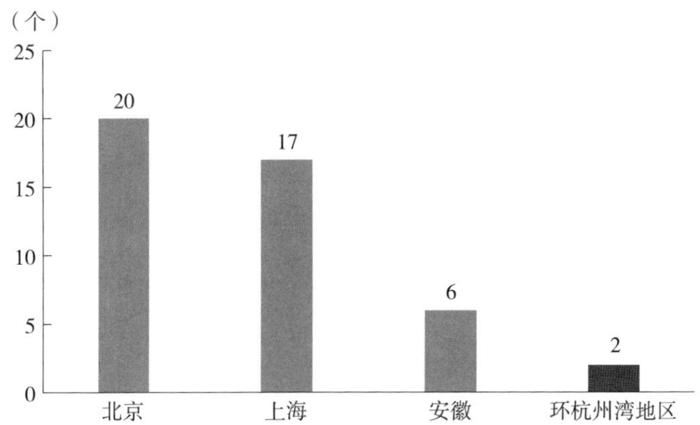

图 2-6　环杭州湾地区与京沪皖大科学装置数量比较

资料来源：作者自绘。

（四）深层次体制机制障碍依然存在，创新政策落地及创新环境营造有待加强

与先进地区相比，环杭州湾地区科技创新体制机制改革仍有待深化，阻碍科技创新发展的堵点、痛点依然存在，如科技人员利益分配机制不健全，对科技人员积极性激发不够；金融大省的优势未充分发挥，科技创业风险投资和科技信贷等科技金融较为欠缺，科技创新创业融资难融资贵问题尚未解决；鼓励创新、宽容失败的创新环境尚未形成；成果转化渠道不畅，体系不健全，科技和经济社会发展之间的通道亟须进一步打通。

三、举措建议

（一）强化创新资源布局，形成“双核四廊多点”的创新格局

做强杭州、宁波创新“双核”，打造重要创新策源地。发挥杭州、宁波创新要素相对集聚的优势，打造引领环杭州湾地区创新发展的“双核”，成为具有全球影响力的重要创新策源地。全力推动杭州以杭州城西科创大走廊为主平台，创建综合性国家科学中心，加快做强宁波国家自主创新示范区。加强科创走廊“四廊联动”。推动杭州城西科创大走廊、宁波甬江科创大走廊、G60 科创走廊、绍兴科创走廊等四大科创走廊联动协同发展，集聚整合优质科研力量，加大科技创新投入和高能级创新平台建设布局力度，构建全省科技创新要素流通大通道。强化嘉绍湖舟“多点支撑”，推动创新资源要素跨区域布局。加快构建各具特色、错位互补的区域协同发展格局。嘉兴重点围绕嘉兴科技城、中新嘉善现代产业园等科创产业集聚区发展新一代信息技术、科技服务业等产业；湖州重点围绕南太湖高新技术产业园等平台重点发展智能装置等产业；绍兴重点围绕集成电路“万亩千亿”新产业平台、绍兴现代医药高新技术产业园区等平台发展集成电路、生物医药等产业；舟山重点围绕浙江自贸试验区、绿色石化项目等，发展油品全产业链、航空制造等科技产业，提升区域创新力和竞争力。

（二）强化基础研究，打造环杭州湾地区大科学装置群

加大重大科学问题研究投入，增强创新驱动的源头供给。持续提高基础研究经费投入，围绕关键重点领域中的核心科学问题、新兴前沿交叉领域中的重大科学问题开展基础研究。重点推进智能计算、新一代智能芯片、量子信息、精准医疗、新药创制与医疗器械、前沿新材料等领域基础研究，加快取得一批前瞻性、原创性重大成果。加快布局重大科技设施，形成大科学装置集群。加快推进超重力离心模拟与实验装置建设，打造全世界容量最大、应用范围最广的综合超重力多学科实验平台，填补我国超大容量超重力实验装置的空白。积极推进智能计算、新一代工业互联网系统信息安全、重离子肿瘤精准治疗装置、多维超级感知、超高灵敏极弱磁场和惯性测量装置等重大科技基础设施（装置）建设，打造环杭州湾地区大科学装置集群。积极推进长三角地区重大科技基础设施集群融合发展、开放共享，合力参与国际或国家大科学计划。构建新型实验室体系，有力提升自主创新能力。加快构建由国家实验室、省实验室等组成的新型实验室体系。支持之江实验室、西湖实验室发挥人才和体制机制优势，争创国家实验室。推进良渚、湖畔、甬江、东海等省级实验室加快建设，支持省级重点实验室开展多学科协同研究，探索组建联合实验室和实验室联盟。

（三）加快突破关键核心技术，推动产业链与创新链深度融合

立足湾区主导产业链转型升级需要，加快培育一批有国内国际影响力的链主企业和撒手锏型配套企业，形成“链主企业＋关键配套企业”梯次培育、创新发展的格局。围绕三大“科创高地”建设，推动产业链创新链融合，打造标志性高新技术产业集群。加快打造全球领先的数字经济产业创新集群。主攻未来网络、云计算、大数据、人工智能、物联网、集成电路等环杭州湾地区先发优势明显且代表未来方向的产业，实现产业链、价值链向中高端跃升，加快互联网、大数据、人工智能和实体经济深度融合。加快培育具有国际影响力的生物经济产业集群。抓住全球生物技术变革机遇，以创新驱动为核心，重点围绕生物医药、生物数字服务、“生物＋”相关产业，构建集创新链、产业链、空间链、服务链、资金链于一体的生物经济生态圈，争创全国生物经济先导区。加快建设全国一流的

新材料产业集群。重点发展高端磁性材料、合成新材料、高性能金属材料、集成电路材料、石墨烯等材料，培育发展生物基材料、航空航天材料、轨道交通材料、海洋工程材料、3D 打印材料、新能源材料、光电材料等新材料，建成国内一流、位居世界前列的新材料研发与产业化基地。

（四）建设高水平人才队伍，成为全球人才蓄水池

发挥人才“第一资源”的支撑引领作用，加快集聚一大批顶尖人才、科技领军人才和青年科技人才，发挥人才的“聚变效应”，加快选拔培养一批引领世界科技前沿、善于整合科研资源的“帅才型”战略科学家。大力培育青年科技人才，支持省实验室、高校、科研院所、企业联合培养青年人才，鼓励青年科技人才牵头承担更多的国家级、省级重大科技计划项目，培养具有国际竞争力的青年科技后备军。协同建设环杭州湾地区人才柔性流动机制，支持湾区城市互建人才驿站，探索共建人才交流大市场，实现人才资源互通共享、自由流动，推动人才优势向整个杭州湾区域乃至全省辐射扩散。在杭州城西科创大走廊等地试点建设科技创新“人才特区”，赋予其先行先试权限，实行更加开放的人才政策。率先建立市场配置海内外人才资源新机制，创新国际人才来华工作和居留许可审批机制，建立与国际接轨的高层次人才管理聘用机制，提升全球一流人才吸引力，打造国际人才高地。

（五）深化创新体制机制改革，打造最优创新生态

率先探索关键核心技术攻关新型举国体制路径。在环杭州湾地区先行探索关键核心技术攻关新型举国体制浙江路径，强化政府组织推动、产业链协同、龙头企业牵引和市场化运作，提升科研攻关的精准性和高效性。深化完善“地图—清单—项目—成果”闭环攻关机制，每年滚动实施一批重大科研攻关项目，加快取得一批填补空白、引领未来的重大成果，提升产业链自主可控水平。创新科技投融资体制，构建多元化投融资渠道。借鉴硅谷、北京、江苏和广东的成功经验，建立全链条金融支持科技创新体系。在环杭州湾地区集中打造创业风险投资集聚

区，积极推行 QFLP 试点，大力引进境外投资基金和投资机构。引导科技创业风险投资基金主要投向种子期、初创期、成长期的科技企业，允许科技企业实行“同股不同权”治理结构。鼓励设立中小试转化投资基金，试行成果转化贷款风险补偿制度。创新科技成果转化模式，提升转化效率。针对科技成果转移转化过程中普遍存在的专业服务制度体系不完善、转化效率低等问题，探索完善知识产权和科技成果产权市场化定价和交易机制，建立连接技术市场与资本市场的综合性服务平台，打通科技成果转化通道。

环杭州湾产业带产城布局分析与空间组织构想*

胡思琪

环杭州湾地区拥有杭州、宁波两大都市圈，在新型城镇化背景下，以都市圈、城市群为载体的区域成为地方参与国际国内竞争的重要载体，杭州、宁波都市圈作为国家发展改革委认定培育的现代化都市圈，目前正积极培育。环杭州湾地区包括杭州、宁波、嘉兴、湖州、绍兴、舟山六市，2021 年六市常住人口共 3717 万人，占全省总人口的 56.8%。在区域高质量一体化发展和"两业融合"背景下，一方面优势资源向优势区域集聚趋势更加突出，另一方面先进制造业与现代产业集群需要更高品质的"三生融合"空间依托。为此，研究环杭州湾产业带产城发展现状，提出产业和城市空间发展的对策与建议，具有重要意义。

一、杭甬双城经济圈集聚辐射能级不断提升

（一）杭州、宁波两大中心城市能级提升

近二十年来，浙江省内人口、经济向杭州、宁波两大中心城市集聚态势愈加明显。从人口集聚看，杭州、宁波两市常住人口占全省比重从 2004 年的 14.7%、12.3%，分别提升到 2020 年（第七次全国人口普查数据）的 18.5%、14.6%（见图 2-7），两市常住人口约占全省总人口的 1/3。从经济集聚看，杭州、宁波两市地区生产总值占全省比重从 2004 年的 21.8%、18.5%，分别上升到 2020 年的

* 本文刊于《发展规划研究》2022 年第 12 期。

24.9%、19.2%（见图 2-8），合计约占全省经济总量的 44.1%。从辐射能力看，从杭州出发，城际轨道 1 小时出行可达地点除杭州市区外，还涉及湖州德清县、安吉县，嘉兴桐乡市、海宁市，绍兴市柯桥区、越城区、诸暨市，辐射半径约 100 公里，腹地范围约 7000 平方公里，占全省面积的 7%。从宁波出发，城际轨道 1 小时出行可达地点除宁波市区外，还涉及宁波余姚市、慈溪市、奉化区、象山县，辐射半径 100 公里，腹地范围约 5300 平方公里，占全省面积的 5%。

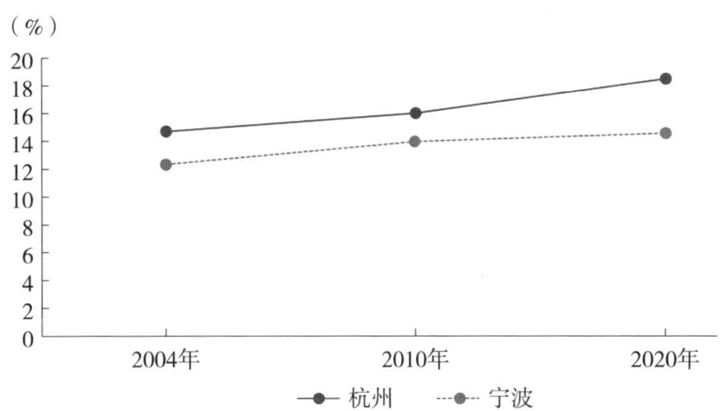

图 2-7　2004 年、2010 年、2020 年杭州、宁波常住人口占全省比重变化

资料来源：作者自绘。

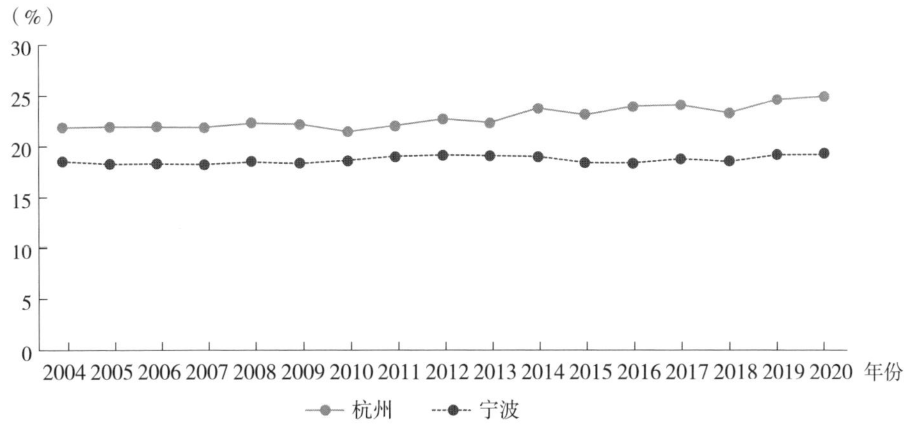

图 2-8　2004—2020 年杭州、宁波生产总值占全省比重变化

资料来源：作者自绘。

（二）嘉湖绍舟四市各项指标位于全省中位

根据统计年鉴数据，2021 年末，嘉兴、湖州、绍兴、舟山四市常住人口规模分别约为 550 万人、330 万人、530 万人、110 万人。中心城区总人口分别为 98 万人、113 万人、224 万人、71 万人。从人均 GDP 看，四市均位于全省中上游（见图 2-9），超过或接近全省平均水平（96746 元）。从城镇化水平看，除湖州常住人口城镇化率为 64.5%，低于全省平均水平（67.9%）3.4 个百分点，舟山、绍兴、嘉兴三市均达到或接近全省平均水平。

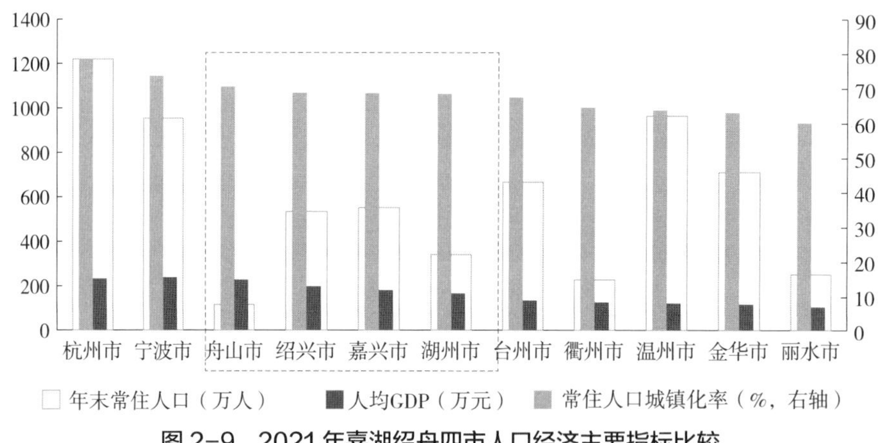

图 2-9　2021 年嘉湖绍舟四市人口经济主要指标比较

资料来源：作者自绘。

（三）环杭州湾地区人口联系紧密

根据 2020 年手机信令数据分析，浙江省内人口联系中，杭州与环杭州湾其他地区联系较为紧密，占杭州对外联系的 8 成以上，其中有 75% 是杭州与绍兴、嘉兴和湖州的联系。平日一周内，杭州与嘉兴的联系约 179 万次，与绍兴的联系约 177 万次，与舟山的联系约 23 万次。宁波与全省各地级市人口联系超过 72% 在环杭州湾地区，其中与宁波人口联系最紧密的是绍兴、杭州和舟山，宁波与绍兴的联系约 54 万次、与杭州的联系约 33.4 万次、与舟山的联系约 23 万次。

二、生态文化要素向环杭州湾地区集聚

（一）生态网络向海湾和海岸布局

浙江省首批 4 个示范段中有 3 个在环杭州湾地区。生态海岸带是浙江大湾区建设十大标志性工程之一。从浙江最北端的平湖到最南端的苍南，绵延 1800 公里，建设成为全省展示现代美丽湾区的新载体和全国生态海岸带保护建设的新标杆。环杭州湾地区是全省生态海岸带先行先试区域，海宁盐官、杭州钱塘、宁波前湾三地的建设基础较好，遵循“以点带面，重点先行”原则，结合资源禀赋、示范意义，选择长度 40 公里、腹地深度 20 公里左右的先行段，成为生态海岸带建设样板。海宁盐官是世界著名观潮胜地，拥有国家级文保单位鱼鳞石塘、占鳌塔等多处历史景观。钱塘段位于杭州近郊新城，有全省规模最大的高教园区，拥有 14 所高校、20 万名在校生，常住人口 100 多万人，人气旺盛；围垦文化是钱塘段特色文化底蕴。宁波前湾新区保留大片未被海塘包围的生态化湿地，湿地内鸟类资源丰富，方特东方神话、杭州湾海滨游乐园等主题乐园众多。

（二）大运河和诗路文化带承载了千年文化历史

大运河浙江段纵贯千年，横跨杭州、宁波、湖州、嘉兴、绍兴五市，见证了浙江的沧桑巨变。2014 年 6 月，大运河申遗成功。大运河浙江段包括江南运河浙江段、浙东运河及其故道、复线等河道，至今仍发挥着航运、水利、行洪等功能，是大运河活态功能的最佳体现。大运河浙江段文化遗产保护在全国处于领先水平，有 18 处点段被纳入“中国大运河”世界文化遗产，位列沿线省市第二；列入世界文化遗产的河段长度达 327 公里，占遗产河道总长的 32.3%。沿线是全省历史文化名城、名镇、名村、历史文化街区分布密度最高的区域，杭州、绍兴、宁波、嘉兴、湖州五市均已被评为国家级历史文化名城。

三条诗路文化带途经环杭州湾地区。浙江自古山灵水秀，吸引历代思想先哲、文人墨客前来游历论学，是华夏历史上的经济文化高地之一。2019 年，浙江省政府发布《浙江省诗路文化带发展规划》，以串珠成链的思路，规划梳理出诗人行迹、水系交通、浙学学脉、名城古镇、遗产风物五幅浙江文化地理版图，

"以诗（诗词曲赋）串文""以路（水系古道）串带"勾勒形成浙东唐诗之路、大运河诗路、钱塘江诗路、瓯江山水诗路四条诗路。其中，前三条途经环杭州湾地区，尤其是大运河诗路，是千年运河的文化承载。

三、重大产业平台和省级新区产城融合水平有待提升

（一）省级新区产城功能建设滞后于规划蓝图

省级新区面积较大，环杭州湾地区的钱塘、滨海、前湾和南太湖 4 个省级新区规划面积为 200~600 平方公里。目前，4 个省级新区的建成区已初具规模，采用珞珈一号夜光遥感影像数据，可以看出新区均已形成连片开发的建成区。夜光遥感影像与建成区吻合度较高。进一步对比夜间灯光影像与省级新区规划图，可以看出 4 个新区建设快慢程度不一致。前湾和钱塘进展较快，前湾新区规划中的建设用地已基本建成，钱塘新区下沙已基本建成，大江东前进、江东、义蓬等片区有小范围建成区。滨海和南太湖进展相对较慢，其中绍兴滨海新区建成区集中在越城区，核心区尚未形成连片建成区，湖州南太湖新区靠近中心城区建设较快，靠近太湖区域尚未建成。

（二）省级新区职住大区域平衡，小单元不均衡

新区整体基本实现职住平衡。利用手机信令数据，分析钱塘、滨海、前湾和南太湖 4 个省级新区和滨江区（以下统称 5 个新区）内部的职住关系，可以看出 5 个新区整体的职住比（就业岗位数量 / 居民中的就业者数量）均大于 1，说明就业者和居住者总体上实现职住平衡。新区的居住者中有 75% 以上在新区内部工作，其中钱塘新区最高，为 89.22%；南太湖新区最低，为 78%。新区的就业者中有 70%~80% 居住在新区内，这也符合新区的建设规律，因位于中心城市边缘，交通条件还有待提升，就业在新区的，基本选择在新区买房落户。

5 个新区内部功能单元职住平衡度有待提升。把 5 个新区按照产业园区、居住小区、生态湿地等功能划分成十至几十平方公里的功能单元，计算每个单元的职住比，57% 功能单元的职住比为 0.8~1.2。职住比小于 0.8 的单元有 3 个，大多

是以生态功能、居住功能为主的区块。单元职住比越高，说明产业功能越强，居住等公共服务功能有待提升。5 个新区中，有 37% 功能单元的职住比大于 1.2，如滨江区的奥体、长河两个区域分别是 1.46、1.69，钱塘新区的江东、临江区域均大于 1.3。

四、对策建议

（一）做强杭州、宁波两大都市圈，与上海形成“三核鼎立”新架构

落实党中央关于推动形成区域协调发展新格局的重要思想，主动服务和对接长三角区域一体化国家战略，加强跨区域协调互动，合力打造“三核鼎立”的布局架构，高水平打造国际一流湾区。做强杭州都市圈，强化余杭、临平、萧山、钱塘的内连外接作用，系统谋划以“城市轨道 + 市域轨道”为重点的 1 小时通勤圈，将杭州城区面积逐步扩展到 1000 平方公里，探索数字变革促进跨省都市圈建设新路径，力争在 2030 年前跻身具有国际影响力的超级大城市行列。做强宁波都市圈，构筑与定海、三门、天台、新昌、嵊州、上虞等毗邻区域紧密联系的核心圈层，增强对舟山、台州、绍兴、金华、嘉兴等周边城市的辐射带动作用；将宁波中心城区面积扩展到 500 平方公里，力争在 2030 年前跻身特大城市行列；引导石化、汽车、装备等产业大项目向沿海集中布局，构建甬台温临港产业带；加强与浙江自贸试验区其他片区建设联动，提升义甬舟开放大通道牵引能级。

主动接轨上海都市圈。积极承接上海大都市圈非核心功能疏解和配套功能拓展，携手提升 G60 科创走廊合作水平，打造研发在上海、产业化在杭甬都市圈的模式，协同构建自立自强产业链供应链体系。主动承接上海虹桥商务区服务功能，积极建设虹桥国际开放枢纽“金南翼”。打通杭甬都市圈产业与上海资本的联结通道，携手共建跨区域多层次金融科技创新平台。重点建设嘉兴全面接轨上海“桥头堡”、宁波前湾沪浙合作发展区和杭州临平沪杭未来智造试验区，推动沪杭、沪甬在科创、产业、金融、人才、教育、医疗、环保等领域全面合作。

（二）以交通网络和重点平台为依托，加快建设“三廊环湾”新格局

打造杭绍甬先进制造大走廊。加快杭甬智慧高速建设，串联杭州钱塘新区、绍兴滨海新区、宁波前湾新区及城市化功能节点，向东延伸联动甬江科创大走廊并辐射带动舟山。重点发展新能源汽车及零部件、集成电路、生物医药、机械装备、现代纺织、绿色石化及新材料等产业。

建设沪嘉湖杭绿色科创大走廊。支持嘉兴全面接轨上海“桥头堡”建设，联动宁杭生态经济带、杭州城西科创大走廊、嘉兴 G60 科创走廊、南太湖新区及重点产业平台，谋划设立以低碳绿色经济为主导的湾北新区。重点发展新能源、绿色家居、电子信息、节能低碳装备等产业。

建设沪舟甬海洋经济大走廊。推动沪甬跨海大通道（慈溪—金山跨海大通道）、沪甬高铁和沪舟甬跨海通道规划和建设，加强浙沪洋山区域合作开发，共同提升国际航运服务功能，引导推动上海国际航运中心部分功能向宁波、舟山拓展，共建自由贸易港。培育以石油化工、港航物流、船舶修造、海洋生物医药和深海资源开发为主的海洋经济。

（三）强化城市间产业分工，构建网络化开放式“六市协同”新体系

坚持各扬所长错位竞争，强化环杭州湾六市间的分工协作，形成网络化开放式产业布局。

1. 杭州

以积极创建综合性国家科学中心为重点，打造面向世界、引领未来、带动全省、服务全国的创新策源地。着力打造电子商务、视觉智能、人工智能、云计算、大数据、物联网、区块链等具有国际竞争力的数字产业集群，打造全国数字经济、数字治理第一城。

2. 宁波

打造新材料、工业互联网、关键核心基础件三大科创高地，努力建设国家经略海洋实践先行区。锚定建设全球先进制造业基地的目标，深入推进“246”万千亿级产业集群培育工程，重点发展新材料、高端装备、电子信息、生物医药、新能源汽车、节能环保等产业，打造全国专精特新和制造业单项冠军第一城。

3. 嘉兴

以接轨上海为重点，打造全省接轨上海“桥头堡”和承接上海辐射“门户”，建设虹桥国际开放枢纽“金南翼”。重点围绕新能源、新材料、高端时尚产业等优势产业集群，进一步培育前沿新材料、时尚消费电子、生命健康等新兴产业。

4. 绍兴

发挥杭州湾南翼融杭连甬接沪“金扁担”的区位优势，打造网络大城市。加速壮大集成电路产业，加速培育先进高分子材料、高端装备产业，纵深推进纺织、化工、金属加工等产业数字化、智能化、集群化、服务化、绿色化升级。

5. 湖州

加快建设国家可持续发展议程创新示范区，加强与长三角生态绿色一体化发展示范区的紧密联动发展，打造以数字产业、高端装备、新材料、生命健康四大战略性新兴产业以及绿色家居、现代纺织两大传统优势产业为主体的现代化绿色产业体系。

6. 舟山

围绕炼化一体化项目，加快推进绿色石化基地拓展扩容。深入推进铁矿石等大宗产品国家储运基地建设。发展船舶与临港装备产业。以大型干线飞机总装交付为龙头，沿产业链发展大部件与系统集成、零部件生产等配套制造业和特色航空服务业。

（四）推动产业与城市生态高水平交融共生，形成“多态融合”新气象

以高能级战略平台作为环杭州湾地区建设世界级产业集群的重要载体。以国家级经开区、国家级高新区等现有开发区（园区）为主载体，通过优化提升、整合创新或空间重构，推动环杭州湾开发区（园区）综合实力在国家层面争先进位。完善高能级战略平台体系，加快推进嘉兴湾北新区、长兴经开区、杭州城西科创大走廊、宁波高新区等新平台建设，为构建数字安防、绿色石化、汽车等具有全球竞争力的产业集群以及集成电路、网络通信、智能计算、生物医药等产值超千亿元、国内外有较强影响力的产业集群提供平台支撑。

把未来城市实践区和产业社区作为都市圈新型城镇化的基本单元。坚持以人为本，围绕自然、文化与科技更高水准的和谐交融，建设有温度的人文场景、有

头脑的智慧城市场景、有韧性的平安城市场景、有颜值的低碳化花园城市场景、有活力的开放城市场景，探索开启新的城市发展基本单元。按照“典型样板—标准指导—分类推进”的推进路径，选择具备较好发展基础和发展潜力的城市区域，打造产城融合、职住平衡、品质共享、功能互补的未来城市实践区。全面推广产业社区新模式，按照职住平衡、产城融合的模式推进开发区（园区）改造提升，实现基础配套社区化。

把生态海岸带和运河文化带作为生态杭州湾建设的活水之源。以生态为底色，坚持陆海统筹，协同实施生态保护修复、绿色通道联网、文化资源挖掘、生态海塘提升、乐活海岸打造、美丽经济育强六大工程，统筹推进绿色生态、客流交通、历史文化、运动休闲和美丽经济五大廊道建设，高水平塑造大湾区生态、人文空间新格局。加快推进海宁海盐、钱塘区、前湾新区等示范段建设。串联江南运河浙江段、浙东运河及其故道、复线等河道，共建运河文化带。精心保护大运河遗产，加强对运河的文化研究和资源挖掘，有效传承大运河文化。推进文化遗产活态展示和体验活动，加强运河文化国际交流。合理利用大运河资源，挖掘运河的文化、生态、水利、交通、旅游等多重价值，努力把大运河文化带浙江段打造成文化创意产业的集聚区、美丽浙江的重要生态带、重要货运大通道和诗画浙江的亮丽风景线。

环杭州湾产业带传统制造业发展的问题与建议*

薛峰

环杭州湾地区是推进浙江制造强省建设的核心区域，也是浙江传统制造业发展的重点地区。在中美贸易摩擦叠加疫情、全球制造业以欧美“再工业化”和“制造业回流”等因素影响下，环杭州湾地区传统制造业面临着向绿色化、高端化、智能化转型升级的巨大压力，系统摸底当前环杭州湾地区传统制造业发展竞争力，有效落实全省制造业“腾笼换鸟、凤凰涅槃”攻坚行动，分类施策、靶向推进制造业数字化、绿色化、服务化、共享化发展，对于提升制造业发展质量具有重要意义。

一、环杭州湾地区典型传统制造业在长三角地区的发展水平

在《浙江省加快传统制造业改造提升行动计划（2018—2022 年）》认定的浙江 16 个传统制造行业范围内，筛选出在环杭州湾地区的省级传统制造行业改造提升试点数量较多的行业，包括纺织服装业、家居电器业、机械制造业、橡塑化工业四大类九小类作为典型分析对象，对比产业专业化水平和绿色生产水平。

* 本文刊于《发展规划研究》2022 年第 12 期。

（一）从专业化水平看，环杭州湾地区各市除舟山外均存在优势传统制造业，但各市在橡塑化工和金属制品业上不具优势

在长三角地区，对于纺织服装业，湖州、嘉兴、绍兴和杭州的化纤业专业化水平较高（区位商是全国平均水平的 8~10 倍）；绍兴、嘉兴和湖州的纺织业专业化水平较高（区位商是全国平均水平的 2~5 倍）（见图 2–10）。对于家居电器业，湖州的家具制造和竹木制品业的专业化水平较高（区位商分别是全国平均水平的 9.7 倍、3.3 倍），相关产品大量对外输出。对于机械制造业，宁波的汽车制造业的专业化水平在长三角处于第一梯队（区位商是全国平均水平的 2.4 倍）；环杭州湾地区其余五市在汽车制造业方面以及六市在金属制品业方面不占优势。对于橡塑和化工业，环杭州湾地区六市的产业专业化水平均不突出（区位商在全国平均水平 1.5 倍以下）。

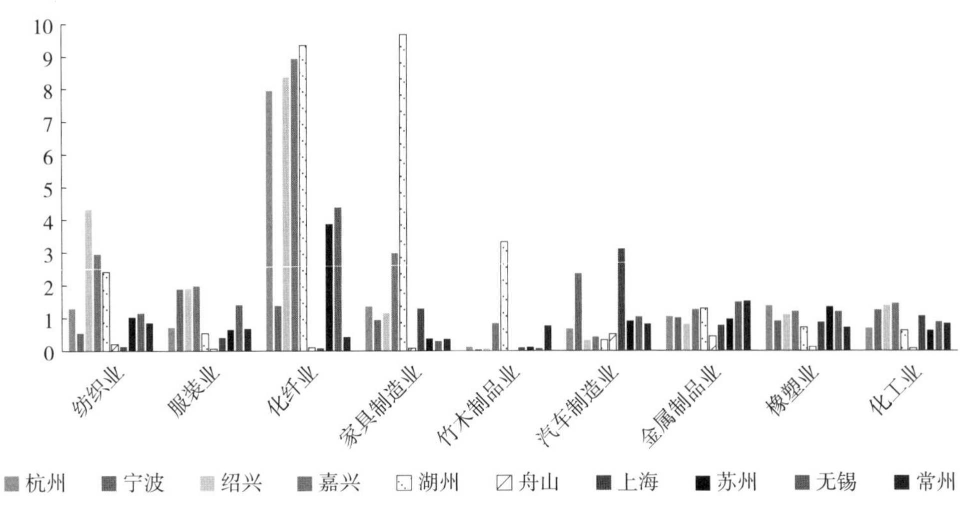

图 2–10 环杭州湾地区六市典型传统制造业区位商在长三角地区的位置

资料来源：作者自绘。

（二）从绿色生产水平看，环杭州湾地区六市传统制造业单位能耗产值呈现“杭州偏低，其余五市均有行业偏高”的特征

对于纺织服装业，绍兴纺织业的单位能耗产值（0.47 万元 / 吨标准煤，以下简称单耗）在长三角地区该行业中占据首位，与市域内印染企业集聚有关；宁

波（0.3 万元 / 吨标准煤）、舟山（0.28 万元 / 吨标准煤）、嘉兴（0.24 万元 / 吨标准煤）和湖州（0.24 万元 / 吨标准煤）的化纤业单耗在长三角地区较高，杭州化纤业生产加工环节已逐步向外转移，单耗（0.07 万元 / 吨标准煤）较低；服装业单耗整体较低，除了嘉兴（0.17 万元 / 吨标准煤），其余城市均低于 0.1 万元 / 吨标准煤（见图 2-11）。对于家居电器业，长三角地区各市家具制造业单耗均处于较低水平（均低于 0.05 万元 / 吨标准煤）；宁波（0.16 万元 / 吨标准煤）、湖州（0.13 万元 / 吨标准煤）和嘉兴（0.11 万元 / 吨标准煤）的竹木制品业单耗处于长三角地区第一梯队。对于机械制造业，除了舟山、嘉兴和湖州的汽车制造业单耗（0.1 万元 / 吨标准煤）处于长三角地区第一梯队，宁波金属制品业单耗（0.13 万元 / 吨标准煤）在长三角地区占据首位，其余城市该行业单耗较低。对于橡塑和化工业，舟山化工业受到绿色石化项目（指标单列）影响较大，其余各市化工业单耗均为 0.1 万 ~0.4 万元 / 吨标准煤，低于徐州、上海，但绝对值偏高；橡塑业单耗基本为 0.1 万 ~0.2 万元 / 吨标准煤，绝对值不高，但嘉兴（0.15 万元 / 吨标准煤）、湖州（0.16 万元 / 吨标准煤）该指标在长三角地区处于第一梯队。

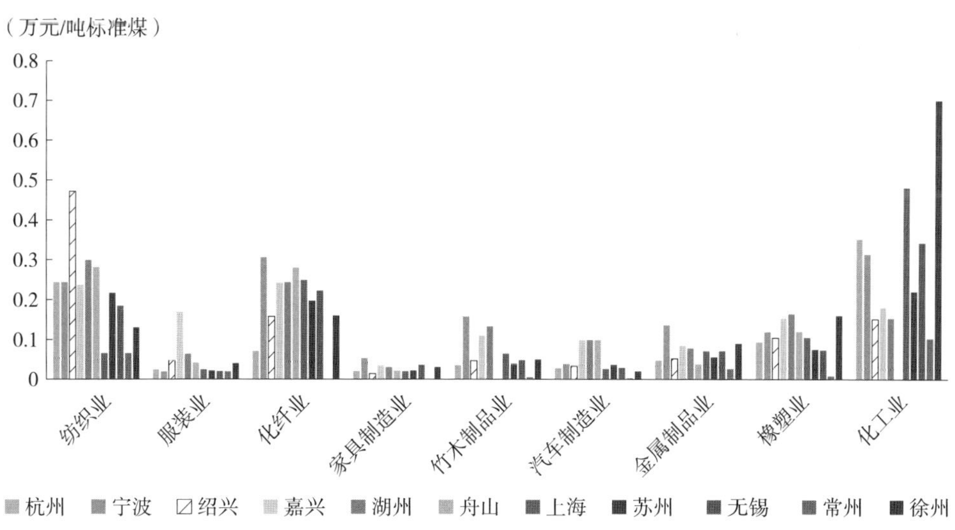

图 2-11　环杭州湾地区六市典型传统制造业单耗在长三角地区的位置

资料来源：作者自绘。

二、环杭州湾地区典型传统制造业细化特征分析

聚焦环杭州湾地区六市，从质量效益、数字化与科技创新两方面着手，采用工业增加值率、劳动生产率、单位工业用地增加值、生产制造管理信息化普及率、新产品产值率、高新技术产业增加值占比 6 个指标，对六市典型传统制造业发展特征进行对比分析。

纺织服装业：形成“杭嘉领衔，湖州强于上游，绍兴强于中游，宁波强于中下游”的专业化分工特征。具体来看，杭州、嘉兴整体表现较好，杭州纺织业高新技术增加值占比、服装业新产品产值率、劳动生产率、工业增加值率均为环杭州湾地区第一，嘉兴纺织业新产品产值率占比环湾第一。湖州上游化纤业较强，但纺织业、服装业较差，与其改造提升现代纺织产业的目标差距较大；绍兴在中游纺织业较强，但服装业用地集约性以及化纤业科创水平较低，与打造国家级现代纺织产业集群目标尚有差距；宁波在中游纺织业、下游服装业的用地效益较高，但化纤业整体较差（突出表现为化纤领域高新技术产业增加值占比仅为省均值的 24%，单位工业用地增加值仅为省均值的 29%）；舟山强在企业信息化水平，但劳动生产率和用地集约性较低（单位工业用地增加值仅为省均值的 25%）。主要原因为湖州童装产业存在“企业生产成本高、贷款难、联动弱、缺乏创新和品牌”的问题；绍兴服装企业则面临技术人才缺乏的问题；湖州和舟山的纺织企业以中小企业为主，产品偏向中低端。

家居电器业：杭州、绍兴在环杭州湾地区领衔，湖州木业椅业优势明显，湖州和舟山的电器业发展水平显著偏低。具体来看，杭州和绍兴整体表现较好。湖州在家具及竹木制品业上的用地集约性较高，但家用电器业表现较差（工业增加值率 11.2%，为省均值的 52%），舟山在家具及竹木制品业用地集约性（单位工业用地增加值 11.9 万元/亩[①]，仅为省均值的 17%）以及家用电器业用地集约性（单位工业用地增加值 21.9 万元 / 亩，仅为省均值的 17%）表现较差，嘉兴和宁波表现一般。主要原因为湖州家用电器业虽然规模庞大，但发展方式较为粗放，企业数字化水平不高。

① 1 亩≈ 666.6667 平方米。

机械制造业：宁波在环杭州湾地区优势突出，湖州物流装备制造业和舟山船舶修造业发展水平明显偏低。具体来看，宁波整体表现较好；舟山强在汽车制造业利润率以及金属制品业企业信息化水平，但弱在产品创新能力以及金属制品业利润率（突出表现为工业增加值率 6.8%，仅为省均值的 35%）和用地集约水平（单位工业用地增加值 20.8 万元 / 亩，仅为省均值的 29%），与舟山船舶和临港装备产业发展目标差距较大；绍兴、嘉兴和杭州整体表现一般。主要原因为舟山船舶修造业受设计能力与产业配套水平的约束，订单基本为技术含量低、利润少的货船和集装箱船的修造。

橡塑化工业：杭州在环杭州湾地区整体优势凸显，宁波化工业与舟山橡塑化工业各具优势，但也存在明显短板。具体来看，杭州整体表现较好；宁波橡塑业表现较好，但化工业的质量效益和科技水平较低（突出表现为高新技术产业增加值占比 9.5%，仅为省均值的 24%）；舟山橡塑化工业的利润率较高，但劳动生产率和用地集约性较低（突出表现为其化工业单位工业用地增加值为 32 万元 / 亩，仅为省均值的 29%），且橡塑业产品创新水平低（新产品产值率 3.2%，仅为省均值的 10%）；嘉兴、湖州和绍兴表现一般。主要原因是宁波以镇海炼化为代表的炼油行业创新能力不强，与国际先进水平仍有明显差距。舟山橡塑业存在分布低小散、研发投入和人才支撑不足、产品附加值低的问题，且受北美和海湾地区低成本的聚烯烃和有机化学品挤压效应影响，舟山石化产品大多通过降价扩大销量。

三、环杭州湾地区传统制造业现代化改造提升路径建议

以助推区域制造业“腾笼换鸟、凤凰涅槃”实现高质量发展为目标，以绿色化、数智化、服务化、共享化发展为导向，推动环杭州湾地区传统制造业现代化改造提升。

（一）深化传统制造业数字化与智能化转型

一是大力推进工业互联网建设。以杭州软件设计和宁波场景应用为引领，建设环杭州湾工业互联网产业集群带，加快推动中小传统制造企业“上云上平台”，

大力推进工业互联网试点示范和工业机器人应用普及。二是推动生产设备和生产经营流程的数智化。支持嘉兴针织服装业与湖州童装业加快推进产业大脑与未来工厂建设。支持湖州童装业、绍兴化纤业、宁波石化业、舟山纺织业，以及舟山、湖州、杭州的橡塑业加大力度引育高新技术和高层次人才，加大舟山在船舶设计环节，以及甬绍杭嘉在差异化功能化涤纶生产环节的研发投入与产业化力度。三是增大传统制造业区域协作紧密度。提升沪绍嘉甬湖在纺织服装产业上的协作水平，以及沪甬绍舟在化工行业上的协作水平，抢抓上海科创资源外溢机遇，争取上海前沿科技研发成果在环杭州湾地区实现技术转化与产业化。

（二）促进传统制造业全生命周期绿色发展

一是加强绿色制造体系建设。对于相对“高耗低效”的绍兴纺织业、宁波化纤和金属制品行业，支持加快开展绿色示范工厂和绿色低碳园区创建、绿色设计研发应用以及绿色产品开发，实施绿色伙伴式供应商管理。对于相对“低耗高效”的杭州化纤、汽车制造和家具竹木制品业、绍兴汽车制造业，支持有条件的企业和园区积极创建国家级绿色制造试点示范。二是推动地方传统制造业结构重组，以政府补贴形式推动宁波化纤业、舟山化工业的部分中小企业合并或关停，减少新增落后产能。三是深入推进传统制造业绿色清洁生产，支持宁波、湖州、杭州等地的化纤企业生产能耗较低的差异化涤纶产品，支持以绍兴地区为代表的环湾纺织企业在初次生产中采用清洁生产方式和资源循环利用技术。

（三）推动传统制造行业产品定制化与品牌共享化

一是推动共性技术攻关与共享进程。以差异化化纤、新型高端船舶、精细化工产品、特种橡胶等产品的研发生产为突破口，构建具有环杭州湾地区特色的共性技术创新平台，加强传统制造业共性技术创新平台体系建设。采取技术联合体形式，成立专门机构，由政府官员任技术联合体管理委员会主任，促进传统制造业共性技术在组织内的共享。二是全面推行传统制造业行业自律。加强监管部门和执法部门的工作部署落实和行政领导，推动行业媒体和网站的报道监督，加强行业协会的行业指导力度、从业组织的自我管理和从业人员的参与度。三是加大传统制造业品牌共享力度，支持重点传统制造行业的协会或龙头企业组织企业设立品牌联合体，扩大共享品牌影响力。推动家具、电器、食品等终端消费产品向品牌化与定制化发展。

（四）深入推进传统制造业与现代服务业融合发展

一是推动传统制造业向服务型制造转型。以环杭州湾地区智能家电、家庭安防等家具电器产业重点细分领域和甬舟船舶维修为突破口，推动环杭州湾地区传统制造业向研发设计、营销和品牌等环节提升，完善研发设计、定制化服务、供应链管理、全生命周期管理、信息增值服务、融资租赁等公共服务。鼓励制造业龙头企业、生产性服务业领军企业双向进入服务型制造领域。二是推动传统制造行业跨领域融合发展。支持环杭州湾地区化纤业企业从纤维生产进入塑料、尼龙等领域，进而扩大到电子材料和建筑材料行业，再进入医药、水处理等领域。发挥嘉兴、绍兴在纺织行业领域的技术优势，鼓励地方纺织企业以纺织关联技术为基础向化学、纤维、人造器官等领域渗透。

市场化导向的环杭州湾产业带要素配置现状、问题及对策建议*

张庆麟

党中央、国务院高度重视要素市场化配置改革工作，《中共中央　国务院关于构建更加完善的要素市场化配置体制机制的意见》提出，深化要素市场化配置改革，促进要素自主有序流动，提高要素配置效率，进一步激发全社会创造力和市场活力，在维护全国统一大市场的前提下，开展要素市场化配置改革试点示范。系统摸底当前环杭州湾产业带五大重点要素现状和问题，着力破除阻碍要素自由流动的体制机制障碍，健全要素市场制度规则，推动要素向优势地区、优势产业、优势项目集中，实现要素价格市场决定、流动自主有序、配置高效公平，对于环杭州湾产业带进一步激发全社会创造力和市场活力、打造国内国际双循环互济共促战略枢纽和促进世界级先进制造业集群集聚发展具有重要意义。

一、环杭州湾产业带五大重点要素现状分析

（一）土地要素：建设总量逐年增长，亩均效益持续上升

建设用地总量加速攀升。环杭州湾地区建设用地总量从 2010 年的 1008 平方公里增长到 2020 年的 1651 平方公里，年均增长 5%，占浙江全省建设用地比例呈上升态势，已超过 50%（见图 2-12）。亩均效益不断提升。环杭州湾地区单位建设用地 GDP 从 2010 年的 18.3 亿元 / 平方公里增长至 27.1 亿元 / 平方公里，均

* 本文刊于《发展规划研究》2022 年第 12 期。

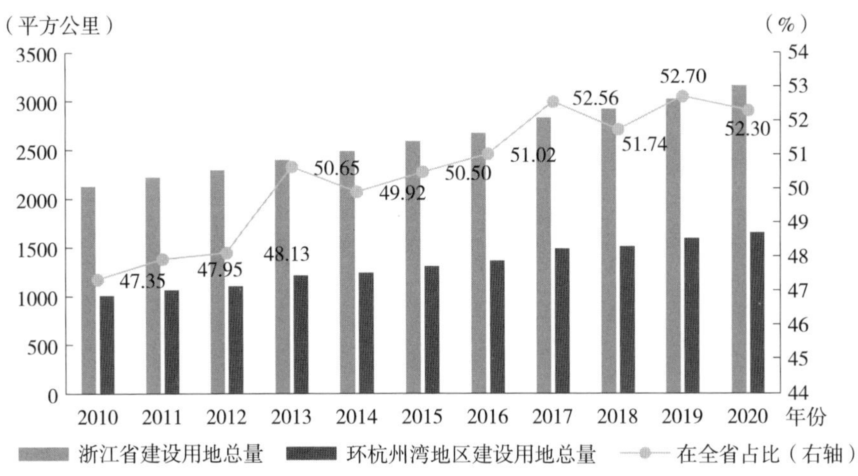

图 2-12　2010—2020 年环杭州湾地区建设用地总量和在全省占比

资料来源：作者自绘。

远高于全省平均水平，年均增速为 4%，和全省同期年均增速（4.3%）相比略低。

（二）劳动力要素：规模和城镇化进程稳步提升，结构不断优化

劳动力规模逐步扩大。环杭州湾地区常住人口从 2016 年的 3119.8 万人增长到 2020 年的 3659.8 万人，年均增长 4%，高于全省 1.59% 的增速，占全省常住人口总量比例上升至 56.58%（见图 2-13）。

人口城镇化进程稳步提速。“十三五”时期环杭州湾地区城镇常住人口从 2149.59 万人增长至 2796.46 万人，年均增长 6.8%，保持高速增长态势，占全省比重从 52.8% 上升到 60%，常住人口城镇化率也从 68.9% 提升到 76.4%。劳动力结构优化升级。环杭州湾地区人才竞相涌入，2020 年环杭州湾地区人才资源总量达到 1410 万人，占全省人才总量比例超过六成。高层次人才队伍不断壮大（图 2-14），每万名就业人口中 R&D 人员数量从 2016 年的 132.6 人增长至 2020 年的 159 人，年均增长 4.6%。

（三）资本要素：市场主体活力迸发，外资利用和固定资产投资稳定向好

金融机构实力不断增强。2016—2020 年环杭州湾地区金融机构存款余额从 6.87 万亿元增长至 10.69 万亿元，年均增速达到 11.68%，略高于浙江全省增长

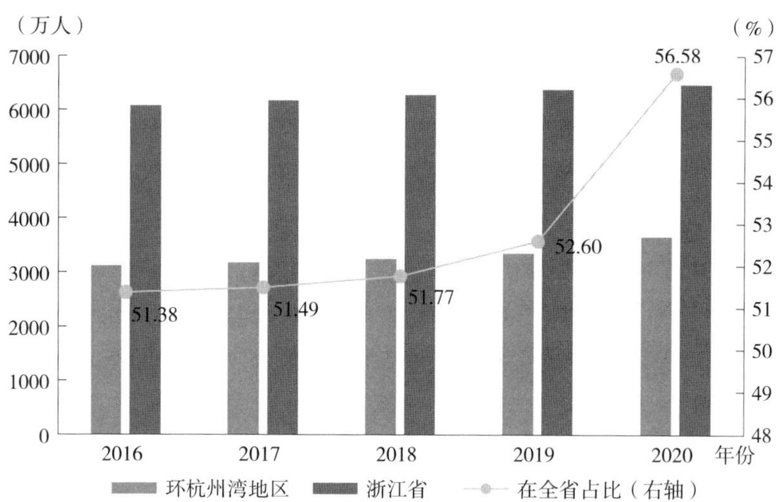

图 2-13　2016—2020 年环杭州湾地区常住人口及其在全省占比

资料来源：作者自绘。

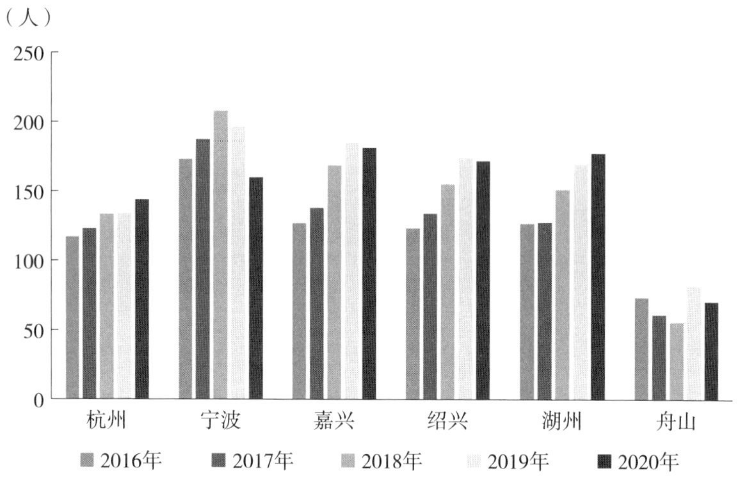

图 2-14　2016—2020 年环杭州湾各市每万名就业人口中 R&D 人员数量

资料来源：作者自绘。

速度，占全省比例超过七成。环杭州湾地区金融机构贷款余额也从 5.74 万亿元增至 10.3 万亿元，年均增长 15.69%，同样略高于浙江全省增速，占全省总量比例稳定在 72% 左右。资金利用稳中向好。外资利用保持稳定，在中美贸易摩擦和新冠疫情引发全球经济形势持续低迷的背景下，2020 年环杭州湾地区实际使用外资稳定在 146.5 亿美元，约占全省总量的 92.83%，“十三五”期间实际使用外资情况保持平稳，在全省占比基本稳定在九成左右。固定资产投资规模稳步扩大。如图 2–15 所示，“十三五”期间环杭州湾地区固定资产投资从 1.94 万亿元增加到 2.39 万亿元，年均增长 5.41%，在全省固定资产投资总额占比上保持相对稳定，2020 年超过 67%。

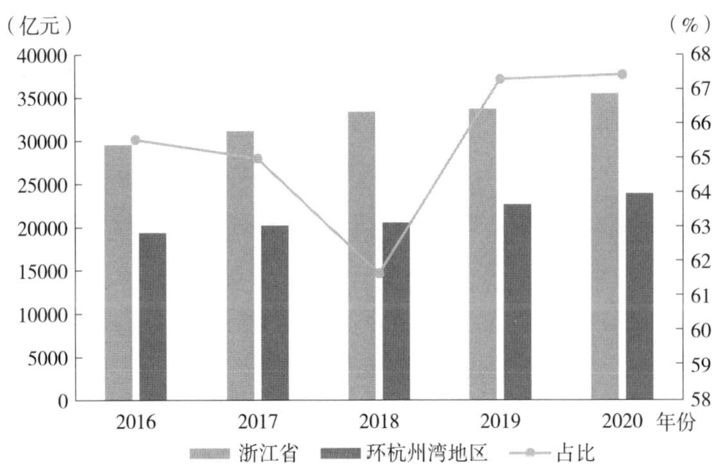

图 2–15　2016—2020 年环杭州湾地区固定资产投资总额及全省占比

资料来源：作者自绘。

（四）技术要素：技术研发投入大幅增长，创新主体和成果亮点凸显，技术研发投入和研发强度居全省前列

2016—2020 年，环杭州湾地区 R&D 投入总额从 848.68 亿元增长至 1390.24 亿元，年均增长 13%，占全省总投入比例在 2018 年达到最高（75.89%），均保持在 74% 以上。从研发投入强度来看，2020 年环杭州湾地区整体 R&D 投入强度达到 3.1%，高于全省平均水平（2.8%）0.3 个百分点。技术成果不断涌现。2016 年环杭州湾地区全年专利申请量和专利授权量分别为 27.18 万项和 14.57 万项，到 2020 年分别增长至 34.76 万项和 24.4 万项，稍低于全省同期增速，在全省占比均保持在 60% 以上。技术创新主体实力逐步提升。环杭州湾地区拥有 263 家科

技型上市企业、1.6 万家高新技术企业，占全省比重分别为 81.4%、72.9%，阿里巴巴、海康威视、吉利汽车、巨化集团、浙能集团等一批创新型企业在基础研究和前沿技术攻关领域力度不断加大。

（五）数据要素：数字产业化和产业数字化加速推进，社会治理数字化转型

数字经济蓬勃发展。环杭州湾地区 2020 年数字经济及其核心产业增加值达到 5947.7 亿元，占浙江全省总量的 84.7%，其中杭州的增加值为 4290 亿元，在环杭州湾地区占比超过七成。数字赋能产业成效显著。杭州 2020 年规上工业企业数字化改造覆盖率超 90%，两化融合指数达 108.97；工业互联网快速发展，累计入围工业和信息化部工业互联网平台试点示范项目 7 个。社会治理模式实现数字变革。杭州在全国首创“城市大脑”，率先上线健康码和企业复工数字平台，首创“亲清在线”端对端政策兑现数字平台，被授予“新时代数字治理标杆城市”称号。

二、存在问题

（一）建设用地指标减少，供需缺口相对较大

环杭州湾地区普遍存在新增建设用地难以匹配大平台、大产业和大项目的开发需求，如舟山市 2021 年预分解下达新增建设用地规模仅为 4.4 万亩，与上轮国土空间规划余额及本轮规划预测规模均有较大差距，预计“十四五”期间直至 2035 年，大宗商品储运项目、油气全产业链项目、港口交通等重大基础设施项目的实施及自由贸易试验区、浙沪合作试验区、甬舟一体化示范区、海上花园城市的建设将进入加速发展阶段，舟山市用地需求缺口较大。绍兴市也面临着土地要素的严重制约，很难全面保障新区大开发、大建设，特别是大项目引进的用地需求保障十分困难，亟须把新区高能级平台建设的用地问题提升到省级层面来研究解决。

（二）人才队伍结构有待优化，人才队伍大而不强

环杭州湾地区具有全球影响力的顶尖人才还较为缺乏，国际一流的科技领军

人才和创新团队、高水平工程技术人才和高技能人才相对较少。人才政策体系有待完善，人才投入不足和结构不合理问题依然存在，资源碎片化问题还比较突出，放权松绑还不到位，高校院所、国有企业人才队伍活力还有待进一步释放。人才平台能级有待增强，一流高校、大院强所、头部企业、大国重器比较少，产业类平台多，基础研究平台、应用基础研究平台、共性技术供给平台还比较缺乏。

（三）金融供给结构与经济多元化需求还不够匹配，服务实体经济高质量发展能力有待提升

环杭州湾地区金融供给结构欠完善，直接融资占比依然偏低，对重点领域和薄弱环节的金融支持力度需进一步加大，科创金融、小微金融等薄弱领域的改革创新还未实现有效破题，企业利用资本市场的意识、能力仍显不足。地方法人金融机构资本实力和竞争力还不够强，金融市场服务平台建设有待进一步加强，如嘉兴地方金融机构规模实力较弱，保险、证券等金融业态统筹推进仍有待加强，金融集聚平台发展缓慢，金融中介服务功能较弱，会计、审计、法律、资产评估等本地中介服务机构较少，难以提供全面、高效的专业服务。

（四）技术战略创新力量相对薄弱，技术创新的体制机制还不完善

与领先区域相比，环杭州湾地区缺少列入国家战略科技力量和重大科技布局的高能级创新平台，拥有的国家实验室、重大科学基础设施等“大国重器”不足，还没有城市入围综合性国家科学中心建设名单。截至 2020 年，环杭州湾地区无国家实验室布局，拥有的国家级大科学装置仅有 1 个，少于广东（10 个）、上海（14 个）、安徽（4 个）、江苏（2 个）；国家重点实验室仅有 14 家，远低于北京（89 家）、上海（44 家）、江苏（29 家）、广东（28 家）；国家工程技术研究中心仅有 12 家，与北京（65 家）、山东（36 家）、江苏（29 家）、广东（23 家）差距较大；环杭州湾地区“双一流”建设高校仅有 3 所，数量低于北京（34 所）、江苏（15 所）、上海（14 所）和广东（5 所）。

（五）数据要素市场培育创新不明显，数据开放共享利用成效不足

环杭州湾地区普遍存在数据开放不充分、利用率不高、成效不明显等问题，

数据开放利用体制机制不够完善，地方政府数据开放管理办法和实施细则缺失，导致开展具体工作时缺乏顶层指引，因此难以规范、高效、持续地开展平台建设和运营，不利于公共数据的持续开放和开发利用。

三、对策建议

（一）完善土地要素供给机制，提高土地利用效能

一是完善土地管理体制。坚持“土地要素跟着项目走”，统筹安排新增和存量建设用地，切实保障有效投资用地需求，优先保障重大战略性新兴产业项目用地。创新土地要素供应方式，大力推广长期租赁、弹性年期出让、先租后让、租让结合、作价出资（入股）等方式，灵活确定工业用地供应方式和使用年限。二是盘活存量土地和低效用地。深化“亩均论英雄”改革，完善差别化城镇土地使用税减免等激励约束机制。健全企业节约用地激励机制，鼓励“退二优二”“退散进集”和地下空间开发利用。完善低效用地再开发增值收益分配机制，健全新增建设用地计划指标分配与存量建设用地盘活挂钩机制，鼓励项目供地优先使用存量建设用地。三是推动土地要素配置改革协同。支持建立环杭州湾地区城乡建设用地增减挂钩节余指标市场化调剂和有偿使用平台，协同探索建设用地、补充耕地指标跨区域交易。协同探索飞地经济、土地置换、土地证券化等机制创新。

（二）打造全球人才蓄水池，引导劳动力有序畅通流动

一是以全球视野集聚高素质人才队伍。大力引进国际一流人才，聚焦打造三大科创高地和高质量发展战略性新兴产业，抓住全球人才流动新机遇，大力实施“鲲鹏行动”计划，统筹推进各类引才项目，更大力度、更加精准引进海外高层次人才和创新团队。二是畅通劳动力和人才社会性流动渠道。拓宽高校、科研院所与企业人才流动通道，支持和鼓励事业单位科研人员创新创业。畅通企业、社会组织人员进入党政机关、国有企事业单位渠道，完善国有企业市场化选聘优秀经营管理者机制，推行职业经理人聘任制和市场化激励约束机制。三是构建统一

开放的人才要素市场。探索推动环杭州湾地区率先实现户籍准入年限同城化累计互认。建立面向环杭州湾地区高层次人才的协同管理机制，推动建立统一的人才一体化评价互认体系和柔性流动机制。

（三）强化政府性融资担保效能，增强金融服务实体经济能力

一是提升资本市场活力，全力打造“凤凰行动”升级版。全链条推进企业上市，加大企业股改扶持培育力度。积极推动优质企业多渠道上市，支持主业突出的成熟型企业到主板上市、成长性强的创新创业企业到创业板上市、符合国家战略和具有核心竞争能力的科技型企业到科创板上市。二是强化政府性融资担保服务功能。深化政府、银行和担保机构之间的合作，加强政策性融资担保体系建设，健全注册资本金持续补充、风险补偿机制，提升政府性融资担保服务质效。

（四）优化创新平台和激励机制，助力技术创新活力迸发

一是大力建设高能级创新平台。建立以企业为主体的科技成果转化中试熟化基地，积极引导产业创新综合服务体、新型研发机构发挥中试熟化基地作用。深化国家自主创新示范区建设，加强杭州城西科创大走廊和宁波甬江科创大走廊联动发展，大力推动之江实验室建设一流国家实验室，推进西湖、良渚、湖畔、甬江等省实验室建设，充分发挥西湖大学、中国科学院宁波材料技术与工程研究所等新型研究型高校和研发机构的作用。二是改革科研人员价值实现激励机制。健全职务科技成果产权制度，优化国有技术类无形资产评估管理流程，探索通过公示等方式简化备案程序。探索赋予科研人员横向委托项目科技成果所有权或长期使用权，在法律授权前提下开展高校、科研院所等单位与完成人或团队共同拥有职务发明科技成果产权的改革试点。

（五）推进数据要素开放共享，激活数据市场发展潜能

一是深化公共数据开放共享。加强公共数据一体化平台支撑，加快一体化智能化公共数据平台建设，完善公共数据采集规范与标准，扩大公共数据按需归集范围。强化数据分类分级管理，完善数据质量评估标准和问题反馈机制，

形成数据全生命周期闭环管理。二是推进数据要素服务化应用。探索推进数据要素配置流通，探索社会数据市场化运营机制，探索研究数据产品与服务所有权、使用权、收益权，引导市场主体开展数据交易。三是加强网络和数据安全保障。强化数据安全保护，建立健全数据安全管理制度，落实数据安全保护责任，保障政务数据安全。运用数据签名、加密、接口签权等数据保护措施，以及区块链和智能合约等新技术，探索建立全链条化的数据产权保护机制，提升数据安全保障能力。

第三章

城镇发展板块：县城城镇化建设的浙江探索

浙江县城城镇化建设的总体特征、突出问题及工作建议*

程振波　方康恒　王辰

党的二十大报告提出，以城市群、都市圈为依托构建大中小城市协调发展格局，推进以县城为重要载体的城镇化建设。2022年，中共中央办公厅、国务院办公厅印发了《关于推进以县城为重要载体的城镇化建设的意见》。可以看出，推进以县城为重要载体的城镇化建设正成为我国深入推进新型城镇化战略的新重点和主攻方向。浙江县城建设起步早、县市数量占比高、县域经济活跃，具有深入推进县城城镇化的广阔空间与巨大潜力。基于对浙江十多个县市的实地调研，本文分析指出浙江县城城镇化建设的总体特征与突出问题，并据此提出四项工作建议，以期助力浙江打造以县城为重要载体的城镇化建设示范省，加快形成普适性经验与标志性成果。

一、浙江县城城镇化建设的三大总体特征

县城是我国推进工业化城镇化的重要空间、城镇体系的重要一环、城乡融合发展的关键纽带，浙江发达的县域经济不仅使得县城建设普遍起步较早、城镇化基础扎实，更使得浙江高质量发展走在全国前列、城乡融合水平居第一方阵。总的来看，当前浙江的县城城镇化建设呈“三个并存”特征，这既是对浙江县城城镇化建设基本面貌的高度概括，也是对浙江县城城镇化建设具体情况的抽象描绘。

---

* 本文刊于《发展规划研究》2023年第5期，公开发表于《小城镇建设》2024年第9期。

（一）县城类型：大城市周边县城、专业功能县城与生态功能县城并存

尽管浙江全省的县城城镇化基础普遍较好，但受历史条件、区位环境、自然地理和产业结构等方面差异的影响，全省 53 个县（市）的县城城镇化优势条件、历史方位与功能定位不尽相同，县城城镇化建设也各具特色、各有千秋。对标《关于推进以县城为重要载体的城镇化建设的意见》提出的五类县城，浙江目前主要有三类县城并存。一是大城市周边县城，如东阳市，地处浙中盆地边缘，全市常住人口为 108.8 万人，地区生产总值达 730.8 亿元，是全国百强县之一，通过金义东市域轨道交通、义东高速等建设，正全面融入金义都市区。二是专业功能县城，如长兴县，地处浙北平原外围，全县常住人口为 67.4 万人，地区生产总值突破 800 亿元大关，建成智能汽车“万亩千亿”新产业平台，基本形成“一中心三组团”县域发展空间格局，是浙江典型的工业强县。三是生态功能县城，如淳安县，地处省会城市西部山区，全县常住人口为 32.9 万人，旅游经济总收入 154.2 亿元，水饮料产业销售收入 101 亿元，87.7% 的国土面积被划入二级以上饮用水源保护区，80.1% 的国土面积被划入生态保护红线。

（二）县城格局：“大城重镇”与“小县大城”两种空间组织模式并存

县城无疑是县城城镇化建设的核心板块，但浙江并非所有县市都走“县城独大”的城镇化建设道路。总的来看，浙江的县城城镇化建设存在“大城重镇”与“小县大城”两种空间构成模式。“大城重镇”模式，此类县市一般拥有非县城城区的大镇，其产业特色鲜明、财政实力强劲、城镇功能齐全、人口集聚明显，为就地城镇化和县城城镇化建设发挥重要节点作用。例如，长兴县省级中心镇煤山镇，在 2021 年全国千强镇排名第 266 位，财政收入超 20 亿元，城镇功能辐射周边乡镇乃至安徽广德、江苏宜兴；东阳市的省级小城市培育试点横店镇，镇域综合实力居 2021 年中国乡镇综合竞争力百强榜第 28 位，常住人口超 15 万人。“小县大城”模式，此类县市一般以在县政府所在城区或镇极化集聚发展为主，县城是其所在县域城镇化的极核。此类模式县市主要位于浙江山区地区，如淳安、磐安等。典型代表淳安县持续推动人口、产业等往县城城区集聚，县政府所在地千岛湖镇聚集全县城镇常住人口的 86.28%。

（三）县城人口："本地农民就地城镇化"和"外来人口在地市民化"需求并存

不同于中西部人口流失县，由于浙江活跃的县域经济与庞大的外来人口，浙江县城城镇化建设既要满足好本地农民就地城镇化需求，还要服务好外来人口的在地市民化需要，这两方面均是浙江县城城镇化建设的核心任务，浙江各县市均进行了针对性的部署。本地农民就地城镇化方面，如淳安自 2010 年以来开展农民易地转移集聚工作，实施农民转移集聚工程，安置农户 3978 户 12814 人，补助资金约 4.3 亿元；磐安自 2005 年以来开展不同形式不同政策的易地搬迁安置，共建安置移民小区 42 个，整体搬迁 93 个自然村，完成搬迁人数 17819 人；江山当前正全力打造城南、贺村、峡口 3 个万人集聚区项目，计划总投资 32.5 亿元。外来人口在地市民化方面，如永康积极推动农业转移人口居住证申领，累计发放 19.7 万本浙江省居住证，深入开展新居民"一件事"改革，与云、贵、赣等省份 21 个县（市）签订协议，实现外来农业转移人口出生、医保、社保等 408 项高频事项跨省通办，累计安排 2.6 万余名"新永康人"随迁子女就读义务教育阶段公办学校，创新人才培养"东迁西归"职教协作模式。

二、浙江县城城镇化建设的四大突出问题

在以中国式现代化为指引的新型城镇化战略下，浙江面向"两个先行"的奋斗目标，县城城镇化建设仍大有可为且需有作为。总的来看，县城聚人、县城产业、县城教育、县城养老等方面的四大突出问题仍需正视，是下一步浙江推进县城城镇化建设需补短拉长、重点解决的突出矛盾，是浙江打造以县城为重要载体的城镇化建设示范省要攻克的关键点位。

（一）县城聚人："能者不愿"与"愿者不能"困境有待破解

推进县城城镇化建设，重中之重是促进人口向城镇空间尤其是县城集聚。当前浙江大部分县城面临的最突出问题是本地农村人口进县城意愿不强，即"能者不愿"。一方面，由于农村户口可获批宅基地且部分还享有集体分红，大

量农民还持有“农村户口比城市户口值钱”的观点及预期。另一方面，部分县（市）城乡融合程度较高，农村人居环境甚至比城区还好，且很容易就近解决就业问题，“工作在城镇、居住在农村”现象十分普遍。此外，搬迁补偿政策较难达到农民预期、农民害怕“进城”后失去农村权益和退路，部分农民还有“恋土”情结，这些都对推进本地农业转移人口进城集聚产生负面影响。不少县市在调研中反映，当地有大量本地农业转移人口不仅自己不愿意转为城市居民，还想方设法把已经转出去的家庭成员再转回农村，浙中某县公安局窗口日均接待群众咨询“城迁农”问题 2~3 人次。与此同时，部分县城还存在外来人口保障难现象，仍存在外来农业转移人口尚不能享受就业困难人员灵活就业社保补贴等政策福利，定居安家还受制于浙江县城普遍相对较高的城镇住房价格，出现“愿者不能”问题。

（二）县城产业：转型迫切与要素制约矛盾有待消解

产业发展是城镇化的动力，也是以县城为重要载体的城镇化的主导动力。尽管浙江各县市近年来产业发展取得重要成效，但产业转型升级需求仍十分迫切。例如，浙北某传统工业强县的 17 个传统制造业完成规上工业产值占全县比重超 60%，智能汽车及关键零部件等高新产业的支撑作用仍不够明显，产业亟待转型升级，但地方干部指出县域产业转型不仅受用地指标等传统要素制约，还受限于技术工人、研发人才招引难与留存难；浙中某县级市反映其工业优势近年来有所减弱，规上工业增加值占设区市的比重连续 6 年下降，且存在“市场主体多而不强、产业布局散而无序”问题。转型升级需求迫切，但受工业用地高价低效、腾退难度大以及研发和高端设计人才招引困难等要素制约明显。此外，部分山区生态功能县城产业基础本就薄弱，吸纳就业人员能力也更差，县城产业转型扩容难度更大。例如，某山区县第二产业增加值仅 63.7 亿元，呈下降趋势，GDP 总量及增速均低于全省平均水平，甚至出现本地就业人口大量外流现象。

（三）县城教育：城区不足与乡村富余现象亟待扭转

推进县城城镇化建设，尤其需要在县城提供充足、优质的公共服务资源，高质量的县城教育尤其被县域人口所看重。然而，浙江大部分县市在县域教育资源布局上存在明显的“城区不足、乡村富余”现象。一方面，由于城市教育资源普遍优于农村，部分父母送农村孩子到县城上学意愿强烈，大部分县城幼儿园、小学、初中就学需求旺盛，城区学位不足问题突出。另一方面，由于县域人口持续向县城及重点镇集聚，部分乡、村“空心化”现象明显、适龄儿童不足，乡、村的教育资源存在严重闲置或投入产出不成正比，城区与乡、村的教育资源供给错配现象明显。例如，浙西南某县级市目前公办幼儿园覆盖面仅为 36.3%，未达到省里公办幼儿园覆盖面 50% 的要求，尚有 2000 个左右的学位缺口，同时城区小学段存在 300 个左右学位缺口，城区初中段存在 700 个左右学位缺口，但农村局部学位有富余。浙中某县现有城区中小学在校生规模均已超设计规模，城区公办幼儿园虽户籍适龄幼儿均可入学就读，但普遍已超班额，与此同时，该县中部、南部学校规模不断缩小，全县 6 所“乡小”“村小”的学生数不足 100 人。某山区县计划在城区建设九年一贯制学校，然而大部分“乡小”学生不足百人，超 5 所边远学校撤并后旧址仍闲置。

（四）县城养老：养老服务供需失衡问题亟待解决

浙江人口老龄化趋势加快，据相关预测，2035 年浙江常住老年人口占比将超过 30%，进入深度老龄化社会。更加不容乐观的事实是，当前浙江人口老龄化情况普遍存在“村大于乡镇、乡镇大于县、县大于设区市”现象。县城作为城乡枢纽，既需要满足县城养老服务需求，还需要辐射满足大量乡村的养老服务需求，可见浙江县城的养老服务供需形势尤为严峻。此外，山区 26 县普遍较经济强县人口老龄化更为严重，如某山区县常住人口老龄化率高于同处于浙北杭嘉湖地区的某传统工业强县 10 个百分点以上，养老服务供给压力巨大。然而，浙江大多县市养老服务设施普遍不足，养老机构床位和护理员缺口较大。例如，浙西南某县级市养老设施缺乏，部分主要的城镇化集聚区没有区域性公办养老机构，该市城区甚至没有一个符合当代养老标准的社会福利院，目前该市的市社会福利院占地不足 7 亩，在全省属于规模最小的。浙北某工业强县中心城区现有养老机构床位 1593 张，缺口超过 700 张，且居家养老服务设施严重不足，大部分养老服务设施不达标；某山区县城镇社区养老机构床位配置、居家养老服务公共设施建设及运营品质与发达地区差距明显，省财政养老专项转移支付仅够支撑照料中心老年食堂正常运营，且缺乏专业人才及组织。

三、深化浙江县城城镇化建设的四点工作建议

加快县城城镇化建设是持续缩小城乡区域差距的关键举措，是浙江奋力推进“两个先行”的题中之义。浙江县城城镇化建设的“三个并存”总体特征，既刻画出县城城镇化工作的整体复杂性与个体差异性，也展示出路径多样性与多元可能性。这决定了浙江推进县城城镇化建设需秉持差异化思维，立足各县市资源禀赋、优势基础与历史方位，因地制宜、因时制宜，并鼓励各地在县城城镇化建设路径探索上改革创新、百花齐放。浙江县城城镇化建设四大突出问题的形成原因，既有宏观趋势的影响与作用，也有城镇化主体“人”的个体选择问题，解决应对还需具体问题具体分析，因县施策，对症开方。基于此，本文仅就浙江深化县城城镇化建设提出四点“顶层设计”式建议。

（一）强化考评县城城镇化建设的“指挥棒”

考评体系是各县市了解县城城镇化建设工作“力往何处使”的根本依托，解决的是方向问题、思想意识问题，尤其需要明确。建议加快研究制定县城城镇化建设评价指标体系，纳入市政设施、公共服务、产业发展、生态环境等领域统计指标，避免以“常住人口城镇化率”单一维度评价县城城镇化水平。此外，针对公共服务设施城乡供需失衡问题，要协调优化教育、卫生健康、民政等部门对乡镇教育、医疗、养老等公共服务设施配置的考核标准，协力服务县城城镇化建设需求。同步要求地方依据逐级报批明确的城镇化定位制定个性化的指标体系，与省级共性指标体系联合考评建设成效。

（二）优化推进县城城镇化建设的“联络网”

推进县城城镇化建设是一项复杂的系统工程，需要有关政府部门从“各自为政、多线作战”转变为“协调推进、群策群力”，工作专班式或领导小组式的推进机制、决策机制必不可少，各级均需建立成员部门协同性强且牵头部门具有实质协调能力的工作组织。此外，各级均需建立县城城镇化建设协调会议和常态化

运作机制，统筹协调重大事项，决策部署重大任务，形成共识、凝聚合力，推进县城城镇化建设。同时，建议举办县城城镇化高峰论坛，定期召开县城城镇化建设县（市）长圆桌会议，促进实践总结与经验推广，强化合作交流。

（三）强化支持县城城镇化建设的“工具箱”

县城城镇化建设是扩大投资、拉动内需的“重头戏”，虽然长期看有助于增加就业、提升消费、做大蛋糕，但没有可观的前期投入是较难出成效的。受制于当前财政、自然资源、能源环保等政策执行方式，直接单列专项资金、土地指标、能耗指标支持县城城镇化建设并不可取。建议谋划设立县城城镇化建设项目库，严格筛选入库项目后，以半年度为周期滚动评选县城城镇化建设重大项目，优先支持民生类项目，并根据项目情况按比例配套解决资源要素缺口。此外，可推动政策性银行安排较大规模专项贷款支持县城城镇化建设，鼓励央企、省属国企围绕养老、医疗等公共服务领域投资、建设、运营一批县城城镇化建设项目。

（四）健全反映县城城镇化建设的“数据库”

科学推进县城城镇化建设，离不开及时、客观、有效的统计数据，尤其是人口数据，这是教育、医疗、养老等公共服务设施科学布局的根本依托。为此，建议结合共同富裕统计监测体系建设，加快健全县域统计数据调查获取、共享利用机制，全面掌握乡镇一级有关数据。同时，针对当前浙江县域普遍存在两类就地城镇化现象，即“工作在县城或城镇，居住在农村”的“两栖市民”以及“居住在农村，但工作非农化、保障市民化”的“新型农民”，开展专项调查统计，更好展示和分析县域就地城镇化现状及趋势。

县城城镇化建设“热潮”下的“冷”思考*

程振波　陈越

自中共中央办公厅、国务院办公厅印发《关于推进以县城为重要载体的城镇化建设的意见》（以下简称国家《意见》）以来，据不完全统计，江苏、浙江、安徽、湖北、云南等10余省（区）已陆续落实印发省级实施方案或实施意见等。焦点拉回浙江省内，各县市推进县城城镇化建设动作频频，由县委、县政府举办的推进县城城镇化建设主题的会议接踵而至、热火朝天，从中央到地方俨然掀起县城城镇化建设“热潮”。“热潮”之下，推进县城城镇化建设需要一些理性思考与探讨，避免中央的“大战略、好政策”变成地方的“一刀切、大呼隆”。本文结合浙江县城城镇化建设实际，提出推进县城城镇化建设需冷静思考的五点具体问题。

一、推进县城城镇化建设是否只建县城？

要回答推进以县城为重要载体的城镇化建设是否只建设县城这一问题，首先需要明晰县城的概念。县城是指县级行政单元政府所在的城区，即县级政府驻地镇或街道。区别于县级行政单元这一行政概念，县城更趋向于地理概念。一般而言，县城是县级行政单元的核心地带和行政中心，也是整个县域范围内最具城市特征的地区。因此，毋庸置疑，推进县城城镇化建设，需以县城为重要载体、核心平台。但是，县城城镇化也不可避免地涉及特大镇、周边镇、城郊村、空心村等，这是由县域发展的整体性、城乡发展的联动性和人口流动的

* 本文刊于《发展规划研究》2023 年第 5 期。

规律性等决定的。

首先，从城镇格局看，不少地方推进县城城镇化建设必然需要优化城镇格局，如将县城周边镇、村纳入县城范围，从而做大县城城镇空间；部分县市原来采用的是“大城重镇”城镇化模式，推进县城城镇化建设必然要兼顾特大镇的发展。其次，从建设导向看，县城作为县域公共服务和基础设施的主平台，推进县城城镇化建设必然要联动推进城乡基础设施一体化建设、提升公共服务辐射能力。最后，从人口集聚看，县城作为转移县域农村剩余劳动力的具体场所，不少山区县以易地搬迁安置推进县域农村人口向县城集聚，也需涉及萎缩性村庄的全域土地综合整治及开发建设。

二、推进县城城镇化建设应该为谁服务?

推进以县城为重要载体的城镇化建设，毫无疑问是为了打造更加广泛、更高质量的生活空间，这是新型城镇化的内在要求，也决定了推进县城城镇化建设的出发点是更好服务人的生产、生活与发展。首先是服务县城常住人口，重点是在县城提供更加优质的医疗、教育、养老等公共服务，提升县城的商贸流通网络和消费环境等。其次是服务县域常住人口，尤其是县域内农村常住人口，重点是要在县城创造更多就业机会、提供职业技能培训，为农村富余劳动力实现就近就地城镇化提供便利。最后是服务流动的“经济人口”，包括经商停留人员、旅游人口及短期返乡户籍人口等。比如义乌市 2022 年常住人口约 188 万人，实际服务人口超 260 万人，不仅需要在县城为外来人口加快就地市民化创造条件，还需要为经商人员创造良好市场营商环境及配套服务。对于安吉、江山、仙居等国家全域旅游示范区而言，县城就是提供交通集散、旅游咨询及配套服务的主体空间，需要提升县城的交通可达性、相关设施网络性等。对于户籍人口流出明显的县市，县城依然是节假日，尤其是春节期间短期返乡户籍人口娱乐交往的主要去处，因此需要关注县城消费环境和短时期、大流量的人口承载能力。

此外，推进县城城镇化建设不仅是为了人，国家《意见》明确要求“统筹县城生产、生活、生态、安全需要”，并提出“有序发展重点生态功能区县城”，对于淳安、开化等重点生态功能区县城，推进县城城镇化建设还需关注生物多样性，通过构建多层次的公园体系及多层级生物廊道网络，强化生物多样性保护，打造人与自然和谐共生的县域典范。

三、如何避免县城建设出现“劣质城镇化”？

新型城镇化是高质量的城镇化，是以人为核心的城镇化。尤其是当前我国城镇化水平已突破65%，进入所谓城镇化“下半场”，在人口继续保持由乡向城集聚的趋势下，提升城镇化的质量显得更为关键。因此，推进以县城为重要载体的城镇化建设，要尤为注重避免出现“劣质城镇化”。

所谓“劣质城镇化”，有农民“被上楼”、易地搬迁安置社区“低质化”、新城建设“无序化”、老城更新“同质化”等多种表现。比如，有些山区县受地形限制，县城人口集聚效应不够明显、城镇化率偏低，正以推进县城城镇化建设的名义引导农村居民易地搬迁安置集聚，以期实现城镇化率指标的提升追赶。与此同时，在县城安置小区的建设上，尽管在配套设施、建筑品质上能够实现较高质量，但在社区基层治理制度导入、长效运营机制构建等方面与现代社区的要求仍有很大差距。再如，有的人口规模较小的县，在城市更新时追求大城市的商业综合体，但与原有商业街、消费街区业态同质化明显，并受限于县城的消费规模与水平，存在空间“建新冷旧”和业态“低端锁定”等问题。

总的来说，县城建设要避免出现“劣质城镇化”，可重点关注三方面。第一，在推进人口集聚上，不应操之过急，在遵循人口流动自然规律的同时创新搬迁政策，避免机械式、运动式的搬迁集聚。第二，在新城开发建设上，严格顺应县城人口流动变化趋势和产业发展实际与潜力，避免无序扩张、大建新城。第三，在推进城市更新时，要更加注重建设内涵提升与特色文化植入，提升城镇空间的特异性、在地性与可持续性，避免照搬照抄、千城一面。

四、县城建设与中心城市建设孰轻孰重？

不似前述三大问题，此问题并不关系推进以县城为重要载体的城镇化建设的太多具体内容，更多是思想认识层面的问题。尤其是，当县城建设作为一项国家自上而下推进的任务部署时，很有必要将此问题作为第四大问题来进行深入探讨，避免思想认识“偏差、偏颇”以致政策传导的“极化、失灵”，并由此导致任务落实时的“走样、走形”，出现违背经济社会发展规律、过度建设县城或不顾县城发展等现象。

从历史来看，过去较长一段时间内，浙江乃至全国的新型城镇化战略尤为关注中心城市建设，这与人口持续往大城市集聚的趋势基本匹配。从当下来看，国家专门出台推进以县城为重要载体的城镇化建设的意见，引导各地加强县城城镇化建设，这与人口老龄化、少子化导致人口负增长明显、中西部人口向东部集聚放缓等新形势下推进新型城镇化发展的要求高度契合。当然，这并不意味着国家新型城镇化战略重心的彻底转移，而是国家增强对县城的关注度，力争平衡好县城与中心城市各占一端的城镇化天平，推动中心城市与县城协调发展、齐头并进，构建大中小城市协调发展格局。

可以说，县城建设与中心城市建设在国家新型城镇化战略框架下的轻重之分已在逐步消弭，两端发力促进区域协调发展是未来方向。因此，在推进县城城镇化建设过程中，一定要处理好与所在设区市及周边中心城市的关系，摒弃所谓“大小之争”，避免“顾此失彼”，配套推进“钱随人走”及“地随人走”改革，做到“服务多少人就办多少事”。

五、县城城镇化建设工作应该如何评价？

合理的评价机制不仅是评判县城城镇化建设成效的重要制度，也是指导县城城镇化建设工作“力往何处使”的重要依据。通常来说，城镇化率是评价一地城镇化水平的最直观、最常见指标，具有一定科学性，但也具有极强的宏观性。正由于城镇化率指标的宏观性，因此对反映和指导全国及省域新型城镇化工作有实践价值。但具体到县城城镇化建设，受制于该指标统计口径与方式的局限性以及县城常住人口指标的可获得性，其评价指导作用不强。一方面，县城城镇化建设关系县域发展的方方面面，涉及产业发展、市政设施、公共服务、生态环境等多领域。另一方面，县城作为以城带乡的关键纽带，县城城镇化建设的成效不仅体现在人口向城镇集聚上，还体现在对乡村的辐射带动上。因此，要科学客观评价县城城镇化建设工作，亟须以一套多维度、全方位的评价指标体系取代“常住人口城镇化率”这一单一片面评价指标。从省级层面看，可选取产业发展、市政设施、公共服务、生态环境等领域统计指标，形成省级共性指标体系，研究制定县城城镇化建设综合指数计算模型，直接评估、跟踪、考核各县市县城城镇化建设水平。从县级层面看，可在省级共性指标体系基础上，依据县城定位提出个性指标，作为开展特色评价的重要支撑。

山区市全域推进县城城镇化建设的思考与建议*

——以丽水市为例

丁懿腾　方园

县城是我国城镇体系的重要组成部分，然而过去一个时期，我国在城镇化建设中较为偏向发展大城市，各地纷纷通过“撤县（市）设区”等方式增强中心城市实力，县城的功能地位反而被一定程度弱化。为充分发挥县城对促进城镇化建设的作用，同时缓解人口过度向大城市集中带来的一系列问题，中共中央办公厅、国务院办公厅于2022年印发了《关于推进以县城为重要载体的城镇化建设的意见》，这是我国针对县城城镇化建设的首个中央层级的政策文件，标志着国家对于县城城镇化建设的支持力度进一步提升。

对此，各地尤其是下辖县较多的山区市亟须转变发展观念，理顺市县关系，科学制定中心城市与县城的协调发展策略，推动区域城镇化建设更加均衡高效。本文以丽水市为例，在分析丽水全域推进以县城为重要载体的城镇化建设现实必要性的基础上，提出市级层面在统筹实施过程中需坚持把握的三点原则以及具体政策建议，以期能为山区市开展县城城镇化建设工作提供可行性思路。

一、丽水市全域推进县城城镇化建设的必要性

丽水是浙江地域面积最大的设区市，当前下辖县（市）数量也为全省最多。因此，对于丽水而言，推进以县城为重要载体的城镇化建设就显得尤为重要，其

* 本文刊于《发展规划研究》2023年第5期。

必要性可归结为 3 个方面。

（一）山区地形割裂决定县城需要作为人口集聚关键节点

丽水位于浙西南山区，全市有 90% 以上的土地面积都被山地覆盖，是非常典型的山区市。由于山脉割裂带来的地形破碎影响，丽水市域内各地间传统风俗习惯差异较大，现有的交通联系也仍然较为薄弱。例如，遂昌西部、庆元东部很多乡镇到丽水中心城区的行车时间都长达 3 小时以上，中心城区很难对其形成有效辐射，吸引这部分乡镇居民前往定居或解决其日常生活需求。丽水当前正在持续推进“大搬快聚富民安居”工程，大力推动乡村群众搬迁进城，此时全域推进县城城镇化建设，高标准打造好 8 个县城，可以为大山深处的乡镇居民近距离提供一个可集聚、可融入的落脚点，从而增加其对搬迁政策的接受度和认可度，保障人口能够充分向城镇集中，提高丽水全域城镇化率，带动经济社会整体更加快速地发展。

（二）生活品质差距决定县城需要作为共同富裕重要支点

丽水是浙江省内城乡差距与地区差距较大的市，2022 年全市城乡居民可支配收入倍差仍高达 1.96 倍，为全省最高，而在区县比较中，全体居民人均可支配收入最高的莲都区则是最低的松阳县的 1.46 倍，也与浙北平原地区的市存在较大差距。同时，丽水城镇化起步较晚，城镇建成区面积整体偏小，设施配套相对欠缺，山区居民对高品质生活的需求也无法得到有效满足。在此背景下，全域推进县城城镇化建设，针对性补足县城公共服务、市政设施等方面短板，可以为占丽水总人口大多数的县域居民生活品质提升提供强大助力，使其能够同享省、市发展成果，从而充分体现全体人民共同富裕的深刻内涵，推动丽水加快创建革命老区共同富裕先行示范区。

（三）地方产业特色决定县城需要作为功能要素辐射原点

丽水地域面积广大，各县市根据自身自然环境、区位交通、历史文化等方面的比较优势，在长期发展中逐渐培育出了具有各自鲜明特色的产业形态，如松阳的有机茶，云和的木制玩具，龙泉的青瓷、宝剑等。这部分产业牢牢扎根于地方县市土壤，已在当地形成了规模集聚和较完善的产业链，目前亟须县城进一步提升综合承载能力，从人力资源、商贸物流等要素层面为其提供更多的支撑。因此，全域推进县城城镇化建设，持续完善县城产业平台功能，增强产业设施配套，可以强化地方特色产业优势，促进丽水在全市范围内构建多元化的现代生态经济体系，从而实现差异化协调发展。

二、丽水市全域推进县城城镇化建设需把握好三点原则

推进以县城为重要载体的城镇化建设，增强县城的综合承载能力，是一项牵涉方面众多的持续性工程，因此在过程中需要妥善处理好市与县、城与乡、内与外等多组关系，凝心聚力促进县城发展。

（一）坚持统分结合，市县联动

县城城镇化工作既攸关各县（市）自身建设，又与全市发展大局紧密相关。因此，丽水市作为市本级要统一部署各县城的发展方向和目标，统一推广实施具有全域普适性的政策方针，而各县（市）则要因地制宜，在“跨山统筹”“一带三区”等市域总体规划方针的导向基础上，分头谋划和积极落实好符合自身特殊性的工作任务。最终，在市县齐抓共管下，形成一股推动县城城镇化建设的强大合力，共同构建具有丽水特色的山区城镇体系。

（二）坚持城乡融合，统筹推进

县城处于“城尾乡头”，发挥着连接城市与乡村的纽带作用，是服务县域内广大镇村的关键节点。因此，推进以县城为重要载体的城镇化建设不能就县城论县城，而是要走城乡互促共进的新型城镇化道路，统筹城乡经济社会发展，在促进农村人口向县城转移集聚和推动县城功能服务向乡村延伸上同时取得突破，两头发力加快城镇化进程，进一步缩小城乡差距，让县城建设更加公平地惠及所有城乡居民。

（三）坚持内外结合，融入大局

县城自身体量偏小、实力有限，光靠单打独斗难以在日益激烈的区域竞争格

局下获得相对优势。因此，各县城在发展过程中应积极借势借力，摆脱县域行政范围的制约，探索与邻近县城、大城市合作引入高端要素资源、共享优质配套服务设施。同时也要主动融入长三角区域一体化、浙江省四大都市区建设等区域发展大格局，用好“山海协作”政策红利，以“飞地经济”等创新型开放模式助推县城城镇化发展。

三、丽水市全域推进县城城镇化建设的对策建议

在把握好以上三点原则的基础上，建议丽水从工作机制、政策激励、改革创新、试点示范、宣传引导 5 个方面出发，合理划分市县权责，建立有利于县城建设发展的体制机制，推动县城城镇化建设水平全面提升。

（一）强化工作机制

建议成立丽水市推进以县城为重要载体的城镇化建设工作领导小组，并下设产业招引、公共服务等分领域专业工作组，完善常态化议事机制，组织各区县定期开展会商，及时对跨界事务进行协调，谋划公共设施的共建共享、成本共担。同时，可以以县（市）为单位建立各县城的城镇化建设工作责任清单，细化分解年度目标和重点任务，抓好责任分工，从而制度化推进具体任务得到落实。

（二）强化政策激励

建议出台丽水市推进以县城为重要载体的城镇化建设政策文件，提出深化细化的工作目标、实施路径和政策举措。其中，重点围绕农业转移人口市民化、资源要素配置、投融资机制创新等领域向县城予以适度政策倾斜，并对城镇化工作突出的县（市）推出土地指标、资金补助等实质激励。同时，市本级也要积极向上争取国家、省级政策及资源要素支持，并引导各县（市）合理区分定位，研究差异化竞争与合作路线。

（三）强化改革创新

建议梳理编制县城城镇化相关重大改革任务清单，加快推进一批改革创新，

形成一批最佳实践、最佳案例和可复制可推广的经验做法。特别是要探索推动部分市级权限下放，形成责权匹配、高效运作的市县分权机制。同时鼓励各县（市）根据自身实际，积极完善集体经营性建设用地入市、农村宅基地制度改革等创新举措，符合条件的及时在全市范围内总结推广。

（四）强化试点示范

建议抓好国家和省级县城城镇化示范、试点建设，建立市县协同推进机制，全过程跟进实施进展，保障快速出成果、出经验，打响山区县城建设和市县一体推进全域城镇化发展的丽水模式品牌。同时，也可以考虑谋划市域内试点，充分结合各地特色优势，在各县（市）产业平台带动、基础设施支撑、公共服务保障等领域分别开展县城承载能力提升示范建设，率先为全市探索适合山区县城的发展道路。

（五）强化宣传引导

建议通过群众喜闻乐见的专栏、专题、系列报道等形式，大力宣传推进以县城为重要载体的城镇化建设对丽水全市的重要意义，引导民众科学认识提升中心城市能级与建设县城的协同共促关系，营造良好的舆论环境。同时，也要善用数字化方式展现各县（市）县城城镇化建设工作部署，及时总结典型案例及工作成效，畅通和拓展公众建言献策渠道，切实提高群众对县城城镇化建设工作的体验感和认可度。

江山市推进以县城为重要载体的城镇化建设思考与建议*

——在浙闽赣三省边界打造一座有竞争力的融合型中等城市

周洲　王莹　方康恒　王辰

推进以县城为重要载体的城镇化建设是当前阶段浙江省十大重点工程之一。江山市地处浙闽赣交界，一脚踏三省、一步跨八县的区位优势得天独厚、全省仅有，且综合实力相对较强，GDP、财政收入、规上工业营收、常住人口数等主要指标在浙闽赣边际县市名列前茅，有条件通过努力打造成为一座有竞争力的融合型中等城市，为山区县、省际边界县推进以县城为重要载体的城镇化建设探索可行路径。本文就江山市城镇化现实基础和特色优势、面临问题进行了综合分析，并研究提出江山市推进以县城为重要载体的城镇化建设的思考与建议。

一、江山市城镇化建设的现实基础与特色优势

独特的区位交通条件。江山市位于浙闽赣三省边际，与福建浦城县及江西玉山县、上饶市广丰区等地山水相连。随着浙闽赣区域合作进一步加深，边际经济合作发展越发紧密、人员往来越发频繁、同城效应日益显现，体制机制、交通、产业、项目等领域合作取得初步成效。同时，随着杭衢高铁、浙西公铁联运无水港、甬金衢上高速与江玉公路等项目的加快推进，江山交通条件将持续改善，与

---

*　本文刊于《发展规划研究》2023 年第 5 期。

长三角核心城市间综合交通运输网络逐步形成。

比较扎实的城镇化和工业化基础。第七次全国人口普查数据显示，江山市常住人口总量居衢州第 2 位，人口向城镇集聚的趋势明显，城镇化率居衢州各县市首位。同时，江山市又是浙江省老工业基地、首批 20 个工业强市建设试点县之一，工业基础扎实，现有规上企业 381 家，地区生产总值跃上 300 亿元台阶，地区生产总值、人均可支配收入等重要指标在山区 26 县中均居前列，三年两夺省山区 26 县发展实绩考核第一名，发展势头强劲。

良好的城镇融合、产城融合发展基础。江山是典型的“大城重镇”发展格局，城区与毗邻的贺村镇、上余镇已经实现空间互连、设施互通和功能互补，县域人口和产业主要集中于此，具备城镇深度融合和同城化发展的良好基础。近年来，江山市着力推进江贺经济走廊和城东、城南和城北新城的规划建设，产城融合理念是贯穿始终的，在产业平台的打造上同步推进城市功能配套，在城市板块的建设上重视产业项目的招引和导入，产业与城市已经形成良好的互动。

充裕的可用空间优势。江山市在“江贺上”发展轴上整合形成了大量集中连片可开发利用的空间，更有利于统筹协调发展。其中，江贺经济走廊可形成连片开发工业用地约 6500 亩，江东工业园可形成连片开发工业用地约 4970 亩，莲华山工业园约 1000 亩，巨大的潜在发展空间为承接重大项目、推动产业和人口集聚提供了坚实基础。

江山市优势条件明显，但城镇化建设也面临三大问题：一是经济规模总量偏小。工业强市建设步伐缓慢，创新驱动力、平台承载力仍然不强，经济发展与发达地区差距逐渐拉大。二是城市功能品质不高。城市建设历史欠账较多，设施功能与群众对美好生活的期待还存在差距，城市人口外流严重。三是资源要素制约趋紧。有限资源的节约集约利用水平不高，用地保障、能耗指标、环境容量、人才资源等供需矛盾日益突出。

二、对策建议

未来一个时期推动江山市城镇化建设，总体考虑应以提升江山市城市能级为主攻方向，建议下一步按照“114”的总体思路整体推进。突出 1 个核心理念：

实施以人为核心的新型城镇化理念。聚焦 1 个主载体建设：聚焦“江贺上”城镇化主轴建设。打造 4 张城镇化金名片：一是超前布局抓碳中和产业示范地和物流枢纽地建设，二是立足优势抓国家级文旅和康养胜地建设，三是把握机遇抓国家特色体育运动和赛事基地建设，四是集中力量抓三省边际职业教育高地建设。高水平推动人口和产业集聚，全面增强江山市综合承载能力。力争通过 5~8 年的努力，把江山市打造成为浙闽赣省际边界区域具有较强竞争力的融合型中等城市。

（一）突出“以人为核心”的城镇化理念

坚持以人民为中心的发展理念，实施以人为核心、高质量为导向、面向现代化的新型城镇化战略，把人民生命安全、身体健康和对优质设施与公共服务的需求作为县城城镇化建设的总目标，坚持问需于民、问计于民、问效于民，不断增强人民群众的获得感、幸福感、安全感。

（二）聚焦“江贺上”城镇化主轴建设

江山市城区依江而建，整体呈现拥江发展态势，南北分别毗邻贺村镇、上余镇，随着江贺经济走廊、江贺公路景观带、江东工业园等“江贺上”一体化发展项目纵深推进，主城区与贺村镇、上余镇联系日益紧密，人员往来愈加频繁，已在部分领域实现实质性同城化发展。因此，建议积极稳妥推动贺村镇、上余镇“镇改街”，高水平推进“江贺上”公共服务同城化，打造江山城市发展主轴，进一步拉开并稳定城市框架。

建好交通大动脉。实施交通主轴全线能级提升工程，改造提升江贺公路，在此基础上，聚焦“一东一西”城市主脉络，谋划建设高架快速路和地面快速路，打造“江贺上”城市快速路系统，减轻市民通勤压力，进一步拉近贺村镇、上余镇与主城区时空距离。

打通经济大走廊。按照产业先行导向，加快工业主平台搭建，促进产业集聚发展。重点推进江贺经济走廊整治提升，串联推进北部四都工业区、江东工业园与南部城南工业园、莲华山工业园集聚提升，加快产业配套设施与市政基础设施建设，做到产城互动、布局合理，实现工业化和城镇化协同发展，形成自东南至西北独具江山特色的工业经济大走廊。

拉开网络大框架。加快主城区和贺村、上余等镇间的道路、跨江桥建设，加强中心城区各片区间互联互通，辐射带动石门镇、峡口镇。完善道路服务功能，建设城郊外围快速货运通道，合理分流客货运。进一步补齐城市市政布局碎片化、功能单一等短板，结合城市框架，着力优化防洪排涝、电力、燃气、电信等市政基础设施网络化布局，加快完善生活垃圾分类收集处理体系。

推动城市大更新。加快推进城市有机更新，因地制宜制定老旧小区改造“个性化方案”，加快推进江滨二区、站前里等老旧小区提升改造。加快对城市各片区的风貌改造提升，尤其是要加大力度对老城区、城南片区和城郊接合部的环境改造提升，提升绿化覆盖率，尽快形成各具特色的片区风貌。加大公共服务设施投入力度，合理分布资源。

加快转移人口大集聚。围绕让移民“搬得出、稳得住、富得起”的目标，鼓励各乡镇（街道）发动符合条件的山区村、地质灾害村、低收入农户实行整村搬迁，重点加快推进城南易地搬迁工程与贺村镇易地搬迁保障性公寓楼工程，引导山区农民向城区集聚。

（三）全力打造四张城镇化特色“金名片”

1. 超前布局，抓好碳中和产业示范地和物流枢纽地建设

国家“双碳”目标背景下，江山市打造碳中和产业示范地具有三大优势：一是市委、市政府高度重视，全市上下一条心；二是已有一定产业基础，新能源新材料“两新”产业园已有一批大企业好项目落地；三是可利用空间潜力巨大，超万亩工业用地能有效承接优质重大产业项目，为打造新能源、新材料“万亩千亿”新产业平台奠定了基础。同时，江山区位交通优势突出，近年来物流发展势头良好。下一步可将打造碳中和产业示范地和省际边界物流枢纽地作为主攻方向，全力做好招大引强与产业链供应链配套提升工作。

全力打造以碳中和为主导的“2+1”现代产业体系。“2”即聚焦新能源、新材料两大战略性新兴产业集群，瞄准储能、氟硅材料、新能源汽车等领域招大引强、强链延链，加速研一锂电，万里扬储能，万里扬新能源汽车结构件，杭开新能源、新材料，金石双氟磺酰亚胺锂，金氟隆化工装备等一批“大好高”项目落地投产，构建千亿级新能源、新材料产业生态。“1”即围绕做强“一县一业”壮

大传统优势产业，重点推动木门产业向低碳化生态型时尚门业智能家居转型。

全力打造万亩高能级产业平台。深入实施新一轮“腾笼换鸟”攻坚行动，强势推进新能源、新材料产业园及江贺经济园区转型升级，加快“低小散”企业搬迁腾退、工业用地连片出清，确保新增和盘活工业用地 1.8 万亩以上，新能源新材料产业园成功列入 D 级化工园区。

全力打造三省边际区域性物流枢纽。水运方面，全面融入义甬舟开放大通道建设，深化江山江航道项目前期工作，同步推进浙赣运河江山段线位方案研究，加快形成客货并举、水陆联动、通江达海的内河航道体系。陆运方面，加快推进公路物流园规划建设，深化江山通用机场项目前期建设，确保公铁联运无水港建成运营。依托网营物联供应链中心、公路物流整合运营中心等项目，建成标准化、网络化、智能化现代物流体系，打造三省边际现代物流集散枢纽。加快县、乡、村三级物流网络和中心站点建设，2025 年前实现快递服务和电商配送行政村全覆盖。

2. 立足优势，抓好国家级文旅和康养胜地建设

江山市坐拥江郎山、廿八都 5A 级旅游景区，以及仙霞关、浮盖山等 4A 级旅游景区，其中江郎山为世界级自然遗产，廿八都为中国历史文化名镇。总体来看，江山市旅游资源与历史古迹条件得天独厚。同时，2019 年江山市被列为国家首批全域旅游示范区，2022 年浙江省政府批复同意设立江郎山省级旅游度假区。因此，江山市有必要也有条件将文旅资源优势进化为产业发展胜势，趁势打造国家级文旅和康养胜地。

推进全域景区免费。在江郎山 5A 级景区工作日免费的基础上，逐步推动江山市域全时段全景点免费，吸引省内外游客前来写生、开会、疗休养、办赛、旅游，全面做大旅游市场。以 5A 级景区免费为最大亮点，培育多种旅游新业态，积极拓展文旅消费新空间，有序推出研学旅行、房车露营、48 小时微旅行等多种产品，实现旅游人口大集聚、旅游消费大增长。

打响“江郎山廿八都”品牌。将资源优势加速转化为品牌优势，统一全市旅游品牌，进一步提升知名度。持续推动江郎山廿八都旅游区向千万元级核心景区冲刺，力争用 5~10 年将江郎山旅游度假区打造成为国家级旅游度假区。加快指导秀美耕读景区创建国家 4A 级旅游景区、清湖古镇和烟雨江郎创建国家 3A 级旅游景区。

打造医养康养胜地。依托人民医院“三甲”标准运营优势，大力发展老年医学科、康复科等科室，并开通医保异地结算功能，打造医养高地。加快建设江山市中医药康养中心、中医药康养小镇、春风江山田园文旅颐养小镇等康养类平台，吸引老年人来江山医护康养，打造短居型康养旅游胜地。

加强特色历史文化传承与利用。积极挖掘宋韵文化内涵，高水平推进创造性转化、创新性发展，让千年宋韵通过旅游载体“流动”起来、“传承”下去。一是以文物赋能旅游，推进国保单位三卿口制瓷作坊保护利用，以及保安西洋村·茶叶山遗址勘探。二是活态化非遗传承，组织非遗“三进”活动，推出一批非遗主题旅游线路、非遗旅游景区。

3. 把握机遇，抓好国家特色体育运动和赛事基地建设

江山市是国家体育产业示范基地，打造国家举重训练和赛事基地既有基础又势在必行。一是经验丰富。从 2014 年起，已经承办 7 次国家级以上重要举重比赛，几乎所有举重项目的奥运冠军都来过江山。二是设施先进。虎山运动公园是全国一流的县级高品质运动公园，其主体育场馆是国内第一个以举重为专项的大型体育场馆，可以承接国家举重队的训练任务。三是体育产业基础扎实。“江山制造”品牌效应逐步显现，形成运动袜、羽毛球等特色体育产品品牌，总产值超 22 亿元。建议下一步可全力抓好以下三大重点工作。

第一，大力发展以举重为特色的体育事业和赛事经济。发挥体育用品“江山制造”品牌效应，招大引强、强链延链，促使体育产业向高端化、智能化、集聚化迈进。依托虎山运动公园，推动体育名城建设，积极引进、承办更多全国体育赛事，并通过国际举联引入全球性举重赛事，建立世界级的举重训练比赛基地，吸引国内外高水平运动队共同训练，提升江山的城市影响力，推动江山成为名副其实的特色体育名城。

第二，积极培育以“力量”为主题的全民运动。以“景区 + 乡镇 + 特色村”建设为抓手，打造贯穿市域核心景区的举重广场、力量活动馆等场所，推出特色网红打卡点，发展体验经济。推进“健身健美进校园”活动，依托虎山体育馆、全民健身中心、体育运动配套用房、体育公园等场地，适时开展以健身健美为主的特色体育赛事项目，激发全体市民对体育的热情。

第三，打造集训练、恢复、治疗于一体的运动康养产业链。结合康养高地建

设，将体育赛事产业向下游延伸，率先打造集训练、恢复、治疗于一体的运动康养产业。进一步以体育赛事的全产业链吸引国家级、省级举重队来江山训练、参赛、休养、治疗，借势引进一批专业运动员、优秀医生、理疗师、推拿师、营养师等高端人才以及运动爱好者与游览体验者。

4. 集中力量抓三省边际职业教育高地建设

江山市现有职业学校 3 所，分别是衢州第二中等专业学校、衢州财经学校和衢州护士学校，其中两所为国家级重点职校，且近年来教育质量逐年提升。2021 年高职上线率达 100%，在满足本地初中毕业生及农村随迁子女就读职校需求的同时，已经能够吸引一批周边地区学生。为此，建议江山市全力建设万人职业技术学院，大力推进校地合作共建产业学院和产教融合实训基地，推动三省边际职业教育高地建设。

全力打造万人职业技术学院。依托衢州财经学校升级建设万人职业技术学院，借力山海协作引进优质管理团队，提升该学院办学品质。积极推进“中职学生核心素养提升工程”和“成教服务工程”等项目建设，着力打造一批德育品牌项目、校企合作共同体、中职毕业生典型。

积极招引一批适合江山特点的产业学院和实训基地。推动“产教”融合发展，逐步研制江山市、衢州市、三省边际职业教育产教对接谱系图，建立产业人才数据平台，发布产业人才需求报告，促进职业教育和产业人才需求精准对接，适度超前布局培养紧缺人才。重点围绕新材料、新能源等碳中和相关产业引进一批新专业、新职校。

加强东西部职教协作。以新一轮东西部职教协作为契机，构筑“政校企”多元参与的人才培养新格局，推动建立东西部技能人才协作 – 跨省部门协作业务联办机制和“订单式”培养机制，确保中西部人才赴江山市学习并就地就业的精准匹配，推动江山市成为三省边际职业教育高地。

探寻仙居县城城镇化建设可行路径与可塑模式*

程振波　丁懿腾　邹君妤

2023 年浙江省政府工作报告提出，实施县城承载能力提升和深化“千村示范、万村整治”工程及努力打造以县城为重要载体的城镇化建设示范省。仙居县作为浙江典型的山区县，推进以县城为重要载体的城镇化建设，可生动回答面向生态文明的县城城镇化方向是何处、路径是何式、未来是何样的问题，为转型时代增添注脚。不止于此，推进仙居县城城镇化建设，还可为浙江山区县打造引领标杆，为台州推进区域协调与共同富裕提供核心载体。本文基于对仙居县城城镇化建设的基础优势分析，提出仙居推进县城城镇化建设的可行路径，浅议可塑造的县城城镇化建设“仙居模式”，以期为全国山区生态县提供借鉴。

一、基础研判：推进县城城镇化建设的仙居优势

（一）独一无二的生态环境

仙居是国家全域旅游示范区、浙江省全域旅游示范县和浙江省 3A 级景区城市，拥有神仙居、永安溪、浙东第一峰等高自然度、原生态的山水旅游资源。其中，国家 3A 级及以上旅游景区 15 个，总量居浙江省山区 26 县之首，2022 年成功入选全国县域旅游综合实力百强县。同时，作为浙江省唯一的县域绿色化发展改

---

* 本文刊于《发展规划研究》2023 年第 5 期，公开发表于《小城镇建设》2024 年第 9 期。

革试点，仙居持续推进“以水美城、以水兴城”战略，谋划和实施永安溪综合治理与生态修复工程等一批生态环境类重点项目，高品质城市山水格局初显。总的来看，仙居近年来主动化生态优势为经济胜势，以生态提质引领旅游业迭代升级，旅游项目吸聚投资能力逐年提升，为城市建设吸引大量资金流、人流、物流。

（二）千载难逢的项目集聚

近年来，仙居坚定不移抓项目建设，尤其是2022年，比亚迪年产22GWh刀片电池项目正式落户，项目全面投产后预计年产值将达200亿元，提供6000个左右就业岗位，这是台州近年来单体投资额最大的制造业项目之一，也是该年度浙江最大的产业投资项目。该项目还吸引健立锂电池新能源材料项目等一批产业链项目落地，为仙居实现产业规模壮大、结构转型升级创造良机，同时也为推进县城城镇化建设，推动人口集聚、能级提升提供前所未有的产业支撑。此外，伴随华东师范大学附属仙居学校等一批高品质公共服务类重点项目投入建设，未来五年仙居县城品质将实现质的飞跃，高水平产城融合发展将全面支撑仙居引领浙江乃至全国山区县的高质量发展。

（三）源远流长的历史人文

仙居是历史悠久、文化灿烂、人杰地灵的千年古城，拥有万年下汤、儒释道文化、御史文化、浙东唐诗之路等特色文化资源。因悠久的杨梅种植历史，仙居享有“中国杨梅第一县”的美誉，全县超过百年树龄的古杨梅树有13425棵，古杨梅群复合种养系统目前正申报全球重要文化遗产，引领“仙居杨梅”品牌走向世界，这将赋能仙居城市品牌走出浙江、打响全国。此外，近年来仙居大力实施新时代文化仙居工程，“大气仙居”城市精神更加深刻、全域高品质文化供给更加丰富，优质的人文内涵和城市品牌可为彰显仙居县城城镇化品质提供重要支撑。

（四）蓄势待发的空间储备

仙居虽为山区县，但县城坐落于较开阔的盆地中心，增量开发空间相对充足。近年来，仙居抢抓杭温高铁开通在即机遇，高标准谋划高铁新城开发，大刀阔斧开展城区老旧区块拆迁，短期内就在县城核心区位腾出 3600 多亩的城市建设空间。此外，仙居在产业空间供给上也持续发力，东部工业新城已盘活储备可用产业发展空间 3000 多亩。充足的城市建设空间与产业发展空间，是仙居推动产业和人口向县城集聚的重要保障，是其他山区县推进县城城镇化建设不可比拟的优势条件。

（五）得天独厚的区位交通

仙居地处浙东南中心，距台州府城墙、温州雁荡山、丽水仙都风景区、金华横店影视城等周边 5A 级景区均在 1 小时车程左右，是浙东南重要的旅游枢纽。近年来，仙居综合交通发展水平不断提升。目前，台金、诸永两条高速公路纵横贯穿仙居县境，境内共有 7 个高速公路出入口，2 小时交通圈可达台州、温州、杭州等周边五大机场。同时，杭温高铁建成通车在即，届时从仙居到上海仅需 80 分钟，到杭州仅需 45 分钟，将促使仙居全面融入全省四大都市区“1 小时交通圈”，实现更广范围内的产业、资源、要素流动与聚合，为仙居区位改善提升、推进县城建设注入新动能。

二、策略探析：仙居县城城镇化建设的可行路径

总的来看，仙居推进以县城为重要载体的城镇化建设，需发挥生态资源、项目集聚、历史人文、空间储备、区位交通等突出优势，锚定现代化中国山水画城市总定位，以提升县城综合承载能力为主线，聚焦县城绝对首位度、全省独特显示度、居民幸福体验度，把握近期可行性和远期战略性，做好县城格局优、产业强、服务好、品位高、人口聚的文章。

（一）着眼构筑“大县城”空间，做县城格局“优”的文章

仙居同大部分山区县一样，走的是以县城为核心的城镇化道路，推进其县城城镇化建设，提升县城城镇化水平是关键，“大县城”的空间格局是根本依托。因此，结合近期开发建设的可行性和引领性与仙居长远发展的整体性和延续性，根据不同项目周期和不同时期县城建设的侧重点，建议迭代做好三大阶段任务。

近期，以片区综合开发模式打造“县城门户”，建设城市“中央会客厅”；中期，通过“山水连廊”及“三溪织网”工程拉开“县城框架”，实现县城的扩容提质；远期，通过交通枢纽建设和交通主轴提升工程推进“县城融合”，形成“大县城”格局。

（二）着眼打造“金名片”矩阵，做县城产业“强”的文章

产业发展是县城建设的根基所在。只有产业发展好，县城才能建设好。仙居发展产业要立足独特资源优势和产业基础，进一步做大做强与仙居现代化中国山水画城市定位匹配度高、黏合性强的产业。因此，建议通过大项目引领，加快建设国家级生态工业示范园区、“三医”融合发展示范区，争创国家级旅游度假区、国家级夜间文化和旅游消费集聚区，谋划未来科创城及休闲康养城，积极发展制造企业专业型总部经济、休闲康养经济、文化创意经济等，形成山区生态工业、县城全域旅游和现代服务经济三张县城产业发展“金名片”，为县城城镇化建设增添强劲动力。

（三）着眼营建“暖心型”城市，做县城服务“好”的文章

县城公共服务的高品质，决定了整个县域人民群众可享受高品质的公共服务。推进县城公共服务提质增效，是提升县城人口吸引力的关键所在，也是推进仙居县城城镇化建设的题中之义。为此，建议加快构建高质量、更充分的社会就业体系，均等化、现代化的教育服务体系，高品质、高效率的医疗卫生服务体系，以及普惠型、特色型的养老服务体系，打造县、乡、村三级联动就业创业服务平台，同步推进乡村小规模学校优化提升与“县中崛起”行动，打造 15 分钟医疗卫生服务圈，加快普惠性养老服务设施建设布局，不断增强仙居人民获得感、幸福感。

（四）着眼建设“景区化”环境，做县城品位“高”的文章

县城是全县人口的主承载地，县城风貌品质直接关系到全域居民的生活幸福感。作为全域景色秀丽的人间仙境，仙居县城更需要在城市的软硬环境中融入更多仙居元素，使“景区味”县城与“仙居味”形象更加相得益彰。为此，建议高

水平推进城市更新，建设“烟霞第一城”入城东大门及管山片区“山水会客厅”等。高质量推进文化传承，实施东门街历史文化街区复兴、热电厂工业遗址复兴等“仙居印记”塑造工程。高标准推进城市智慧治理，实施数智化共享融合基础设施建设行动，建设仙居“城市大脑”，形塑现代化中国山水画城市，让全民共享景区化、智慧化县城。

（五）着眼营造“高人气”县城，做县城人口“聚”的文章

县城是吸纳农业转移人口就地就近城镇化的重要载体，“高人气”是推进县城城镇化建设的重要体现。仙居作为山区县中的人口大县，持续推进县域人口向县城集聚是基本要求，同时还应立足自身优势条件，从引人、留人等方面发力，提升县城人口规模和人气。为此，建议实施推进偏远乡村群众“大搬快聚”行动，高标准、高效率推进易地搬迁安置小区建设。此外，建议关注大学生、技能人才、旅游人口等不同群体，实施高端青年人才招引行动、技能人才自主培育行动、旅游人口规模及停留周期“双倍增”行动，促进县城聚人，实现县城的“高人气”。

三、启示刍议：仙居县城城镇化建设的可塑模式

仙居是浙江省山区 26 县中的“中等生”和“腰部县”，其人口与经济规模远不如苍南等“头部县”，但又远强于云和等“规模小县”，是典型意义上的山区县。解析仙居县城城镇化建设的优势及可行路径，对探究山区县的县城城镇化建设的模式和做法有理论价值与实践意义。仙居的独特优势和可行路径表明，仙居的县城城镇化建设是以能级大跨越为核心、人口大集聚为重点、品牌大提升为支撑的“三位一体”模式，这是山区县推进县城城镇化建设可借鉴的重要样本。

（一）大项目大产业带动城市能级的大跨越

仙居县城城镇化建设把产业发展摆在突出位置，既因为产业发展是城镇建设的根基，也因为其自身恰逢大项目大产业加快落地的历史机遇。可以预见，仙居将显著受益于大项目引领构筑的以新能源、生物医药等主导产业为核心的生态工

业，这将推动资金、物流、就业岗位等在县城集聚，助力城市能级跨越式提升。这表明，推进山区县县城城镇化建设，提升县城能级是核心，推进县城产业发展专业化、特色化、生态化，走区别于传统工业化的新型工业化道路，则是能级提升的核心路径。

（二）大县城大服务带动城市人口的大集聚

仙居县城城镇化建设尤为关注县城的空间格局和公共服务，根本出发点在于提升县城的综合承载能力，这是新形势下仙居县城吸引人、集聚人、留下人的必然要求。可以预见，仙居通过做大县城空间格局和提升县城服务品质，将有效增强县城人口吸引力，推动城市人口大集聚。这既表明，推进人口向县城集聚是山区县县城城镇化建设的重中之重，尤其是对县城独大的山区县而言；也表明，协同推进县城城镇格局优化和县城公共服务提质增效是提升山区县县城综合承载能力、实现人口集聚的核心举措。

（三）大旅游大文化带动城市品牌的大提升

仙居县城城镇化建设充分依托自身生态环境和历史人文优势，并高度重视推进全域旅游和景区县城建设，实现生态保护、产业发展和文化传承三者之间的互促共进。可以预见，随着生态保护开发加速、文旅融合发展加快，仙居城市品牌将实现跨越式提升。这表明，推进山区县县城城镇化建设，不是要再搞“粗放式”城镇化，而是要走更加可持续、更具特异性的城镇化道路。以生态、文化等“软环境”提升带动城市品牌“软实力”提升，是通过县城城镇化建设推进山区县加快迈向“名县美城”的关键。

关于常山推进以县城为重要载体的城镇化建设思考、建议与启示*

李昊　廉军伟　郭明月　梅子傲

县城作为我国城镇体系的重要组成部分，是城乡融合发展的关键支撑。推进县城建设，有利于引导农业转移人口就近城镇化，完善大中小城市和小城镇协调发展的城镇化空间布局，对提升城市能级、扩大内需、满足人民美好生活需要等具有重要意义。常山县是浙江省山区 26 县之一，不仅常住人口城镇化率低于 26 县平均水平，而且与衢州市其他县（市、区）相比，其常住人口城镇化率也处于末位，亟须加快锻长板、补短板和强弱项。本文重点梳理了常山县城镇化建设的基本特征，对常山县推进以县城为重要载体的城镇化建设提出若干建议，并对山区 26 县的发展提出参考意见。

一、把握常山县城镇化建设的四大特征

一是从常住人口城镇化率看，常山人口少、城镇化率低。根据第七次全国人口普查数据，在衢州市 6 个县（市、区）中，常山县常住人口为 25.99 万人，排名第五；常住人口城镇化率为 49.12%，排名第六。常山县常住人口和常住人口城镇化率均居全市末位，表明常山县城能级还较低，集聚外来人口和农业转移人口能力不强。

二是从综合实力保障支撑看，常山经济规模小、设施服务弱。经济支撑方

---

* 本文刊于《发展规划研究》2023 年第 5 期。

面，2022 年，常山县 GDP 为 200.6 亿元，刚刚突破 200 亿元，仅比开化县略高，排名全市第五，经济高质量发展对推进以县城为重要载体的城镇化建设支撑作用还有待增强。交通基础设施支撑方面，2021 年常山县每百平方公里拥有公路总里程 102.8 公里，低于柯城区和龙游县，排名全市第三，仍然是制约常山县发展的短板。公共服务支撑方面，2021 年常山县每千人拥有医疗卫生机构床位数 4.5 张，仅高于衢江区，排名全市第五；每千人拥有注册护士数 2.3 人，位列全市末位。常山县初中及以下教育机构数量为 91 所，其中初中 7 所、小学 27 所、幼儿园 57 所，均居全市末位。公共卫生、医疗服务和教育保障水平仍然较低，与人民群众期望相比，还存在一定差距。

三是从空间区位特点来看，常山兼具"四省边际"和"山区"两大特点。常山城镇化建设特点鲜明，既是浙江省山区 26 县之一，也是闽、浙、赣、皖四省边界地区，因此与一般平原地区和单一行政区的城镇化有所区别。在推进以县城为重要载体的城镇化建设中既要立足四省边际特点，发挥边际开放优势，以产业协同、创新协同、设施协同、生态协同等为着力点，加快建设一批标志性协作工程，为打造"浙西第一门户"提供支撑；同时，也要立足山区特点，加强山海协作，以山水融合为特色，持续推进易地搬迁、大搬快治、大搬快聚等重大工程。

四是从城镇化建设基础来看，常山探索有特色、有亮点。常山县一直在积极探索具有常山特色的新型城镇化新路径，并取得一些亮点成果。如持续擦亮"一切为了 U"城市品牌，不断丰富品牌内涵，初步形成以品牌建设优化城市营商环境的新模式。狠抓城市工业产业平台建设，加强产业培育，提出"五个一"（一只果、一张纸、一方石、一片芯、一滴油）产业发展新模式。在人口集聚方面，创新出台集聚券政策，农村村民如自愿退出农村宅基地，可凭集聚券在"一城两区三镇"中自行选购商品房，让更多农民进城，形成变"村民"为"居民"的新模式。

二、推进以县城为重要载体的城镇化建设的五点建议

常山县推进以县城为重要载体的城镇化建设要进一步围绕全面提升县城综合承载能力这一总目标，加快找准常山县新时代目标方位和工作着力点，加快补齐

短板弱项，加快提升县城发展质量，更好满足人民群众生产、生活、生态、安全需要，努力建成具有特色、富有活力、宜居宜业的现代化县城。

一是聚焦产业聚人，夯实产业经济硬支撑。常山县要始终坚持“以业聚人、以人兴业、以业兴城”的理念，一心一意做强城镇化建设动力源。进一步做大做强做优高端装备零部件和“两柚一茶”特色农产品深加工两大特色主导产业，加快实施产业链强链延链补链工程，重点打造高端轴承、果汁饮料、中药材深加工及油茶加工等产业集群，加快做好生活、生产性服务配套，壮大“链主”企业、龙头企业，培优专精特新中小企业。强化数字技术与特色产业深度融合，全面提升“两柚一茶”等特色产业生产智能化、经营网络化、管理高效化、服务便捷化水平。加快建设高能级产业平台、创新平台等，不断激发人才创新创业活力，通过增强产业发展潜力与实力，提升集聚人口与人才能力，让更多人愿意来和愿意留。

二是聚焦品牌凝心，打造县城最优营商环境。常山县要充分发挥城市品牌凝聚共识、团结人心的积极作用，持续以城市品牌建设引领最优营商环境打造，即持续探索以“一切为了 U”城市品牌建设引领打造常山最优营商环境。通过把“一切为了 U”融入城市建设、“双招双引”、产业发展、文化旅游推广、政务服务等领域，持续扩大“一切为了 U”城市品牌知名度，不断提升企业、人才、群众等对常山城市品牌的认同感和参与感，推动形成公正高效的政府服务精神，切实形成“一切为了 U”的县域文化氛围和精神风貌，着力树立包含居民、人才、企业等服务主体的“一切为了 U”的城市文化特质。

三是聚焦开放提能，促进资源要素汇聚和融入价值链高端。常山县要立足山区和四省边际基础特点，因地制宜推进以县城为重要载体的城镇化建设。发挥“浙西第一门户”和山海协作优势，打造山区高水平对外开放县域示范。一方面，以浙赣边际合作（衢饶）示范区建设为契机，着力探索突破跨行政区域合作体制机制障碍，聚焦产业合作、创新制胜，强化补短板、强弱项，打造高端装备制造、新材料、数字经济等数字产业，探索跨省平台共建、交通互联、产业升级、项目招引以及供水、供气、供电等领域的合作，努力在省际平台共建领域率先探索具有普遍意义的省际地区合作新范式。另一方面，持续念好新时代“山海经”，重点围绕生态价值转化、产业平台共建、创新协同共同体建设、“飞地”建设等领域，积极探索形成优势互补、互利共赢的新时代山海协作新模式。

四是聚焦设施强基，补齐设施服务短板。常山县要聚焦增进民生福祉、改善人居环境，加快补齐市政、公共服务、环境等设施服务短板，着力强化城镇化建设设施支撑能力。重点以加强市政设施、公共服务设施和环境设施建设为着力点，加快构建对内对外交通通道，有序推进燃气、供水、污水等市政管网和设施更新改造，强化防洪防涝基础设施完善提升，深入推进智慧市政设施建设，打造“幼有善育、学有优教”教育设施体系，构建以公办为主、民营为辅的“一个城区核心医疗圈、医疗副中心和若干个基本医疗区”医疗卫生服务体系，优化县城文体设施和社会福利设施，深化县城“污水零直排区”、工业固废回收站点、分拣中心和交易市场等的建设，着力构建设施齐全、配套完善、管理有序、智慧智能的设施服务网络。

五是聚焦文化铸魂，打造山区新时代富春山居图风貌图景。常山县要强化以“宋诗之河”文化凝心铸魂，同时结合新时代富春山居图风貌建设，着力打造有特色、有温度、有内涵的新图景。探索按照常山现代山水公园城市建设理念及目标要求，深度融合山水特色、“宋诗之河”文化特色和共同富裕价值目标，加快塑造特色鲜明的山水公园空间格局，谋划打造一批“宋诗之河”文化地标和实施一批标志性重点项目，高标准建设一批“万人集聚”共同富裕示范区和未来山水公园社区，积极争创新时代富春山居图风貌样板区，努力打造成为“小县大城、文化山水、大搬快聚”常山现代山水公园城市共同富裕新图景。

三、对浙江省山区 26 县的四点启示

常山县是浙江省山区 26 县之一，其城镇化建设短板不足与山区 26 县存在关键共性问题，通过对常山县城镇化建设特征及举措建议的研究，为山区 26 县提供四点启示。

一是要坚持做大特色主导产业，着力解决 26 县城镇化建设“动力从哪里来”问题。产业发展是城镇化发展的内在动力，是解决城镇就业问题的有效途径，是维护城镇社会稳定的重要保障。因此，推动 26 县城镇化建设，产业是根本。要聚焦“以产兴城”，着力塑造 26 县特色产业新优势，推动 26 县主导产业大提升、产业平台大提能、产城融合大发展、“双招双引”大跨越，确保城镇化动力强、

有活力、可持续。

二是要坚持实施“小县大城”发展战略，着力解决 26 县城镇化建设“人从哪里来”问题。城镇化的本质是人的城镇化。对于 26 县而言，下山脱贫、移民搬迁仍是山区县就地城镇化的重要“催化剂”。因此，省级层面和山区 26 县要积极探索构建大搬快聚富民安居运行机制，建立涵盖多元化资金筹措、多途径下山安置等的多方面政策保障。同时，加快出台农业转移人口市民化成本分担方案，建立可持续的人口素质提升机制，构建农业转移劳动力向产业转移的绿色通道。

三是要坚持加快补齐设施短板，着力解决 26 县城镇化建设“落脚点在哪里”问题。增进民生福祉、改善人居环境是城镇化建设的重要目标和任务。与省内发达地区相比，山区 26 县基础设施建设薄弱且建设成本较高，同时缺乏高品质的教育、医疗、养老等服务资源。因此，推进山区 26 县城镇化建设，既要从省级层面统筹协调布局交通、教育、医疗、能源等重大设施，同时 26 县也要结合自身民生建设，不断提升城乡市政基础设施、公共服务和人居环境等设施建设水平。

四是要坚持发挥文化铸魂赋能作用，着力解决 26 县城镇化建设“精神信念在哪里”问题。城镇化建设不仅是“造城”，更重要的是聚人气，而人气的灵魂在文化，因此要通过保护、传承、弘扬城市文化，造就城市独特个性，涵养市民道德修养，锤炼群众精神品格。推进山区 26 县城镇化建设，要立足地方文化特色，强化文化的保护、传承与弘扬，防止大拆大建，注重把城市文化品牌建设融入产业发展、科技创新、改革开放、“双招双引”等各领域中，同时高标准建设一批文化地标，推动城镇化建设与城市文化发展相互促进、相得益彰。

第四章

基础设施板块：构建现代化基础设施体系

把握新时代发展三类需求，统筹推进现代化基础设施体系建设*

郑宜嘉　鞠宇聪

基础设施建设在经济社会发展全局中具有战略性、基础性、先导性作用。2022年4月，习近平总书记在中央财经委员会第十一次会议上强调，要统筹发展和安全，优化基础设施布局、结构、功能和发展模式，构建现代化基础设施体系，为全面建设社会主义现代化国家打下坚实基础①。当前，我国发展进入新时代、迈上新征程，基础设施发展面临新形势、新机遇和新挑战，需充分运用新技术、前瞻发掘新需求，适度超前、全局统筹推进基础设施规划建设。本文基于全国及浙江省基础设施发展现状，结合现代化基础设施内涵特征及新时代发展面临的三类需求，提出浙江省现代化基础设施体系建设的方向及建议。

一、我国基础设施规划建设实现跨越式发展

自党的十八大以来，我国基础设施规划建设水平实现跨越式提升，有力支撑了经济社会发展，主要体现在3个方面。

（一）设施网络日益完善

截至2021年，全国综合交通网络规模超600万公里，油气管网达18万公里，

---

* 本文刊于《发展规划研究》2023年第4期。

①《习近平主持召开中央财经委员会第十一次会议强调　全面加强基础设施建设构建现代化基础设施体系　为全面建设社会主义现代化国家打下坚实基础》，《人民日报》2022年4月27日。

光缆总长度达 5488 万公里，开通 5G 基站约 142.5 万个，高速铁路、高速公路、城市轨道交通、电网等多类设施网络规模全球第一。服务效率方面，高速公路对 20 万人口以上城市的覆盖率超 98%，民用运输机场覆盖 92% 左右的地级市，农村电网供电可靠率达到 99.8%，乡镇快递网点覆盖率超 98%，服务覆盖范围和渗透深度持续提升。

（二）“超级工程”屡创新绩

高速铁路、三代核电、新一代移动通信等实现跨越式发展，大型机场工程等建造技术迈入世界前列，建成多个“世界第一”“全球首座”重大工程，基建创新攻坚能力持续提高。例如，港珠澳大桥为世界总体跨度最长的跨海大桥（55 公里），拥有世界最长、最深、最重的海底公路沉管隧道；北京大兴国际机场建成世界最大单体机场航站楼（140 万平方米）、全球首座高铁地下穿行的机场航站楼、全球首座双层出发双层到达的航站楼。

（三）治理水平显著提高

构建更多层次、更细领域的基础设施顶层设计体系，近期实施方案、中长期规划及各类指导意见印发实施，如《国务院办公厅关于保持基础设施领域补短板力度的指导意见》《关于推动基础设施高质量发展的意见》《“十四五”现代综合交通运输体系发展规划》《“十四五”现代能源体系规划》等，相关要素保障机制模式更新颖、支撑更有力。

二、浙江省基础设施建设迈入高质量发展新阶段

近年来，浙江省有力推进交通、能源、水利、市政等传统基础设施规划建设，前瞻推进 5G 网络、数据中心等新型基础设施建设，着力推动由“补短板”向“提质效”、由“总体适应”向“适度超前”的阶段转换，具体体现在 3 个方面。

（一）设施建设和服务效能不断提升

截至 2021 年，浙江全省高速公路里程约 5200 公里，铁路营业里程达 3345

公里，沿海万吨级以上泊位达 268 个，所有地市实现“通江达海”，实现通村公路全覆盖；原油管道、成品油管道、天然气管道、城市燃气管道分别累计建成约 854 公里、1520 公里、3528 公里、50863 公里，基本实现天然气管道“县县通”；光缆线路总长 349.8 万公里，居全国第三，5G 网络实现县城以上地区和重点乡镇全覆盖，数据中心、工业互联网、北斗地基增强站等数字基础设施建设向纵深推进。

（二）重大战略服务支撑能力持续增强

从国家层面看，宁波舟山港“一带一路”航线超 100 条，义新欧班列数位于全国第四，不断深化小洋山合作开发，谋划推进嘉兴海河联运示范区工程和航空联运中心建设，积极助推对外开放和区域一体化发展格局建设；从省级层面看，商合杭高铁、杭台高铁等相继建成投运，通苏嘉甬、甬舟等铁路加快建设，杭临、杭富、杭海、杭绍城际铁路等项目相继建成运营，同时“万亩千亿”新产业平台、生态海岸带以及智慧海洋大数据中心等加快建设，为深入推进“四大建设”提供有力支撑。

（三）基础设施科技创新优势日益凸显

有力推进之江实验室等国家级和省级实验室建设，超重力离心模拟与实验装置等重大科学装置建设取得突破性进展，在国内率先建成启用国家（杭州）新型互联网交换中心，创新基础设施建设不断提速争先。此外，建成全国首条智慧高速公路——杭绍甬高速公路，大力推进智慧航道、智慧港口、智慧机场、智慧园区等一批智慧基础设施建设，加速布局安防、医疗、交通、环保等领域智慧感知设施，基础设施数字化、智慧化水平大幅提升。

三、现代化基础设施内涵特征及新时代发展需求

（一）现代化基础设施内涵特征

从“现代化”理论内涵看，其字面含义为“使达到当代先进水平的过程”和

“处于当代先进水平的状态”，因此“现代化”既指一种动态发展过程，也指一种发展状态或阶段。从基础设施现代化阶段特征看，受人类文明两次现代化的影响，基础设施现代化也呈现两个明显阶段。其中，第一次现代化以支撑工业化、城市化需要为首要目的，以规模化、网络化、专业化建设扩能为主要特征，该阶段对资源配置效率、环境发展代价关注不够，主要是物质的现代化；第二次现代化将服务质量置于首位，更加注重人民精神文化追求和自我表现，主要特点包括快速化、高效化、智慧化、网联化、绿色化、集约化、人性化、共享化等，更趋于以物质和制度的发展推进人的现代化。

（二）新时代基础设施发展的三类需求

党的二十大报告提出，优化基础设施布局、结构、功能和系统集成，构建现代化基础设施体系。立足新历史节点，为构建与社会主义现代化国家相适应的基础设施体系，需关注三类需求：一是刚性需求，在交通、通信、生产等基础性“旧刚需”之上，统筹落实应急安全、生态环保、托育康养等现代化“新刚需”；二是改善需求，聚焦人民生活品质提升和社会生产提质增效需要，从数字化、智慧化、集约化等方面推动基础设施升级改造；三是前瞻需求，研究谋划与新能源、新经济、新空间等未来发展相适配的基础设施体系。

四、推进浙江省现代化基础设施体系建设的若干建议

面对新形势、新机遇、新挑战，浙江省要对标现代化基础设施体系建设要求，围绕现代交通物流设施、能源设施、水利设施、市政设施、应急储备设施、新型基础设施等重点领域，聚焦需求、前瞻布局、科学谋划、靶向施策，以基础设施现代化高质量发展推动经济效益、社会效益、生态效益、安全效益有机统一。

（一）聚焦新旧刚需，高标准完善基础设施保障

加快补足现存“旧刚需”短板，敏锐发掘“新刚需”并稳步推进相关设施建设，着力解决基础设施建设不平衡不充分问题，进一步提升人民群众获得感、幸

福感、安全感。交通方面，加快实现县县通高速公路、村村通硬化路，加快完善冷链物流、社区物流等生活服务型、生产服务型、商贸服务型现代交通物流体系建设，大力推进综合交通网络建设，着力提升 3 个“1 小时交通圈”覆盖广度和深度。能源方面，进一步延伸拓展全省能源管道总里程，进一步强化电力供给、煤炭石油天然气储备等能源基础设施服务能力，助力提升非化石能源消费比重和能源自给率。同时，对于部分具备条件且风、光、水资源较好的农村及边远地区，可积极探索新能源微电网等多种供能形式，满足区域周边高质量用能需求。水利方面，加快沿海高标准海塘建设以及农村地区大中型灌区现代化改造，提升水网覆盖率、县级以上城市防洪和城乡供水水源保障达标率，降低水旱灾害损失率。民生服务方面，聚焦未来公共服务均等化及“一老一小”民生服务需求，强化养老、婴幼儿及残疾人照护等相关基础设施建设，着力提升市、县、乡三级文化设施覆盖达标率。

（二）推动优化变革，实现多元融合、多向赋能

积极探索基础设施与新一代信息技术融合，推动跨领域基础设施统筹协调发展，深化规划开发理念和建设管理机制变革，不断提升基础设施建设水平、运作效率和服务质量。信息基础设施方面，布局建设新一代超算、云计算、人工智能平台、宽带基础网络等设施，建成高速泛在的网络基础设施，实现 5G、光纤“双千兆”网络城乡全面覆盖。加快建设基于 IPv6 的互联网服务体系，建成引领全国的工业互联网平台，促进下一代互联网与经济社会深度融合。融合基础设施方面，注重能源、通信、交通等基础设施协同规划建设，以基础设施智慧发展和融合变革支撑产业发展和业态创新，重点支持如工业互联网平台、车联网、智慧物流、能源互联网等支撑范围广、赋能能力强、带动效应好的融合基础设施发展，积极发展智慧医院基础设施、智慧养老基础设施、智慧教育基础设施等与广大人民群众日常生活密切相关的重要领域。同时，立足各类基础设施在建设形态、功能应用等方面的共性特点，统筹空间布局、要素链接和资源循环，优化碎片化、单线化的规划模式和工程技术，探索“公交场站 + 充电桩 +5G 微基站”“综合枢纽 + 光伏 + 储能 + 微电网”“新基建 + 分布式能源”等基础设施综合体集成示范。

（三）深化前瞻探索，强化未来发展支撑引导能力

一是要充分发挥基础设施对未来新发展、新战略的支撑保障作用，为新技术、新业态的前瞻性探索研究提供可靠载体。面向重大科研领域推进国家和省重点实验室、科研平台等创新基础设施建设。围绕国家所需、浙江所能、未来所向，加快推进杭州城西科创大走廊能级跃升。支持之江实验室成为国家实验室重要支撑，推动将浙江大学、西湖实验室等优势力量纳入国家实验室体系，加快推进工程研究中心建设，积极谋划一批高能级科创载体。二是要兼顾应用场景建设和综合效益提升，创新探索的同时避免成果“盆景化”。聚焦公共治理、生态环境、交通物流、清洁能源、幸福民生等重点方向，科学、务实、有效开展一批基础设施智慧化融合应用。结合公共服务、城市管理等应用场景，推进“城市大脑”、数字乡村等公共数智平台建设；联合污染防治、灾害预警等应用场景，推进智能化城乡环保设施建设，迭代建设水管理平台和钱塘江流域防洪减灾数字化平台；搭配“信用游浙江”“全域旅游综合治理”“刷脸游浙江”等文旅应用场景，加快智慧文旅设施建设；结合公交、物流等应用场景有序布局氢能源基础设施建设。

浙江物流枢纽设施现代化发展的思考与建议*

王贤卫　解子良

物流枢纽是现代物流发展的核心基础设施，是构建现代流通体系和建设现代化经济体系的重要支撑。本文首先明确了新时代物流枢纽的重要基础设施地位，重点对浙江省物流枢纽设施建设成效展开分析，并梳理存在的主要不足，最后提出下一步发展建议。

一、新时代物流枢纽的基础地位更加凸显

从国家战略看，党的二十大报告明确提出加快构建新发展格局，建设现代化产业体系，建设高效顺畅的流通体系，降低物流成本。中央财经委员会第八次、第十一次会议分别研究部署建设现代流通体系和构建现代化基础设施体系，物流体系和物流基础设施是其中重要内容。《中共中央　国务院关于加快建设全国统一大市场的意见》和《扩大内需战略规划纲要（2022—2035年）》等重要部署均提出现代化物流基础设施是重要支撑。

从物流行业看，国务院办公厅印发《“十四五”现代物流发展规划》，提出推动构建现代物流体系，推进现代物流提质、增效、降本，聚焦现代物流发展重点，深入推进国家物流枢纽建设，强化多式联运组织能力，推进整合区域物流设施资源，促进物流要素规模集聚和集成运作。

从浙江发展看，省第十五次党代会明确提出着力塑造引领未来的新增长极，

* 本文刊于《发展规划研究》2023年第4期，公开发表于《中国物流与采购》2024年第3期。

加快建设现代化基础设施体系，高标准建设现代交通物流设施网。2023 年 1 月，浙江省委部署深入实施“八八战略”，强力推进创新深化、改革攻坚、开放提升，实施“一号发展工程”“一号改革工程”“一号开放工程”，要求实现双循环战略枢纽再提升，推动物流通达能力跃升。

现代化物流枢纽设施的建设成为国家和浙江现代物流发展和完善现代化基础设施体系的重要内容。

二、浙江物流枢纽建设取得成效分析

浙江历来是物流大省，近年来，浙江以物流综合降本增效试点为契机，深入推进物流创新试点和基础设施完善建设，取得显著成果。

（一）物流枢纽地位与建设成效位居全国前列

物流枢纽地位重要性突出。浙江作为东部沿海经济发达省份之一，外向性明显，国际港口运输占据了重要部分。宁波舟山港是我国东部沿海连接全球的重要交通物流枢纽，从规模和排名看，宁波舟山港货物吞吐量居全球第一，是唯一年货物吞吐量超 10 亿吨的大港，集装箱吞吐量超 3000 万 TEU，名列全国第二、全球第三。航空物流枢纽是现代商贸流通的关键基础设施和未来发展竞争力来源，浙江率先成为拥有三大千万级客运人次的机场的省份之一，2021 年全省航空货邮吞吐量达 112.6 万吨，全国排名第四（见表 4–1）；杭州萧山国际机场成为全国第五大航空口岸。

表 4–1　全球港口集装箱吞吐量与全国省（区、市）航空货邮吞吐量前十名列表（2021 年数据）

全球港口集装箱吞吐量排名前 10 位			各省（区、市）航空货邮吞吐量排名前 10 位		
排名	港口	吞吐量（万 TEU）	排名	省（区、市）	吞吐量（万吨）
1	上海港	4703	1	上海	436.6
2	新加坡港	3747	2	广东	369.9
3	宁波舟山港	3108	3	北京	158.7

续表

全球港口集装箱吞吐量排名前 10 位			各省（区、市）航空货邮吞吐量排名前 10 位		
排名	港口	吞吐量（万 TEU）	排名	省（区、市）	吞吐量（万吨）
4	深圳港	2877	4	浙江	112.6
5	广州港	2447	5	河南	70.7
6	青岛港	2371	6	四川	68
7	釜山港	2271	7	江苏	65.3
8	天津港	2027	8	山东	54.8
9	洛杉矶 / 长滩港	2006	9	福建	52.6
10	香港港	1780	10	重庆	47.9

资料来源：上海国际航运研究中心、中国民用航空局统计数据。

国家物流枢纽设施建设位居前列。国家层面开展了国家物流枢纽、国家示范物流园区、多式联运示范工程、国家冷链骨干基地的评定，是国家构建现代化物流基础设施网络的重点承载平台。目前，共确定了 78 家示范物流园区，浙江占 8 家，排名首位；国家物流枢纽共计 95 个，浙江占 5 个，排名第二；多式联运示范工程共计 116 个，浙江占 6 个；国家冷链骨干基地共 41 个，浙江占 3 个（见表 4–2）。

表 4–2　浙江物流枢纽设施建设概况　　单位：个

枢纽设施类型	示范物流园区	国家物流枢纽	多式联运示范工程	冷链骨干基地
浙江数量	8	5	6	3
全国数量	78	95	116	41

资料来源：作者根据国家发展改革委、交通运输部公布数据整理。

（二）省级创新试点设施建设成效显著

以国家物流降本增效综合改革试点为契机，浙江开展省级物流创新试点工作，推进省级示范物流园区建设和园区提质增效试点，并率先开展创建省级冷链骨干基地和园区。

省级示范（提质增效试点）物流园区建设。截至 2022 年，浙江全省共创建 21 个省级示范物流园区，30 个提质增效试点园区，合计 51 个。从省域各市比较来看，金华市园区数量排名第一，合计有 11 个；杭州、湖州各有 7 个；嘉兴有 6 家；绍兴、舟山各有 5 个；宁波有 4 个，衢州、台州各有 2 个，丽水和温州各有 1 个。具体数量如图 4–1 所示。

骨干冷链物流基地（园区）建设。截至 2022 年，浙江完成省级第一、第二批次冷链骨干基地（园区）创建，共创建骨干冷链物流基地 12 家、骨干冷链园区 31 家，合计 43 家。从省域各市比较来看，杭州、金华位于前列，分别有 9 家和 7 家，宁波、衢州分别有 5 家和 4 家，嘉兴、台州、舟山均有 3 家，湖州有 4 家，温州有 2 家，绍兴、丽水分别有 1 家和 2 家。具体数量如图 4–2 所示。

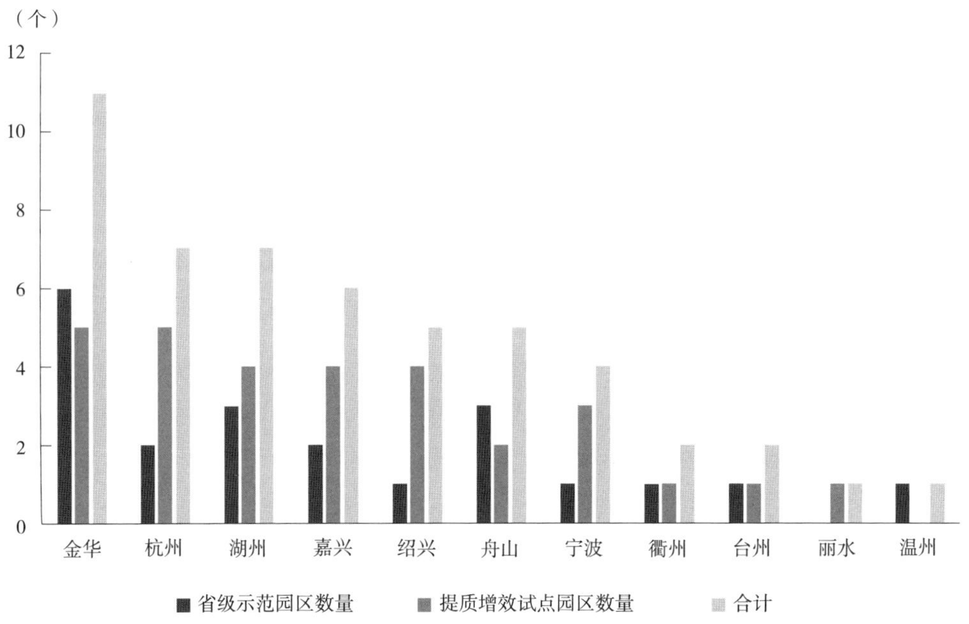

图 4–1 浙江省级物流园区（含示范园区、提质增效试点园区）各市比较

资料来源：作者根据浙江省发展改革委公布数据自绘。

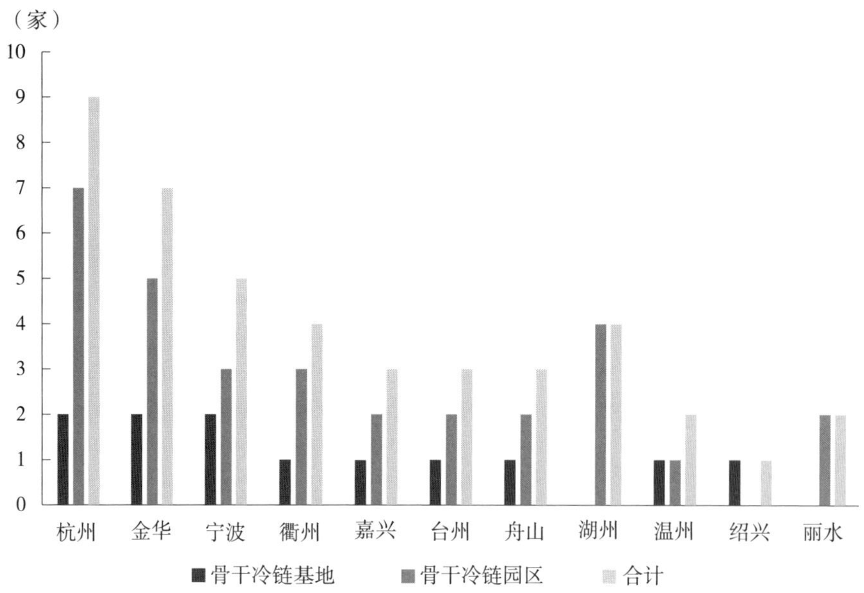

图 4-2 浙江省级骨干冷链基地（园区）建设各市比较

资料来源：作者根据浙江省发展改革委公布数据自绘。

三、浙江物流枢纽发展建设存在的不足

对标现代物流体系的高质量发展要求，目前浙江物流枢纽设施建设还存在三方面主要不足问题。

一是枢纽设施发展布局还不够均衡充分。从国家级物流枢纽设施布局来看，宁波、舟山和金华（义乌）主要依托于宁波舟山港和金华（义乌）陆地港基础，优势比较突出；浙北地区发展比较均衡，杭州枢纽的地位体现不强，以航空为特色的枢纽尚未形成。从省级层面枢纽设施来看，杭州、金华、宁波等具有比较优势，浙南、绍兴等地区物流枢纽设施发展还相对较弱。

二是枢纽组织联动不够高效先进。一方面，交通物流枢纽设施融合还不充分，港口集疏运成为沿海港口普遍难点、堵点，港口与铁路支线衔接存在较大不足，公铁水联运设施衔接不完备。另一方面，枢纽的物流组织模式还不先进，甩挂运输、驼背运输、双层集装箱运输等高效运输组织还较少，枢纽之间运营联动缺乏。

三是枢纽辐射带动还不够强劲有力。从枢纽能级看，尽管港口规模地位突

出，但是腹地纵深还不足，特别是对中西部地区的带动明显不足；航空方面，浙江外贸货源流失现象明显，航空口岸对外开放能级不足。从枢纽融合产业发展看，目前亟待加快推进冷链物流提质、增效、降本，乡村冷链设施短板还比较突出，围绕内河港口、机场、铁路场站等物流枢纽的经济业态发展还处于初步阶段。

四、物流枢纽现代化发展的下一步建议

（一）发挥枢纽的“提质、增效、降本”主平台作用

利用物流枢纽资源集中、区位优越的综合优势，发挥物流提质、增效、降本的主平台作用。一是提高物流枢纽的组织效率。依托既有和未来新增国家物流枢纽平台，统筹存量与增量设施，优化园区建设布局，引进物流龙头企业，促进现代仓储设施扩大提升，壮大优化运输车辆资源，提升信息化、智能化水平，加强枢纽设施设备集中有效利用，支撑生产与消费经济。二是加强枢纽的中转与联运功能。将物流枢纽打造为流通环节的主节点，发展区域中转、甩挂运输等现代化组织模式，促进效率提升与成本降低；进一步促进物流枢纽与多方式交通设施无缝衔接，特别加强海铁联运、公铁联运场站融合建设，减少短驳成本。三是提供共享平台服务。强化国家物流枢纽的基础公共服务设施功能定位，打造“线下＋线上”融合物流及相关一体化服务，在线下提供中转集拼、车辆维护、司机之家等配套服务，线上提供车货匹配、网络货运、运输保险、供应链金融等增值服务。

（二）推进完善省域一体化物流枢纽设施网络

围绕推进省域现代化和高质量建设共同富裕示范区，加快构建支撑省域空间发展总体格局的物流枢纽设施体系。一是统筹多元物流枢纽设施的一体融合。统筹国家级与省级物流枢纽设施，推进不同层次、不同规模能级的枢纽设施配套协同；协同物流枢纽、冷链骨干基地、多式联运示范工程、示范物流园区等不同类型枢纽设施，形成满足物流运输、产业配套的多元化设施结构。二是加强经济社

会支撑与短板补齐。围绕支撑产业平台和消费经济，深入推进物流业、制造业融合，建设服务于智能制造的供应链物流园区，助力消费升级，推进商贸物流设施转型提升；针对枢纽设施的不完善，推进做强航空物流枢纽设施，支持杭州等地创建国家物流枢纽；推进乡村物流设施补短板，加快农产品“全链条”冷链设施建设。

（三）强化构建跨区域枢纽联动运营网络

加强数智化赋能，立足浙江，联通长三角，辐射全国和国际，发挥物流枢纽骨干作用，建立跨区域联动“枢纽 + 通道 + 网络”。一是建立跨区域联动的物流组织模式与机制。重点推进国家物流枢纽的长三角地区合作，形成跨区域网络化运营，加快培育发展“链主型”企业，推进物流产业链供应链融合；推进物流标准化发展，在数字化、智能化行业背景下，推进设施设备标准、信息标准制定与推广；建立健全跨区域、跨方式、跨部门协同协作机制。二是构建“平急一体”物流枢纽联动联盟。关注时代所需，增强园区“平急”转换功能，融合物流园区设施布局应急中转站，促进物流园区发挥经济社会保供保畅的坚实作用，构筑韧性物流基础设施体系，切实增强区域联动的应急保供物流能力。

（四）培育壮大关联业态发展枢纽经济

积极布局推进物流枢纽经济发展，争创国家物流枢纽经济示范区。一是依托各类型物流枢纽发展优势产业。依托港口建设，以物流带动港口产业经济发展，涉及仓储物流、多式联运、原材料流通加工中心、商品交易中心（煤炭、粮油、工业品等）、辅助生产区及配套生活设施等主要工程；推进临空经济区建设工程，规划建设机场周边配套生产商贸、商务服务、居住生活设施，吸引研发型制造、跨境电商、国际快递快运等外向型高价值产业集聚；发展壮大陆港型经济区、高铁经济区。二是拓展枢纽经济业态。依托物流枢纽发展现代物流、装备制造、商贸消费、商务会展等延伸经济，扩大经济规模，满足不同类型经济形态需求；聚焦构建现代流通体系，实施推进扩大内需战略，推进商贸、消费、物流深度融合，增强物流枢纽基础战略支撑作用，力争打造以物流枢纽和枢纽经济区为支撑的若干现代流通战略支点城市。

关注“东数海算”新动向，探索建设浙江省海底数据中心的思考与建议*

殷志军　童志怡　徐期辰　田戈扬

海底数据中心是将数据中心建于海底、利用海水降温制冷的新型绿色数据中心，具有距沿海城市近、绿色节能、节地节水等优势。海南、广东、山东等沿海省份将其列入“十四五”规划内容，海南省已开建第一个商用海底数据中心，与“东数西算”相对应，目前已形成“东数海算”新动向。本文通过对“东数海算”新动向的汇总分析，以及与“东数西算”的优劣势比较，初步提出浙江省需要把握机遇，启动海底数据中心建设专题研究，谋划数字经济创新提质“一号发展工程”新增长点，并提出纳入发展规划指导文件、启动海底数据中心（UDC）综合试验场建设和大力发展海洋装备产业等工作建议。

一、“东数海算”商业、技术、规划及项目新动向

（一）商业和技术动向

“东数海算”即通过建设海底数据中心，将东部沿海地区的算力需求引导到海洋进行布局，进而实现海洋算力资源更充分地支撑东部数据运算的陆海联动新格局。海底数据中心是“东数海算”的核心设施，由岸站、海底光电复合缆、海底分电站及海底数据舱 4 个部分组成。建造过程中，将服务器安装在密封压力容器中安放在海底（海底数据舱），通过海底光电复合缆供电，并将数据回传至互

* 本文刊于《发展规划研究》2023 年第 4 期。

联网，同时利用流动海水对服务器进行散热。

国际方面，海底数据中心技术起源于微软公司 2015 年启动的“纳迪克”（Natick）项目，通过四年多的时间，逐渐攻克海水制冷、海底防腐蚀等关键核心技术。国内方面，海底数据中心技术起步稍晚，北京海兰信数据科技股份有限公司通过收购海南欧特海洋科技有限公司，进而掌握相关技术，并于 2020 年在深圳成立子公司负责海底数据中心技术的研发和应用推广，目前已编制形成团体标准《水下数据中心设计规范》。

（二）规划和项目动向

1. 规划动向：海南、广东、山东等省已进行规划部署，浙江省尚未行动

由于海底数据中心具有时延低、绿色节能、节地节水等优势，海南、广东、山东等沿海省份均在海洋经济发展“十四五”规划中将其列为重点发展方向（见表 4-3），而《浙江省海洋经济发展“十四五”规划》及其他相关发展规划中均缺乏相应内容。

表 4-3 部分沿海省份海洋经济发展“十四五”规划中有关海底数据中心的内容

省份规划	相关内容
《海南省海洋经济发展“十四五”规划》	海南海底数据中心，建设岸站、海底高压复合缆、海底分电站及海底数据舱。一期布放 100 个数据舱，并逐步建设以海底数据中心为核心的综合性海洋新技术产业园
《广东省海洋经济发展“十四五”规划》	支持海底数据中心关键核心技术突破，有序引导广州、深圳、珠海、汕头和惠州等地在海底布放高能耗数据中心
《山东省“十四五”海洋经济发展规划》	统筹推进海洋立体观测网、海洋通信网络、海底数据中心、海底光纤电缆等基础设施建设

资料来源：作者根据海南、广东、山东三省规划整理。

2. 项目动向：国外集中在美国，国内首个在海南省

从国外项目看，2018 年，微软的“纳迪克”（Natick）项目团队在苏格兰海岸附近试验性建设海底数据中心。2021 年 3 月，美国国防部与微软签署视觉现实增强系统项目，项目的相关云计算数据中心建在海底。2022 年底，一家名为海底云（Subsea Cloud）的海底数据中心基础设施公司宣布将在华盛顿州安吉利斯港附近海域建设 3 个海底数据中心。

从国内项目看，2022 年 11 月，国内首个商用海底数据中心在海南省三亚市开建，由深圳海兰云公司和海南电信共同建设。此外，海南省另一处海底数据中心项目也正在申请海域使用许可。作为新型基础设施的重要引领性项目，海南海底数据中心项目将数字科技与海洋科技相结合，为东部沿海地区发展绿色数据中心树立了新标杆。

二、“东数海算”和“东数西算”优劣势比较

2021 年以来，为推动数据中心合理布局，发挥西部绿色发展潜力，提升跨区域算力调度水平，国家启动实施“东数西算”工程，发挥西部地区电价低廉优势，利用空调制冷，建设传统数据中心。

与“东数西算”相比，“东数海算”具有距沿海城市近、时延低、节地、节水、节能、建设运维成本低等综合优势，但也存在选址要求高、需用海审批、技术成熟度低、维修难度大等缺点，尤其是长期安全性有待检验（见表 4–4）。在满足选址要求的海域，可以加快布局海底数据中心，以满足 200 公里范围时延 10 毫秒以内的中低时延业务需要，与高时延的“东数西算”和低时延的边缘数据中心组成满足不同时延要求的数据中心体系。

表 4–4 “东数海算”和“东数西算”情况比较

类别	“东数西算”传统数据中心	“东数海算”海底数据中心	“东数海算”优劣势评价
能耗情况	空调冷却，新建 PUE 值不高于 1.3	海水降温，PUE 值不高于 1.1	优势
时延情况	距离东部地区较远，时延超 200 毫秒	距离沿海地区 200 公里以内，时延在 10 毫秒以内	优势
应用场景	时延要求较低的业务，如数据备份存储和大数据运算处理等	时延要求较高的业务，如付费结算、网页游戏等	优势
用地用海	涉及用地审批，不涉及用海审批	用地较少，但涉及用海审批	劣势
选址要求	电力供应充足的场地	海底地形平坦、洋流稳定	劣势
环境影响	环境影响小	对水流下方 3 米内产生小于 0.2 摄氏度的温升	劣势
建设成本	机房土建 + 机电设备，土建成本高	海底数据舱 + 机电设备，综合成本低	优势

续表

类别	“东数西算”传统数据中心	“东数海算”海底数据中心	“东数海算”优劣势评价
建设周期	主体结构平均 1.5 年	海底数据舱工厂预制，安装调试周期约 90 天	优势
运维成本	主要为水电费，占比近 60%	主要为海底数据舱运营管理费用，运维成本较低	优势
使用年限	主体结构 70 年，服务器 9 年以内	海底舱 15 年，服务器 9 年以内	劣势
技术成熟度及主要风险	技术成熟度高，维修方便	技术成熟度低，一旦出现故障，维修难度大，长期安全性有待检验	劣势
设备故障率	故障率较高	故障率仅是地面数据中心的 1/8	优势

注：电能利用效率（PUE）= 数据中心总能耗 /IT 设备能耗，其值大于 1。值越接近 1 表明能效水平越高。
资料来源：作者自制。

三、浙江省算力需求总体判断及下一步工作建议

（一）浙江省算力需求总体判断：东部算力需求仍有增长空间

截至 2023 年 1 月，浙江省算力总量约 8.86EFLOPS（每秒 886 百亿亿次浮点运算）。从算力结构看，数据中心、智算中心和超算中心的算力占比分别为 89%、8.5% 和 2.5%，数据中心仍是主要组成部分。从算力分布看，浙江省算力主要分布在杭州、宁波、湖州、嘉兴、温州等东部沿海区域。从算力使用情况看，受新冠疫情和新投产数据中心等因素影响，浙江省数据中心整体上架率从 2021 年的 63% 下降至 2022 年的 57%，其中杭州的上架率约为 70%，东部地区数据中心使用率仍然较高。

未来，随着经济持续复苏，浙江省算力需求，尤其是杭州、宁波等城市的算力需求仍有较大增长空间，启动海底数据中心建设一方面可以补上东部沿海地区的算力需求缺口，另一方面可以逐步替代电能利用效率（PUE）值较高的存量数据中心，与“东数西算”在场景应用上分工协作，共同助力碳达峰碳中和、“数字经济”一号发展工程、海洋强省等重大战略的推进实施。

（二）下一步工作建议：深化研究，系统规划

为贯彻浙江省数字经济创新提质“一号发展工程”、大力发展海洋经济和加快构建数字基础设施网的总体要求，结合海底数据中心最新动向以及沿海兄弟省

份工作动态，就浙江省“东数海算”及海底数据中心建设提出以下两方面五点工作建议。

1. 启动系统研究，尽快形成建设海底数据中心的共识

一是启动必要性和可行性研究。建议省级有关部门组织相关智库和科研院所启动专题研究，结合浙江省算力供需趋势、空间布局、绿色节能、安全韧性等要求，突出“东数海算”与“东数西算”协同发展，对浙江省海底数据中心建设的必要性、可行性等进行综合研判，尽快就浙江省海底数据中心“有没有必要建”“能不能建”形成共识。

二是深化选址布局研究。海底数据中心应当选在海底地形平坦、洋流稳定、具有用海可批性的海域，并且距离应用场景 200 公里以内，这样具有较强的经济性。在必要性和可行性研究的基础上，建议深化选址布局研究，综合时延要求、安全防护、用海审批等因素，初步划定浙江省可以建设海底数据中心的区域。

2. 加强规划引导，明确未来重点方向和任务举措

一是推动纳入发展规划指导文件。落实数字经济创新提质“一号发展工程”和浙江省政府体系化推进“十项重大工程”总体部署，系统谋划浙江省海底数据中心相关的重大项目、重大改革，明确未来重点方向和任务举措，利用“十四五”规划中期评估等契机，推动将海底数据中心建设纳入数字经济创新提质、海洋经济发展、现代化基础设施体系等相关规划指导文件。

二是谋划启动海底数据中心综合试验场建设。初步确定可以建设海底数据中心的区域后，选择其中条件较好、可满足大面积建设的海域和海岛，结合陆上数据中心实际需求，开展以海底数据中心为重要内容的海洋综合试验场建设。除进行海底数据舱试验外，本着集约高效的原则，同步开展海上风力发电、海上储能、海洋牧场、海上钻探等一系列综合试验，建设全国一流的海洋综合试验场。

三是谋划以重大装备建设为牵引的海洋装备产业体系。结合“415X”先进制造业集群培育工程要求，谋划以海底数据舱研发和制造为核心，积极延伸上下游产业链供应链，大力发展海洋工程装备产业；以海底数据舱施工建造为关键，大力发展海洋工程建筑业；以海底数据中心常规检修服务为抓手，大力发展海洋现代服务业，不断增强对海上生产设备的配合和服务能力，加快补齐浙江省海洋经济产业短板，全面支撑海洋强省建设。

我国建立重要金属矿产资源储备体系的对策研究*

翟步金　祝诗蓓　王贤卫

党的二十大报告提出，要加强重点领域安全能力建设，确保能源资源安全、重要产业链供应链安全。目前，我国重要金属矿产资源储备体系还未建立，重要金属矿产资源的安全面临挑战。经过多年探索实践，我国在粮食、石油、煤炭等方面已基本形成相对成熟的储备体系，在相关配套法规、政策的保障下，储备的计划管理、储备动用、资金支持、监督管理等方面的运行机制较为完善，为我国建立重要金属矿产资源储备体系提供了较好的经验借鉴。

一、建立重要金属矿产资源储备体系的必要性

（一）部分重要金属矿产资源对外依存度高

我国目前仍处于工业化发展阶段，重要金属矿产资源是经济社会发展不可或缺的物质基础。近年来，随着新一代信息技术、高端装备制造、新能源等战略性新兴产业的快速发展，我国战略性金属矿产的需求仍将维持在高位态势。然而，我国部分重要金属矿产资源总量少、品位低、资源禀赋不佳，多数严重依赖进口。2020 年我国进口铁矿砂及其精矿 11.7 亿吨，铁矿石对外依存度超过 80%。我国主要有色金属矿产资源中铜精矿、镍矿、铬矿、锂矿、钴矿对外依存度均超过 70%。

---

* 本文刊于《发展规划研究》2023 年第 4 期，公开发表于《中国工程咨询》2023 年第 5 期。

（二）国际环境日益复杂多变

资源安全始终是国家可持续发展的核心问题，《全国矿产资源规划（2016—2020 年）》确定战略性矿产资源 24 种，其中金属矿产资源占 14 种。在中美贸易摩擦不断、乌克兰危机持续、经济全球化遭遇逆流等背景下，我国金属矿产资源安全正在经受资源家底薄弱、价格波动剧烈、全球市场控制力不足、话语权不强等挑战，加之在世纪疫情中暴露出的供应链安全和运输安全等问题，致使我国金属矿产资源的形势更为严峻，直接影响我国经济的健康发展，是当前我国必须解决的重大难题之一。而建设重要金属矿石资源储备体系，稳定矿石价格，是破解这一难题的重要途径之一。

二、我国重要金属矿产资源储备的现状及存在问题

2010 年以来矿产资源储备工作逐步得到重视。《全国矿产资源规划（2016—2020 年）》提出，我国将“建立国家和企业共同参与，矿产品和矿产地相结合的战略储备体系，保障矿产资源供应安全和代际公平。加大原油储备力度，科学合理确定有色金属、稀贵金属等国家战略储备规模、品种、结构，完善储备制度”。经过十多年的发展，我国目前在铜铝锌金属等方面的储备调节机制已初步形成，当市场价格波动剧烈时，国家粮食和物资储备局会适时向市场投放部分铜、铝、锌等国家储备，对铜、铝、锌等大宗商品的保供稳价起到了重要作用。

虽然我国已有部分成品金属储备，但在重要金属矿产品储备方面还存在诸多问题：一是国家储备体系尚未建立，尚未有政府和企业主体负责开展铁矿石、铜精矿及其他重要矿产的责任储备，投资建设、运营管理等机制均未涉及；二是储备设施格局尚未形成，矿产资源储备需要依托良好的区位条件、完善的基础设施、运输系统、市场环境等，目前尚未建设相关设施；三是运行机制尚不明确，传统的计划经济思维和现有的行政管理体制难以满足战略物资储备功能多元化的现实需求，也不符合市场化、全球化动态发展的整体趋势，亟待通过机制创新取得效益和效率的改善；四是法规体系尚不健全，目前，我国仅出台了《国家物资储备管理规定》等综合性的储备法规，针对矿产品储备的立法缺位。

三、现有大宗商品储备对重要金属矿产资源储备提供的经验借鉴

（一）我国现有大宗商品储备现状

国务院在 2018 年组建国家粮食和物资储备局，初步构建了“大储备”格局。国家粮食和物资储备局整合了原国家粮食局的职责与国家发展和改革委员会的组织实施国家战略物资收储、轮换和管理的职责，以及民政部、商务部、国家能源局等部门的组织实施战略和应急储备物资收储、轮换、日常管理的职责。目前，我国在粮食、石油、煤炭等大宗商品储备方面建立了相对成熟的储备体系，包括储备的主体、储备的制度、储备的规模等已日渐明确。

储备主体上，粮食、石油、煤炭储备均已建立政府储备和社会责任储备功能互补、协同运作，实物储备、产能储备有机结合的储备体系，储备主体已经明确。储备制度上，既有储备条例、储备中长期发展规划等上位法律规划，也有储备管理问责办法、库存指导意见、竞价交易细则、电子交易平台仓单管理办法、储备财务管理暂行办法等细化制度，储备制度较为完善。储备规模上，截至 2020 年，中央储备粮规模保持稳定，地方储备能够满足产区 3 个月、销区 6 个月、产销平衡区 4 个半月的市场供应量，全国标准粮食仓房仓容达到 6.8 亿吨。根据国家统计局数据，截至 2016 年年中，我国已建成 9 个国家石油储备基地，储备原油 3325 万吨。根据国家发展改革委的部署，到 2021 年底，全国要形成 1.2 亿吨以上的政府可调度储备能力、4 亿吨左右的商业煤炭储备能力，储备工作卓有成效。

（二）我国现有大宗商品储备的经验借鉴

在粮食、石油储备方面，我国制定了包括国家发展改革委、财政部、国家粮食和物资储备局（或国家能源局）、政策性银行、运营管理单位“五位一体”的中央储备管理机制。计划管理方面，由国家发展改革委、国家粮食和物资储备局（或国家能源局）会同财政部提出中央储备规模、品种、总体布局方案，报国务院批准后组织储备单位实施，其中粮食储备由中国储备粮管理集团有限

公司以及国务院指定的其他中央储备运营主体组织实施中央储备的收购、销售计划，石油储备由国家石油储备中心和中石油、中石化、中海油、中化组织实施。储备布局方面，国家粮食、石油、煤炭储备基地大多布局在沿海、沿江、沿河港口和华中、西南、东北等辐射范围广、应急能力强、储备成本低、环境污染小的地区。储备轮换方面，中央储备运营管理单位提出轮换申请，申请通过后需在规定的时间内完成轮换任务。粮食、石油储备购销轮换一般通过公开竞价交易方式进行。储备动用方面，当出现需动用中央储备的情形时，国家发展改革委、国家粮食和物资储备局（或国家能源局）会同财政部提出动用方案，报国务院批准，由承储单位具体实施。资金支持方面，财政部、政策性银行负责安排中央储备的储备基地建设资金、管理费用、贷款利息等财政资金。监管方面，国家粮食和物资储备局（或国家能源局）对中央储备管理情况进行监督检查和年度考核，财政部负责监督检查中央储备运营主体对补贴资金的使用，审计部门对储备政策措施落实情况及相关资金筹集分配管理使用等情况实施审计监督。

在粮食、石油、煤炭储备方面，我国形成了国家部委、地方政府、政策性银行、承储企业共同参与的多位一体社会储备管理机制。计划管理方面，粮食储备由省级人民政府统筹考虑本行政区域内政府储备和粮食产销情况，确定社会责任储备规模、布局，省级粮食和物资储备行政管理部门具体核定社会责任储备主体需承担的社会责任储备的品种、数量、质量等情况；从事原油加工、成品油批发和原油进出口的企业自主决定储备计划。动用方面，粮食储备主要由地方政府粮食和物资储备行政管理部门根据市场供求变化、宏观调控需要和突发事件应急响应等依法动用，国务院也可以直接决定动用社会责任储备；石油储备的动用命令主要由国家能源局在情况紧急时下达，承储企业需无条件执行；煤炭储备的动用命令主要由省级政府申请或煤炭协会等单位提出建议，国家发展改革委、财政部作出动用决定后再向承储企业下达。政策支持方面，地方政府通过支持粮食仓储设施建设、给予贴息贷款、轮换费用补贴等措施给予支持；中央财政和银行给予煤炭承储企业贷款、贴息或定额补贴。监管方面，县级以上地方人民政府粮食和物资储备行政管理部门及审计部门负责对企业粮食储备的监督管理，企业商业储备的煤炭为企业的库存性储备，由企业自主管理。

四、建立重要金属矿产资源储备的对策建议

（一）建立完善的法律体系

根据我国实际，在总结我国现有大宗商品储备做法经验的基础上，加快我国重要金属矿产资源储备法的制定，同时配套出台重要矿产品储备品类在仓储管理、竞价交易、轮换动用、财务管理等方面的细化规章制度，建立健全地方储备相关法规制度，广泛征集各部门、单位的意见建议，提升法律制度的科学性、针对性和可操作性，从而更好地指导我国重要金属矿产资源储备体系的建立及高效运行。

（二）科学确定储备品种、规模和区域

根据我国金属矿产资源的储量、对外依存度及对经济社会发展的重要程度等指标，科学确定应储备的矿产品种；根据我国重要金属矿产资源日耗量及资源禀赋，科学确定我国各类重要金属矿产资源的储备规模。金属矿产与煤炭有很多类似的物理性质，国家重要金属矿产资源储备点的确立可以参考煤炭储备的做法，布局在沿海、沿江、沿河港口和华中、西南等辐射范围广、应急能力强、储备成本低、环境污染小的地区。

（三）构建多元化的储备体系

我国已在粮食、石油和煤炭方面建立了政府和企业相结合的储备体系，企业储备缓解了政府财政压力，为我国已有储备体系的建立作出了重要贡献。重要金属矿产资源储备应参考粮食、石油和煤炭储备的成熟做法，对完成储备任务的承储企业，中央财政应给予贷款和利息补贴，对场地占用费和保管费等管理费用予以定额补贴。鼓励企业在承担义务储备之外加强商业储备，加大对企业储备的支持扶持力度，建立以政府储备为主体，企业责任储备和商业储备为补充的多元化储备体系。

（四）建立完善的管理运行机制

参考粮食、石油和煤炭储备管理运行的经验做法，建立融国家发展改革委、财政部、国家粮食和物资储备局、交通运输部、储备管理单位等为一体的重要金属矿产资源储备体系，明确重要金属矿产资源储备在收储、轮换、动用时的运行协调机制及各部门单位的职责，结合国际市场变化，适时开展矿石收储，依托矿产品交易中心，采用公开竞价交易方式进行国储轮换交易，根据国内市场波动情况，动态开展矿石动用，强化储备运行过程中的监督管理。

（五）加强储备管理信息化建设

国家发展改革委、国家粮食和物资储备局会同有关部门统一规划，建立涵盖储备库存、生产力布局、交通运输网络等信息数据的国家矿产品储备数据库。加快推进国家储备仓库管理自动化，建立储备仓库地理信息系统、物联网系统，健全储备矿调度支撑共享信息网络。充分运用物联网、大数据、人工智能等技术，统筹整合现有平台资源，打造统一高效的储备监测分析、决策支撑、指挥调度等一体化管理平台和智能系统，确保在关键时点能够及时有效发挥增加供应、平抑价格、保障需求的作用。

助推宁波舟山港多式联运发展的对策建议*

陈明雨

2020年，习近平总书记在浙江宁波考察时强调，宁波舟山港在共建“一带一路”、长江经济带发展、长三角一体化发展等国家战略中具有重要地位，是“硬核”力量[①]。集疏运体系作为港口赖以生存和发展的基础设施支撑，对于增强港口竞争力、强化港口集聚辐射力、建设世界一流强港具有重要意义。为此，本文聚焦多式联运，深入剖析海铁联运、江海联运以及海河联运的突出矛盾、关键短板和重点问题，并提出针对性的重点举措建议。

一、现状分析

（一）发展现状

海铁联运快速发展。2021年，宁波舟山港完成集装箱海铁联运120万标准箱，居全国第二位，已基本形成北中南三大联运通道，其中北线经宣杭线深入西北腹地，中线沿长江辐射至安徽、湖北、川渝等中西部腹地，南线经浙赣线深入西南腹地。开通海铁联运业务城市达50个，内陆无水港达27家，常态化运行班列线路17条，从事各类海铁联运业务企业超过200家。

江海联运稳步推进。舟山港已成为长江经济带最大的江海联运基地，江海联运重点发展三程中转、江海直达、水管联运等组织方式，投运2艘全国首制

---

* 本文刊于《发展规划研究》2023年第4期。

① 《习近平在浙江考察时强调：统筹推进疫情防控和经济社会发展工作　奋力实现今年经济社会发展目标任务》，《人民日报》2020年4月2日。

1.4 万吨江海直达船，实现与上海市、江苏省、安徽省、江西省、湖北省、重庆市、四川省以及云贵地区等长江沿线地区的有效联系，2021 年江海联运总量达到 3.6 亿吨。

海河联运有序增长。主要通道杭甬运河全线按四级航道标准规划建设，除宁波段一期工程即姚江船闸及上下游航道约 5 公里按五级航道标准建设外，其余均为四级航道标准。杭州段和绍兴段已启动“四改三”前期工作。2021 年海河联运量达 605 万吨、5000 标准箱。

（二）存在问题

目前宁波舟山港多式联运运输组织模式环节较多，一些问题亟待破解。一是海铁联运受到现有能力限制。从全港整体作业能力来看，目前宁波舟山港铁路集装箱作业能力每年不足 180 万 TEU，与“十四五”末海铁联运量预计达到的 300 万 TEU 尚有较大差距。从分港区作业能力看，镇海港区整体利用率只有 31.1%，穿山港区也只有 55.8%，而北仑港区已达到 82.8%。规模以上港区未直通铁路，19 个港区仅镇海、北仑、穿山 3 个港区开通铁路支线，梅山港区等无支线覆盖。北仑港区开行的 12 条集装箱海铁联运班列线路中通向省外的仅有 1 条。宁波舟山港海铁联运占比为 3.8%，不仅与发达国家港口 20%~40% 的比例有差距，而且也较大程度低于青岛港（7.5%）等国内港口。二是江海联运发展受阻。宁波舟山港是我国的天然深水良港，是长江经济带重要的出海通道。上海实施长江战略已有 10 余年，目前上海港已经参股、控股长江沿线几乎所有集装箱码头，而宁波舟山港仅与长江沿线的 6 个码头开展业务合作，且货类主要集中在以铁矿石为代表的大宗散货，集装箱等高附加值货类联运量较少。此外，富春江、钱塘江等航道受船闸限制等导致运输成本偏高、运输效率偏低。三是海河联运通而不畅。杭甬运河宁波段是制约全省打造 Y 形千吨级内河航道的关键，也是推进宁波舟山港发挥海河联运效能的关键。但骨干航道杭甬运河宁波段受姚江船闸（300 吨级）及市区航段桥梁净高限制，目前仅能限制性通航 500 吨级船舶，已成为整个杭甬运河发挥效能的最大瓶颈。

二、有关建议

（一）加强基础建设，筑牢发展根基

一是加快完善疏港铁路通道建设。大力发展港口集装箱多式联运，有序扩大适箱运输范围，加快出省铁路通道建设，推动共建内陆无水港、物流园等，吸引江苏、江西、福建等邻省及中西部省份资源，进一步向内陆拓展港口腹地。向北联通环杭州湾、苏南地区，重点提升沿湾、跨湾通道能力，加快推进通苏嘉甬铁路，有序推进沪甬、沪舟甬跨海通道前期研究。向西联通长江中上游地区，重点加快沪昆通道改造提升，建设金建铁路、温武吉铁路，谋划金华至武汉货运铁路直连通道；加强对长江中上游地区重要城市和龙头企业服务，在中西部地区规划建设一批内陆无水港。向南辐射浙南闽北地区，补齐通道短板，加快建成杭衢铁路、杭温铁路，推进衢丽铁路建设，提升金温铁路、甬台温铁路货运能力，拓展海铁联运物流网络。推进进港铁路支线建设，加快推进北仑支线复线、穿山支线复线、梅山支线建设，积极谋划推进六横（佛渡）支线研究，适时开展金塘港区铁路进港项目、杭州湾港区铁路等前期研究，打通铁路进港“最后一公里”。

二是逐步优化江海联运港区布局。重点优化北仑、穿山、洋山、六横、金塘等港区江海联运码头布置。按照国家大宗商品储运基地的战略部署要求，统筹全港铁矿石码头资源和舟山江海联运服务中心需求，系统完善铁矿石运输系统布局。继续完善衢山、穿山、六横等港区 LNG 江海联运设施，根据本地需求推进白泉、鱼山、洋山 LNG 相关设施布局。

三是打造 Y 形海河联运大通道。以浙北水网、钱塘江、杭甬运河内河航运市场为重点，加快建成京杭运河、杭甬运河 Y 形千吨级海河联运大通道，建成浙北高等级航道网集装箱通道工程，提升港口向浙北、浙西、浙中南等内陆地区辐射能力。推进杭甬运河新坝二线船闸、曹娥江两闸一航道等项目建设，改造提升宁波镇海港区海河联运功能，推进杭甬运河宁波段三期等项目前期工作，提升杭甬运河通航保障能力。加快推进浙赣运河连通工程前期论证与建设。

（二）创新模式机制，凝聚强大合力

一是持续推动多式联运信息化建设。着力破解铁路部门间信息共享壁垒，推动铁路和港口协同共建多式联运信息平台，实现货流智能匹配、费率实时查询、大宗运力线上交易等核心功能集成，深化与铁路系统的数据互联互通机制。完善江海河陆互联互通的物流信息平台，提高多式联运管理和服务水平，加强货源组织和运力调配，降低车船空驶率，提升运转效率。统筹集成宁波舟山港海铁联运信息平台、江海联运公共信息平台和“四港”联动智慧物流云平台等平台，实现交通、铁路、海关、企业、中介等多主体之间多式联运及贸易信息互联互通和精准匹配，打造一体化、智能化联运物流公共平台。

二是加快发展标准化多式联运装备。积极探索“车船直装”“空轨对接”“无人和自动化驾驶”等海铁联运衔接设备的推广应用，推进标准集装箱在铁路运输中的广泛应用。大力发展标准化、专业化公路货车，鼓励发展箱式运输、甩挂运输。继续深入开展江海、海河直达船型研发，加快江海直达船型研制应用，启动新型海河联运集装箱船建设，组建江海直达、江海联运船队。

三是构建多式联运协调机制。支持企业向跨运输方式、跨区域的综合物流服务商转型，构建覆盖现代供应链、冷链物流、大宗商品及电商物流的专业化服务网络，全面提升运输协同效率和综合效益。深化运输单证改革，全面推行“一单制”全程运输模式，制定覆盖不同货类、运输场景的操作标准体系，强化“公铁水空”运输规则衔接与数据互通。深化铁路与港口战略协作，共建集装箱堆场、共享运力资源，联合开发海铁联运“班列 + 班轮”标准化产品，创新“铁路箱下水”“海运箱进站”等业务模式。

（三）激发市场活力，增强发展动能

一是培育多式联运企业主体。推动单一运输模式的物流企业加快战略转型，支持其与港口、铁路、航空等干线运输主体及货代企业建立战略协作网络，系统性提升多式联运全流程服务能力。重点引导铁路、水运等干线运输主体开放资源接口，创新应用“干线 + 支线”“枢纽 + 网络”等联运模式，吸引具有国际物流网络布局的头部企业在区域枢纽设立运营总部，加速全球物流资源整合。

二是出台铁水联运支持政策，提高多式联运运费吸引力。通过拓宽融资渠道，包括申请港口建设补助资金、地方政府专项债券、优质企业债券融资，以及推广政府和社会资本合作（PPP）等多元化融资机制，为促进“公改铁”“散改集”等海铁联运体系建设提供多元化资金保障和政策支撑。加快运费下浮办理进度，约束铁路场站拖车费用，降低全程物流成本，便于争取新货源。积极响应国家“公转铁”战略部署，对具备显著公水联运优势的经济腹地及关键运输走廊，实施较大力度的铁路运价优惠措施。

三是有序拓宽海铁联运经济腹地，重点推进海港进长江。构建干支结合的分等级节点布局网络，在安徽、江西、江苏等货源稳定的省份构建“2 个重点枢纽节点 +N 个次要节点”的海铁联运布局网络；将腹地货量大和水运距离长的郑州、重庆、成都、株洲、西安、昆明、阜阳、南阳，以及“一带一路”沿线的兰州和乌鲁木齐，共 10 个城市作为宁波舟山港的腹地节点城市，推动共建内陆无水港、物流园，积极开发客户资源和适箱货种。强化与江苏、安徽、江西、湖北等地内河港口合作，加强多式联运泊位和分拨中心建设，推进海进江一程、二程运输有效衔接，力争布局 10 个左右长江沿线合作港口。

投资项目评估的数字化提升路径研究*

——以可行性研究报告评估为例

汪洋　牛美晨　裘莫寒　蒋昊宇　翟步金

数字化改革是党中央、国务院作出的重大战略部署，特别是 2023 年 2 月，中共中央、国务院印发了《数字中国建设整体布局规划》，对数字时代推进中国式现代化的总体目标、整体框架、重点任务等作出了部署。浙江省作为数字化改革的先行者，始终坚持数字引领，推进省域现代化治理的各项工作。投资项目评估是投资决策的重要环节，评估质量和效率对投资决策科学性发挥着关键作用，如何运用信息技术对投资项目评估进行数字化提升值得研究。本文以浙江省发展规划研究院数字智库核心业务应用场景建设研究为基础，分析投资项目评估的数字化提升路径，为咨询行业的数字化改革探索提供有益借鉴。

一、背景介绍

（一）党中央、国务院关于数字化改革的部署要求

习近平总书记向 2023 中国国际智能产业博览会致贺信指出，加快建设网络强国、数字中国[①]。2023 年 2 月，中共中央、国务院印发了《数字中国建设整体布局规划》，对数字时代推进中国式现代化的总体目标、整体框架、重点任务等作了部署，为经济社会发展的数字化改革指明了方向。

---

* 本文刊于《发展规划研究》2023 年第 4 期，公开发表于《经济管理》2023 年第 4 期。

①《习近平向 2023 中国国际智能产业博览会致贺信》，《人民日报》2023 年 9 月 5 日。

（二）浙江省数字化引领的外在要求

浙江是我国数字化改革的领跑者，2021 年 3 月，浙江省委全面深化改革委员会印发的《浙江省数字化改革总体方案》提出，浙江将以数字化改革撬动各领域各方面改革，运用数字化技术、数字化思维、数字化认知对省域治理进行全方位系统性重塑。浙江省发展改革委以 3.0 平台为核心，运用数字化手段，不断迭代平台、创新拓展应用场景。特别是在投资监管“整体智治、高效协同”的理念要求下，对评估业务进行数字化再造和提升，显得尤为重要。

（三）投资项目评估是高质量发展的内在需求

投资项目是发挥投资拉动作用，助力经济稳增长的重要抓手，投资项目依法合规推进尤为重要。投资项目评估是项目投资决策的重要环节，是提高投资决策科学性、合理性的重要抓手。2022 年 6 月，时任国务院副总理韩正在中咨公司调研时指出，做好前期工作是推进重大项目建设的先决条件，要坚持先评估后决策[①]。不过，当前投资项目评估普遍面临对接渠道混乱、流程烦琐、信息不对称、重复性事务工作多等问题，迫切需要运用数字化手段推动转型升级。

二、投资项目评估业务数字化路径分析

（一）业务数字化适用分析

投资项目评估主要依据相关规划、政策、法规、标准、规范，结合评估要求和评估对象的主要内容，分析其必要性、合理性、可行性等，并提出针对性意见建议。具体包括对投资项目建议书、可行性研究报告、资金申请报告、项目申请报告、初步设计以及节能、社会风险、实施方案等的评估（见图 4–3）。

本文以可行性研究报告评估为切入口，主要考虑几方面因素。首先，可行性研究是投资项目决策过程中最关键的阶段，可行性研究报告确定的建设内容及规

---

① 《韩正在中国国际工程咨询有限公司主持召开座谈会》，中国政府网，2022 年 6 月 16 日。

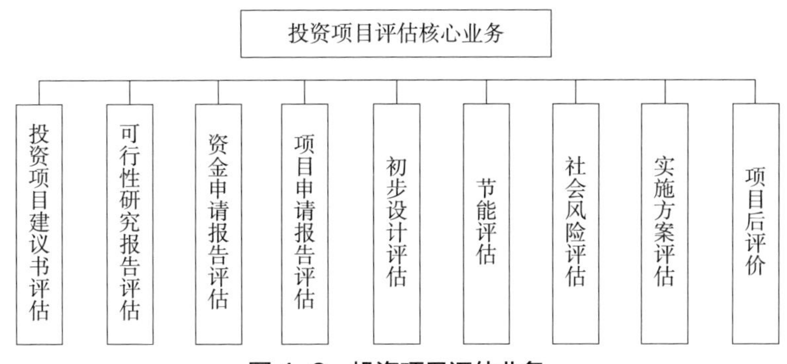

图 4-3　投资项目评估业务

资料来源：作者自绘。

模、投资估算等对项目建设具有决定性意义；其次，可行性研究具有较强的约束性和较为固定的研究框架，便于进行模块化拆解和数字化提升。另外，笔者通过梳理所在单位的评估业务发现，可行性研究报告评估占所有评估业务的比例达34%，工作需求较大。

（二）业务梳理拆解

探索评估业务的数字化路径，首先应对其工作内容进行系统梳理，并进行最小单元化拆解。本文重点聚焦可行性研究报告评估，根据集成应用建设 V 字模型，从“任务定义—编制任务树—绘制执行链—建立支撑体系—确定数据需求—确定数源系统”的任务分解流程出发，对投资项目评估按纵向事务流和横向任务流进行梳理和逐层拆解，形成任务树（见图 4-4）。

通过对投资项目评估业务的梳理和拆解，从数字化提升的角度，评估人员结合实际工作经验，对拆解的具体工作任务进行数字化提升适用度分析（见图 4-5），以供后续场景架构设计参考。具体来看，五大关键环节共 21 项具体工作任务中，适合数字化的工作任务达 16 项，不适合数字化的主要包括审查和技术经济分析等需要评估人员发挥技术能力的工作任务。

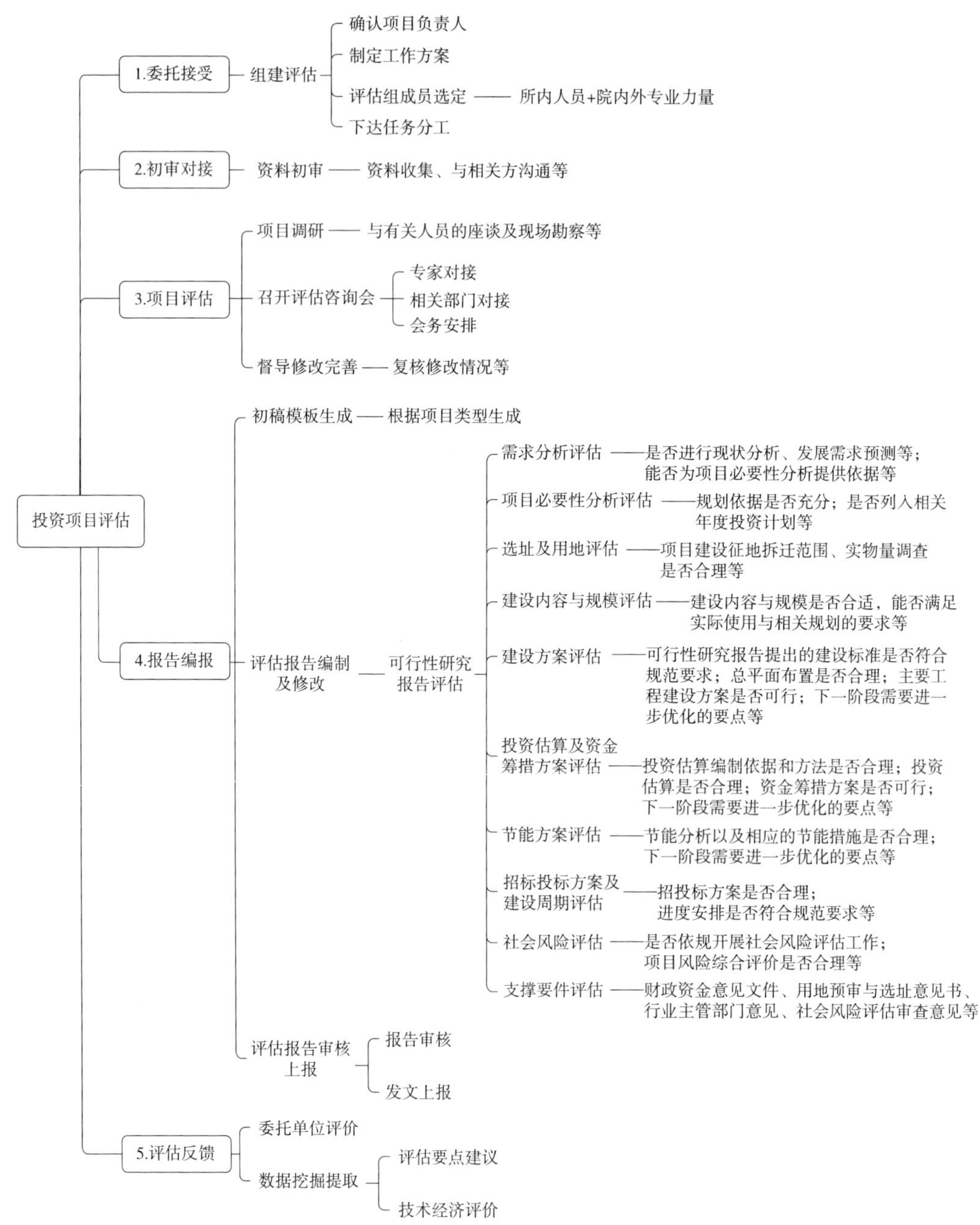

图 4-4　投资项目评估业务框架

资料来源：作者自绘。

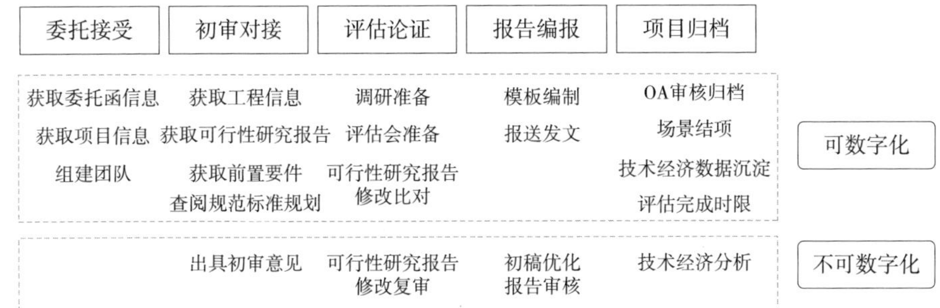

图 4-5　评估业务数字化适用分析

资料来源：作者自绘。

三、数字化场景架构设计

（一）总体思路

以数字化改革提升为引领，以提高工作效率为导向，以优化评估流程为主线，按照实战、实用、实效的原则，着力解决评估业务工作短板，为投资项目评估进行数字化赋能，建设一个“可用、管用、实用”的投资项目评估应用场景。

以“四通”为抓手，消除信息孤岛。聚焦横向业务流线和纵向业务内容的双向打通，破除项目推进相关部门特别是审批相关部门的信息壁垒和信息孤岛。平台打通，将投资监管、自然资源、财政等部门平台相关模块与评估应用场景系统打通，实现项目审批、项目评估、项目要素保障一盘棋；资料互通，借助各平台打通的接口，实现可行性研究报告及审批前置要件等相关资料的实时共享；流程贯通，通过应用场景，将评估工作过程中的项目对接、资料收集、现场调研和审查会议等事务留痕，并将投资主管部门的会审、审批节点及结果信息实时传送；全程融通，将同一项目的不同环节进行数据联通，并对项目数据进行提取、沉淀和分析，为同类评估或其他项目评估提供数据支撑和借鉴参考。

以“三性”为核心，构建场景底层逻辑。项目可行性研究是投资项目推进过程中的关键环节，评估重点可概括为项目的必要性、合理性和合规性。必要性，从项目建设背景、产业政策、行业规划等的相符性，以及市场需要、技术进步、社会发展等角度，评估项目建设的必要性和意义；合理性，包括项目建设内容及规模、建设条件、建设标准、建设方案、生态环保、组织管理、投资估算及资金筹措、经济社会分析等方面的合理性；合规性，从审批角度评估项目的各项前置要件是否齐备、准确。

以“三层”为架构，搭建双主线业务场景。围绕评估业务流程推进，以事务性为横向主线，以各环节内容性为纵向主线，叠加数据资源库，构建以三层架构为基底、事务推进为流线的双主线业务场景。业务模块层主要包含项目建议书评估、可行性研究报告评估等 9 个核心业务子模块，每个模块聚焦委托接受、初审对接、评估论证、报告编报、评估反馈五大环节，构建全过程闭环链；应用功能层通过聚焦评估效率提升，开发智能识别、智能推送、智能生成和智能预警 4 个应用工具箱系统；数据资源层通过建立项目库、标准库和专家库，一方面为评估工作提供支撑服务，另一方面也为评估后的数据分析挖掘和派生业务建议发挥作用。

（二）架构设计

建设“349”场景架构，即以 3 库为数据资源层，开发 4 套智能工具箱为应用功能层，服务评估九大业务模块，共同组成投资项目评估场景（见图 4-6）。

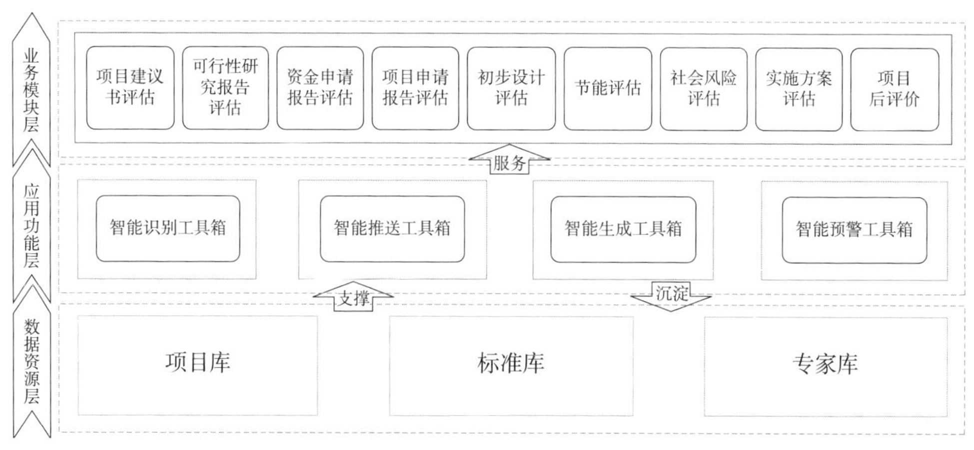

图 4-6 投资项目评估场景框架设计

资料来源：作者自绘。

四、业务功能模块

以可行性研究报告评估为切入口，重点构建“1+N+3”的业务功能模块（见图 4-7），即一条业务主线、N 个应用功能和三个数据资源库，建设纵向一体、横向协同的评估业务模块。

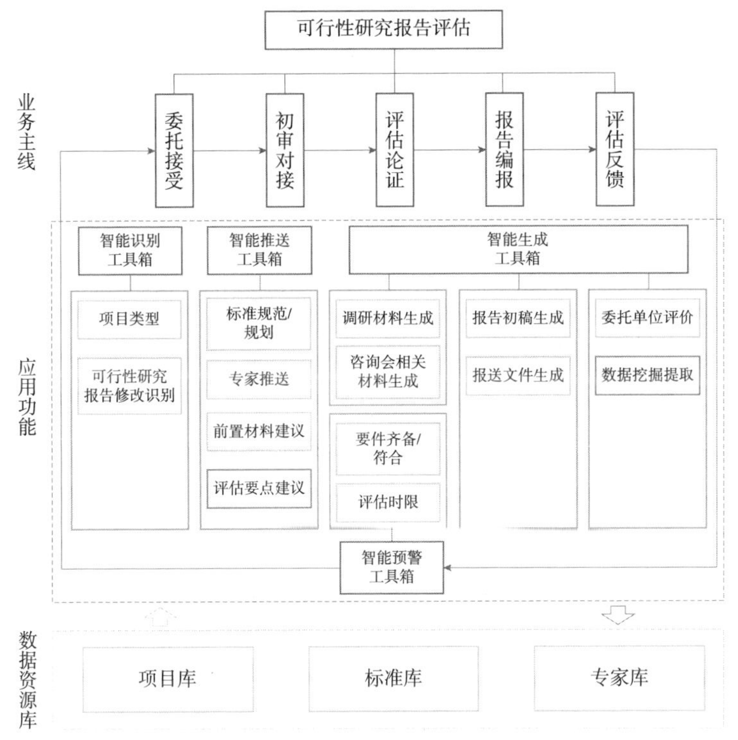

图 4-7 “1+N+3”业务功能模块设计

资料来源：作者自绘。

（一）一条业务主线

根据评估工作流程，聚焦五大关键环节，建设评估业务全过程闭环链，满足评估全流程的不同功能需求。

委托接受。推进院 OA 系统对接打通 3.0 平台相关接口，实现评估项目线上委托、项目文本同步传送、项目情况智能识别等功能，有效提高对接效率。

初审对接。根据项目情况智能识别结果，围绕项目必要性、合理性、合规性，提供标准规范、规划、前置要件、评估要点和专家等智能推送及建议功能。

评估论证。通过调研、会议材料自动生成和会后修改情况识别功能，减少评估组工作量，将精力更多聚焦到技术层面。

报告编报。在项目满足必要性、合理性、可批性后，启动评估报告编制工作，按照标准格式模板，智能提取文本相关内容，实现评估报告初稿一键生成功能。

评估反馈。在评估报告编制完成并报送委托单位后，对接院 OA 系统和 3.0 平台，实现自动归档、同步报送，并提供数据指标提取和分析功能，为同类型评估项目提供借鉴参考，为投资咨询研究提供有效数据支撑。

（二）N 个应用功能

根据业务主线中的五大关键环节，聚焦实用、能用、管用，开发 4 个智能应用工具箱。

智能识别工具箱。在委托接受环节，通过智能识别技术将可行性研究报告中项目类型、项目任务与规模、项目投资估算、项目所处区域、项目所属规划、委托单位等关键信息进行提取，保障项目信息准确、高效识别。

智能推送工具箱。在项目初审对接环节，通过智能识别项目关键信息后，推送相关建设标准、规范和项目所需前置要件；根据项目的类型和地区，推送相关规划；根据项目内容，生成项目评估重点建议，推送推荐专家。

智能生成工具箱。在项目评估、报告编制、评估反馈等环节，智能化识别系统基于评估重点，自动判断可研报告是否按要求修改完善，并基于修改后的可研报告，自动生成评估报告初稿。项目评估结束后，功能模块将深度挖掘该项目中的数据，以形成可供后续借鉴的数据库。

智能预警工具箱。聚焦项目要素和评估时限，开发红、黄、绿三色预警工具箱。项目要素预警主要针对前置要件齐备度和报告、要件符合度；评估时限预警主要针对委托单位评估时限要求，以横道图的形式直观反映各项目进度，并实时预警。工具箱应用功能主要包含要件警报、时限预警等功能。

（三）3 个数据资源库

场景建设坚持需求导向和应用导向，确定数据分类及来源，形成数据体系和指标体系，建设由项目库、标准库、专家库 3 个部分组成的数据资源层。

项目库。由历年评估项目汇集而成，对项目数据进行建设方案、平均造价、评估要点等多维度统计分析，深度挖掘数据价值，支撑模块功能的实现。

标准库。由相关法规、标准规范、规划和政策文件等构成，触发支撑可行性研究项目评估任务时，根据项目特点，智能推送评估依据的标准规范和相关规划、政策文件等。

专家库。数据库包含专家的专长、领域、地区等细分画像数据，支撑根据不同项目智能推荐评审专家功能的实现。叠加专家推荐评分功能，实时优化专家库。

对三库实行动态更新管理，形成一个可持续发展、不断完善的投资项目评估数据产业生态圈，为“N”功能应用的实现提供全面、精准、细致的数据服务。同时，三库数据可为规划编制、课题研究人员调用，真正推进跨业务横向协同，做到数据资源共享。

五、应用实践与成效

在进一步细化评估核心业务梳理的基础上，通过“349”场景架构和“1+N+3”业务功能模块，打造纵向一体、横向协同的评估业务应用场景。在此基础上，联合技术开发单位开发建设了场景系统，经过调试和业务培训后，平台正式上线运行，取得了显著成效。

（一）运行情况

平台上线后，各部门均上线各自领域可行性研究报告评估项目，运行 2 个月内，共完成评估项目 27 项，其中水利领域项目 14 项、建筑领域项目 6 项、交通领域项目 5 项、能源领域项目 2 项。

（二）主要成效

评估流程优化。通过对评估业务进行细颗粒度的梳理，以业务主线的五大关键环节为逻辑，将拆解细分的各层级任务要点在应用场景中进行数字化、模块化操作，实现评估流程标准化（见图 4–8）。同时，通过数字化平台，在委托接受

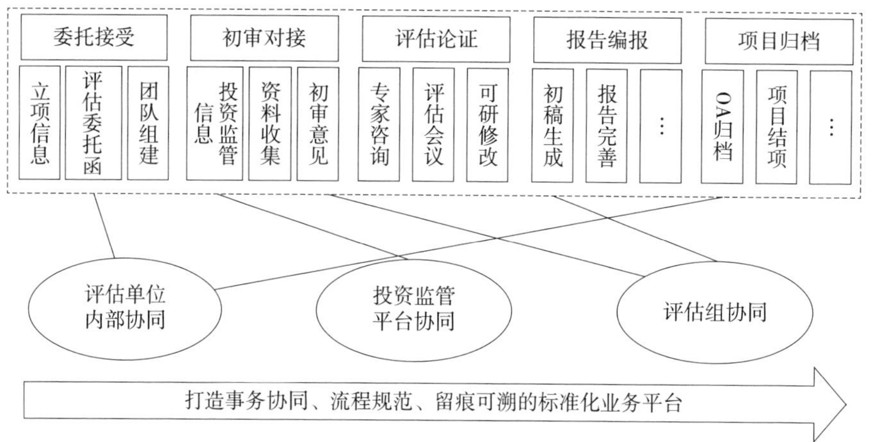

图 4-8　场景流程优化及工作协同示意图

资料来源：作者自绘。

环节和项目归档环节，打通评估单位 OA 系统与评估场景系统，实现评估单位内部协同；在初审对接环节，打通获取投资监管项目信息渠道，实现场景与投资监管平台协同；在初审对接环节和初稿生成环节，通过评估人员在线上传及汇总初审意见、下载自动生成的评估报告初稿，实现评估组内部协同。

评估效率提高。通过智能提取、智能推送、智能生成和智能预警四大工具箱，将评估人员从大量烦琐的事务性、机械性工作中解放出来，聚焦到评估技术提升上。经大致测算，四大功能的实现程度分别达到 90%、80%、50% 和 100%，资料收集的时间由传统模式下的 2~3 小时提升至实时获取，报告初稿生成的时间由传统模式下的 3 小时左右提升至 10~15 秒，大大减轻了重复的事务性工作，显著提高了评估工作效率。

评估质量提升。根据项目类型和所在地，推送标准规范和规划，有效解决了原有评估工作中，因为资料收集有难度而带来的技术复核不到位、规划符合性审查不足的问题。技术经济是评估项目的核心内容，通过提取统计已完成项目的工程费用单价，对新项目的技术经济指标发挥一定的参考作用。

第五章

产业发展板块：
“千万工程”的浙江实践

浙江“千万工程”实施20周年的历史逻辑与时代价值*

吴红梅　潘毅刚　陈文杰　祝立雄

“千万工程”是习近平同志在浙江工作时亲自谋划、亲自部署、亲自推动的重大决策。20年来，“千万工程”造就了浙江万千美丽乡村，造福了万千农民群众，给浙江大地带来的变化是全方位的，创造的成就是历史性的，形成的影响是国际性的，得到世界广泛赞誉。“千万工程”体现了以人为本的基本立场，探寻了统筹城乡推动农民农村共同富裕的根本路径，凸显了物质富裕、精神文明互促共进的重要原则，反映了人与自然和谐共生的现代化的关键要求，为推动中国乡村振兴找到了实践理论和科学方法，为引领中国式现代化，加快城乡融合，谱写农村农民现代化新篇章提供了先行样本。

一、“千万工程”引领中国式现代化的实践逻辑

20年来，浙江按照习近平同志指引的路子，尤其是按照习近平总书记赋予的“干在实处永无止境，走在前列要谋新篇，勇立潮头方显担当”[①]的新期望，一张蓝图绘到底，一以贯之、坚持不懈、高水平推进“千万工程”，实现从“千万工程”到美丽乡村建设，再到未来乡村的跃迁。

---

* 本文刊于《发展规划研究》2023年第7期，公开发表于《习近平经济思想研究》2023年第6期。

① 《习近平总书记对浙江工作作出重要指示　干在实处永无止境　走在前列要谋新篇　勇立潮头方显担当》，《浙江日报》2018年7月10日。

（一）“千万工程”是引领发展的龙头工程

聚焦破解浙江率先遇到的产业层次低、发展粗放、生态不堪重负等“成长的烦恼”和“制约之痛”，“千万工程”找到了推动乡村高质量发展、实现“凤凰涅槃”的有效路径。自 2003 年以来，浙江把实施“千万工程”作为建设农业强省、推动城乡区域协调发展必须抓好的重大战略举措，每五年制定一个行动计划，持续迭代深化，不断向纵深推进。2008 年部署继续实施第二轮“千万工程”，在全省全面开展村庄整治建设。2010 年部署推进美丽乡村建设行动。2016 年提出全力打造美丽乡村升级版。2021 年大力实施新时代全域共美、环境秀美、数字增美、产业壮美、风尚淳美、生活甜美“六大行动”。2023 年持续深化乡村建设行动，以“千万工程”统领宜居宜业和美乡村建设。

（二）“千万工程”是统筹城乡的基础工程

聚焦破解浙江发展中面临的城乡差距大、城乡融合难等不平衡不充分问题，浙江以“千万工程”为抓手，加快推进城乡一体化，坚持新型城镇化和乡村振兴双轮驱动，让农民就地过上现代文明生活。“千万工程”实施 20 年来，浙江城乡融合发展走在全国前列。一是城乡基础设施互联互通。统筹推进城乡交通、供水、供电、供气、物流、宽带服务、金融网点等建设，2022 年全省 200 人以上自然村公路通达率达 100%，城乡公交一体化率达 75%；率先基本实现城乡饮水同质，城乡规模化供水覆盖率达 90%；农网供电可靠性达 99.9%，农村电网智能化改造有效覆盖率达 92.1%；管道燃气“村村通”试点和城乡供气一体化试点积极推进；快递进村服务、行政村 4G 和光纤、重点乡镇 5G、“雪亮工程”基本实现全覆盖，县域数字农业农村信息化发展水平连续四年稳居全国第一。二是城乡公共服务优质共享。推动教育培训、劳动就业、医疗卫生、社会保障等服务向乡村延伸，实现乡镇公办中心幼儿园、城乡教育共同体、居家养老服务中心、新时代文明实践中心全覆盖，义务教育城乡学校校际差异系数全国最低（0.27 以内），村级医疗机构规范化建设率达 84.4%。三是城乡生产要素双向流动。深入推进“两进两回”，支持和引导科技进乡村、资金进乡村、青年回农村、乡贤回农村，实施新一轮新乡贤助力乡村振兴专项行动、高素质农民培育计划、农民创业促进行动，培育更多农创客，鼓励和引导工商资本到农村发展适合企业化经营的现代种养业。

（三）“千万工程”是“两山”转化的生态工程

聚焦破解如何转变发展理念、调整发展方式，特别是处理好发展与环境保护之间的关系等方面的问题，“千万工程”实现了从美丽生态到美丽经济，再到美丽生活的跃升，有效打通了“绿水青山就是金山银山”的转化路径。2005 年 8 月 15 日，习近平同志在浙江安吉余村考察时，首次提出“绿水青山就是金山银山”的科学论断[①]。浙江按照“两山”理念的指引，大力推进农村一、二、三产业融合发展，多功能发展和城乡融合发展，增强美丽乡村建设等的持久动力。截至 2022 年底，全省已创建美丽乡村示范县 70 个、示范乡镇 724 个、风景线 743 条、特色精品村 2170 个、美丽庭院 300 多万户，不断涌现出乡村旅游、电子商务、养生养老、运动健康、文化创意等新产业和新业态。

（四）“千万工程”是乡村治理的民心工程

聚焦破解乡村治理难题，特别是县、乡、村三级治理体系功能不健全，协调联动机制不完善，责任落实不到位等问题，“千万工程”实施过程中始终坚持高位推动，有效发挥了多种治理制度的功效。充分调动政府、农民和市场三方面积极性，政府发挥引导作用，做好规划编制、政策支持、试点示范等工作；注重发动群众、依靠群众，完善农民参与引导机制；通过引入市场机制、建立利益机制，吸引企业、社会、村集体和村民等多元主体共同投资和参与乡村建设，从而形成全社会共同参与推动的大格局。同时，积极推进乡村数字化改革，加快建设乡村“数字大脑”，坚持需求导向，聚焦重点领域，打造更多适农化多跨应用场景。积极推进新时代乡村集成改革，提升乡村文明风貌。坚持和发展新时代“枫桥经验”，持续深化自治、法治、德治“三治”融合，夯实社会治理基层基础，切实提高乡村治理社会化、法治化、智能化、专业化水平。持续深化“县乡一体、条抓块统”改革，确保农村地区社会和谐有序。

---

① 《时隔 15 年，习近平再到安吉县余村考察》，新华社，2020 年 3 月 31 日。

（五）"千万工程"是共同富裕的改革工程

聚焦破解城乡收入分配差距大、农民增收难等问题，"千万工程"有效激发乡村内生活力，促进农民农村共同富裕。浙江结合高质量发展共同富裕示范区建设各项目标任务，谋划建立一套目标清晰的指标体系，以数字化改革为引领，谋划推进农户"扩中""提低"、山区 26 县和海岛县高质量发展以及"浙农促富"数字化场景应用建设等重点任务，加快打造一批具有浙江"三农"辨识度的标志性抓手。建立政府投入引导、农村集体和农民投入相结合、社会力量积极支持的多元化投入机制，省级财政设立专项资金、市级财政配套补助、县级财政纳入年度预算。支持组建县域强村公司，增强村集体经济富民惠民功能，大力发展绿色低碳生态农业，建设"共富工坊"，深化实施千万农民素质提升工程，多渠道提升农民收入。打造新型帮共体，推行共享型飞地经济合作模式，打造山海协作升级版，实现先富带后富、区域共同富。浙江城乡居民收入比从 2003 年的 2.43 ∶ 1 缩小到 2022 年的 1.90 ∶ 1，是全国城乡收入差距最小的省份；浙江农村居民人均可支配收入从 2002 年的 5431 元提升到 2022 年的 37565 元。全省村级集体总资产 8800 亿元，集体经济年收入 30 万元以上且经营性收入 15 万元以上的行政村占比 85% 以上，村级集体经济年经营性收入 50 万元以上的行政村占比达 51.2%。

二、"千万工程"对推动中国式现代化的时代价值

"千万工程"从省域层面对如何有效破解"三农"问题、打破城乡二元结构问题进行了卓有成效的理念重塑、模式重塑和制度重塑，蕴含着独特的系统观、发展观、价值观、文明观和生态观，是结合中国实际和时代特征探索中国式现代化理论的重大创新和生动实践，在我国城乡发展史上具有里程碑式的重大意义，是习近平新时代中国特色社会主义思想在浙江萌发与实践的重要标志性成果。

（一）指明了建设现代乡村的目标方向

习近平总书记站在中华民族伟大复兴战略全局的高度，从大历史观的视角，

提出民族要复兴，乡村必振兴[①]，强调全面推进乡村振兴的深度、广度、难度都不亚于脱贫攻坚，决不能有任何喘口气、歇歇脚的想法，要在新起点上接续奋斗[②]，并在党的十九大报告中创造性地提出实施乡村振兴战略[③]。乡村振兴战略是一个管全面、管长远的大战略，是事关中国式现代化建设的全局性、历史性任务。“千万工程”找到了有效破解城乡二元结构、城乡分割的体制机制障碍的金钥匙，推动新农村建设与城镇化实现双轮驱动，形成以城带乡、以工促农、城乡互促共进的发展格局。2015 年 5 月，在浙江考察期间，习近平总书记就明确指出，提高城乡发展一体化水平，要把解放和发展农村社会生产力、改善和提高广大农民群众生活水平作为根本的政策取向，加快形成以工促农、以城带乡、工农互惠、城乡一体的工农城乡关系[④]。同时，“千万工程”秉持“绿水青山就是金山银山”理念，推动农村地区将“生态资源”转化为“生态资本”，将“生态优势”转化为“经济优势”，在人与自然和谐共生中实现美丽生态、美丽经济、美好生活有机融合。

（二）开辟了城乡共同富裕的有效路径

习近平总书记高度关注全体人民共同富裕的实现，指出共同富裕是社会主义的本质要求，是人民群众的共同期盼[⑤]；强调中国式现代化是全体人民共同富裕的现代化[⑥]；要统筹考虑需要和可能，按照经济社会发展规律循序渐进，自觉

---

① 《习近平在中央农村工作会议上强调　坚持把解决好“三农”问题作为全党工作重中之重　促进农业高质高效乡村宜居宜业农民富裕富足》,《人民日报》2020 年 12 月 30 日。

② 《习近平在广西考察时强调　解放思想深化改革凝心聚力担当实干　建设新时代中国特色社会主义壮美广西》,《人民日报》2021 年 4 月 28 日。

③ 习近平:《决胜全面建成小康社会　夺取新时代中国特色社会主义伟大胜利——在中国共产党第十九次全国代表大会上的报告》，新华社，2017 年 10 月 27 日。

④ 《习近平在浙江调研时强调：干在实处永无止境　走在前列要谋新篇》,《人民日报》2015 年 5 月 28 日。

⑤ 《习近平：关于〈中共中央关于制定国民经济和社会发展第十四个五年规划和二〇三五年远景目标的建议〉的说明》，新华社，2020 年 11 月 3 日。

⑥ 《习近平在辽宁考察时强调　在新时代东北振兴上展现更大担当和作为　奋力开创辽宁振兴发展新局面》,《人民日报》2022 年 8 月 19 日。

主动解决地区差距、城乡差距、收入差距等问题[①]。“千万工程”充分彰显以人民为中心的发展理念，率先求解“城乡差距”这个共同富裕的普遍性难题，从浙江千百万农民群众的切身利益出发，把增进广大农民群众的物质利益、政治利益、文化利益作为工作的出发点和落脚点，努力改善农村生产生活条件，提高农民的生活质量和健康水平，积极探索走向共同富裕的道路，使广大农民有更多获得感、幸福感。通过推进农民农村共同富裕，有效激活农村广阔的消费市场，为强大国内市场提供支撑，为构建新发展格局筑牢基础。

（三）找到了现代乡村治理的核心抓手

习近平总书记强调，要加强和改进乡村治理，加快构建党组织领导的乡村治理体系[②]。推进乡村治理体系和治理能力现代化建设是实现乡村全面振兴、巩固党在农村执政基础、满足农民群众美好生活需要的必然要求。“千万工程”把农村文明村、文化村、卫生村、民主法治村建设紧密结合起来，推动美丽乡村建设从“风景美”向“风尚美”转型，极大地改善了党群关系、干群关系、邻里关系。同时，创新提质乡村数字经济，积极运用现代数字技术与乡村生产、生活、生态全面融合，统筹推进农村土地制度、农村产权制度、户籍制度、“三位一体”农民合作经济等农业农村领域重点改革，推动美丽乡村从“形态美”迈向“制度美”。

（四）赋予了乡村文明传承的创新内涵

习近平总书记高度重视赓续农耕文明，指出要把保护传承和开发利用有机结合起来，把我国农耕文明优秀遗产和现代文明要素结合起来，赋予新的时代内涵，让中华优秀传统文化生生不息，让我国历史悠久的农耕文明在新时代展现

---

① 《习近平在省部级主要领导干部学习贯彻党的十九届五中全会精神专题研讨班开班式上发表重要讲话强调　深入学习坚决贯彻党的十九届五中全会精神　确保全面建设社会主义现代化国家开好局》，《人民日报》2021 年 1 月 12 日。

② 《习近平在中央农村工作会议上强调　坚持把解决好“三农”问题作为全党工作重中之重　促进农业高质高效乡村宜居宜业农民富裕富足》，《人民日报》2020 年 12 月 30 日。

其魅力和风采[①]。2022 年 12 月召开的中央农村工作会议上，习近平总书记进一步强调，赓续农耕文明[②]。“千万工程”不仅是环境革命，还是一项文化工程，从最早的种文化、送文化，到 2013 年为顺应农民群众日益增长的精神文化需求和农村文化发展实际，浙江省委、省政府提出打造农村文化礼堂，通过文化引领实现“心灵美”，目前已经实现 500 人以上行政村全覆盖。按照“文化礼堂、精神家园”的定位，推动教育教化、乡风乡愁、礼仪礼节、家德家风、文化文艺“五进”礼堂，使文化礼堂成为农村“文化地标”、农民“精神家园”，让浙江乡村不仅美在山水生态、村容村貌，更美在乡风文明、人文内涵。

（五）贡献了乡村可持续发展的中国方案

“千万工程”探索于浙江，走向全国，并在国际上产生了巨大反响，为世界提供了习近平生态文明思想的浙江样本。“千万工程”有效破解了如何改善乡村环境治理、推进生态文明建设的世界性难题，让环境保护与经济发展同行。“千万工程”面向广大农民，推动广大农民共享现代化成果，推进农业农村现代化，为实现人口规模巨大的中国式现代化提供基础性支撑。作为世界上最大的发展中国家，中国以自身的努力，既着眼于中华民族永续发展，又着眼于人类文明的共同未来，为实现联合国可持续发展愿景作出突出贡献和示范，“千万工程”成为人类生态文明建设史、现代化发展史上的一个伟大创举。

三、坚持和发展“千万工程”的前景展望

习近平总书记指出，全面建设社会主义现代化国家，实现中华民族伟大复兴，最艰巨最繁重的任务依然在农村，最广泛最深厚的基础依然在农村[③]。新征程上，持续深化“千万工程”，将助力推进城乡融合新进展、激发乡村振兴新

---

① 习近平：《论党的宣传思想工作》，中央文献出版社，2020。

② 《习近平在中央农村工作会议上强调 锚定建设农业强国目标 切实抓好农业农村工作》，《人民日报》2022 年 12 月 25 日。

③ 《习近平在中央农村工作会议上强调　坚持把解决好“三农”问题作为全党工作重中之重　促进农业高质高效乡村宜居宜业农民富裕富足》，《人民日报》2020 年 12 月 30 日。

动能、塑造乡村风貌新气质、探索共同富裕新路径，奋力谱写中国式现代化的"三农"新篇章，让农村群众享受到现代化建设新成果，引领中国式现代化走深走实。

（一）为推进城乡融合赋能

持续深化"千万工程"，要把工农、城乡作为一个整体来统筹谋划，将提高县城承载能力与深化"千万工程"相结合，积极推进以县城为重要载体的新型城镇化建设，强化县、镇、村三级联动发展，在城乡融合中提升乡村建设水平，加快走出以县域为基本单元的城乡融合发展新路子。健全城乡融合发展体制机制，推进城市基础设施建设向美丽乡村延伸，城市基本公共服务向美丽乡村覆盖，城市现代文明向美丽乡村辐射，推动人才、土地、资本等要素在城乡间双向流动，拓展现代化发展空间的广阔天地，高水平实现新型城镇化与农业农村现代化均衡发展、互促共进、共同繁荣。

（二）为提速乡村振兴加力

持续深化"千万工程"，要找准我国乡村发展的历史方位，更高水平统筹推进乡村实现产业振兴、人才振兴、文化振兴、生态振兴、组织振兴的全面振兴。依靠科技和改革双轮驱动加快建设农业强国，确保重要农产品特别是粮食供给，加快构建现代乡村产业体系，大力发展乡村现代生产力。大力提升村民现代化素质，全面深化农村各项改革，更加注重完善提升乡村基础设施和公共服务配套，不断重塑乡村功能，增强农业农村发展动能，加快走出全面推进乡村振兴、实现农业农村现代化的实践新路径。

（三）为建设和美乡村增色

持续深化"千万工程"，要持续深化农村人居环境整治，加强传统村落和乡村特色风貌保护，加强农村精神文明建设，培育文明乡风。加快打通"绿水青山就是金山银山"转化通道，深入探索农业绿色价值实现机制。健全生态环境建设与美丽乡村建设互促共进的机制，形成既有现代文明，又有田园风光的美丽乡村新境界。坚持和发展新时代"枫桥经验"，深化"县乡一体、条抓块统"改革，推动乡风文明、乡村治理再提升，进一步健全党组织领导下“四治融合”的乡村治理体系。

（四）为实现共同富裕创路

持续深化“千万工程”，要进一步丰富共同富裕的思想内涵，率先探索破解制约我国“三农”问题的有效路径，努力绘就共同富裕大场景下新时代美丽乡村新图景，推动美丽乡村不断彰显未来味、共富味、数字味。通过全链条促进农民农村共同富裕，实施村级集体经济提质增效行动、农民创业就业促进行动、乡村数字经济发展行动、先富带后富“三同步”行动，让人民群众真切感受到共同富裕看得见、摸得着、真实可感，确保共同富裕路上一个也不掉队。

浙江实施“千万工程”的未来展望*

范伟玉

2003年，习近平同志在浙江工作期间，在深入调查研究的基础上，高瞻远瞩地提出了“八八战略”这一重大决策部署，率先在全国谋划实施“千村示范、万村整治”工程（以下简称“千万工程”），由此拉开了浙江乡村振兴的帷幕。可以说，浙江乡村振兴起步早、方向准、成效好，不仅对全国有示范作用，在国际上也得到认可。

“千万工程”实施20年来，农村人居环境测评、农村基础设施建设、农村集体经济、农民收入始终保持全国领先地位，农村公共服务和治理能力也得到显著提高。浙江始终坚持绿色发展，在困难中反复实践、不断进取，浙江乡村发展实现历史性蝶变，见证了“千万工程”深刻改变5000多万人的生活，验证了习近平生态文明思想的真理力量。“千万工程”的重大意义主要体现在3个方面：一是习近平经济思想萌发的实践基础，二是推动高质量发展的重要抓手，三是全面推进乡村振兴的成功案例。本文在深刻学习“千万工程”重大政治意义、理论意义和实践意义的基础上，结合农业农村现代化先行的奋斗目标，展望浙江乡村振兴的未来图景。

（一）以大花园美丽河湖田园为底色、三生融合的美丽聚落

农业生产绿色。农业农村领域全面实现碳达峰，化肥农药使用量持续实现零增长。绿色生态防控技术创新与应用支撑不断加强，土壤水源管理提升技术高水平发展。畜禽健康养殖，养殖废弃物实现高效率资源化利用。传统农业实现绿色

---

* 本文刊于《发展规划研究》2023年第7期。

化全面转型，生态农业、循环农业高水平发展，多区域、多层次、多类型现代农业综合体全面形成。绿色农业生态服务价值不断提升，碳汇关键技术实现创新突破，农业碳汇交易全面实现生态经济化。

农民生活低碳。基于低碳经济和低碳发展理念，分布式光伏发电、生物质清洁采暖等技术路径实现全领域覆盖，新型技术导入实现生活废弃物的资源化和无害化处理。多种能源技术集中到户，自然村内实现低碳清洁能源基本自给，生活方式完成向清洁低碳的转变，农民低碳发展意识全面提高。低碳循环高效能源开发与利用不断加强，有意识地进行农村生活垃圾无害化处理，农村生活向低碳持续转型，绿色发展和人居环境不断改善。

农村生态优美。美丽乡村升级版持续深化，“千村精品、万村景区”工程提质增效，“多规合一”在乡村全面落地，网格化治理体系不断完善，农村人居环境质量显著提升。农房实现全生命周期数字化综合管理，农房风貌不断提升，整体景观协调发展。文化村落实现复兴、传统村落重现生机，乡村农耕文明的“根与魂”得到传承与保护。

（二）以高质量发展集约高效为原色、品质优良的现代农业

重要农产品安全保供。粮食播种面积稳定、产量持续增长。种粮补贴动态调整机制系统性建立，水稻种植完全成本保险全面推行，粮食产购储加销统筹布局、整体推进，粮食产业链、供应链稳定。菜篮子工程持续升级，生猪重点项目、肉牛肉羊增量提质持续推进，家禽标准化养殖持续推进，养殖规模化程度逐步提高，畜禽生产总量不断扩大。一批高质量绿色蔬菜保供基地完成建设，田头冷藏保鲜设施、产地冷链集配中心等基础设施配备完善。

科技驱动力持续增强。大中型、智能化、复合型农业机械全面应用，农作物全程机械化生产体系建立并逐步完善，区块链、大数据、物联网、人工智能等精准农业模式开展全面探索。“全程机械化 + 综合农事”等农机服务新模式推陈出新，“农业产业大脑 + 未来农场”的创新模式逐步推广。优异种质资源库全面建成，种业科技创新攻关有所突破，优质高效的新品种不断涌现，粮食的产量、品质和生态水平不断提高。省内良种繁殖基地数量和质量不断提升，繁育能力不断增强。

农村新业态活力迸发。以“互联网 + 三农”为实施路径，一、二、三产业融合发展，新业态新模式不断涌现。依托浙江特有的地域文化，乡村休闲旅游农业发展更具内涵。康养、旅游、文体等开发形式不断丰富，精品景点线路不断提升，“诗画浙江”品牌影响力不断扩大。“互联网 +”行动推动农产品出村进城，农村电商模式不断创新，直采直供、冷链配送、社区拼购等业态全面发展，农产品“生鲜电商 + 冷链宅配”模式全面推广。瞄准全链条，新型农产品加工不断做强，特色产业更有效益，“中央厨房 + 冷链配送 + 物流终端”“中央厨房 + 快餐门店”等新型业态不断涌现，产销及配套集中的农产品加工集群不断形成。

（三）以高素质懂技术善经营为本色、知农爱农的职业农民

农民素质现代化。高素质农民队伍规模持续扩大，结构持续改善。高素质农民年龄段不断优化，受教育程度不断提升，农民技术人员职称占比逐步提高。规模经营户和耕种收综合机械化生产户不断增多，掌握畜禽粪污、秸秆和农膜资源化利用技术，能够利用手机或电脑等智能化终端进行农业生产经营活动。高素质农民担任村干部比例增加，通过参与村级事务管理，在乡村治理中发挥积极作用。与此同时，其作为干部在带动农业产业致富、推进农业提质增效中发挥了引领带动作用，社会影响力持续提升，形成良性循环。

农业从业职业化。以农业为职业、占有一定的资源、具有一定的专业技能、有一定的资金投入能力、收入主要来自农业的农业劳动力的新型职业农民不断涌现。新型职业农民在农民合作社、家庭农场、专业大户、农业企业等新型生产经营主体中能稳定地从事农业劳动作业，并以此为主要收入来源。在社会化服务组织中或个体直接从事农业产前、产中、产后服务的职业农民群体逐步发展壮大。新型职业农民培训管理体系不断完善，多元化的农民教育培训专业机构主体教育水平不断提升。

农村创业“时尚化”。创业服务体系日渐完善，设立创业指导服务中心和创业服务窗口，创业培训和创业项目巡诊服务积极开展，组织开展返乡下乡创业典型评选活动，每年涌现更多的明星创业个人和企业，创业就业资金扶持政策不断完善，农民工返乡入乡创业热情全面激发。创业聚集效应逐渐显现，依托现有各类开发区、农业产业园，盘活闲置厂房等存量资源，更多农民工返乡创业园（孵

化园）建成，星创园、农创园等农村创新创业基地的数量和质量不断提升，资源要素聚集效应明显，全省农村区域逐渐成为创业高地。

（四）以高品质智享公共服务为特色、互联互通的未来乡村

城乡基础设施互联互通，通村公路与村内道路连接不断强化，城乡冷链物流设施建设不断完善，乡镇运输服务整合交通、邮政、供销、电商等工作资源持续推进。乡村产业路、旅游路、资源路建设质量不断提升。供电供水等基础设施由城镇管网向农村地区延伸，逐步实现城乡供水供电一体化。农村人居环境整治工程进一步提质，教育、医疗、养老等民生设施不断完善。新型农业经营主体参与相关基础设施建设运营维护，运营水平不断提高。推动农村客货邮融合发展，城乡公共服务普及普惠，聚焦更稳定的工作、更好的教育、更可靠的社会保障、更舒适的居住条件等目标，精心编制人力资源和社会保障、教育、卫生健康、文化旅游、养老服务等系列专项规划，城乡一体化的义务教育、社会保险、医疗养老、住房保障水平提升。一批城建重点工程和民生实事不断落地，城乡公共服务产品实现供给均衡高效，民生服务体系基本健全完善。科学可行的监测评估制度和绩效考核办法不断完善，基本公共服务保障水平优质均衡、稳步提升。城乡统筹形成多元参与共建共享投入机制和动态监测评估考核机制。

城乡文化活动互鉴互融，乡村文化在保持各自特色基础上的互补、共生，实现在突显文化特色和文化多样性的同时达到“和而不同”。大众普及型数字文化体验服务项目如数字图书馆、文化馆等在乡（镇）、行政村（社区）落地生根，总馆带分馆帮扶制度深入探索，县级优质公共文化服务资源主动“下沉”，乡镇文化站在县域公共文化服务联通县村的“桥头堡”功能不断强化。农村基层文化实现从“等、靠、要”向“自编、自导、出精品”的跨越，积极向城市反向输出精品传统文化，探索“文化送种、幸福城乡”的新经验。

（五）以现代化乡村治理体系为基色、乡风文明的幸福家园

乡村自治规范化。党建引领效应不断增强，村民委员会换届选举工作不断规范，“两委”班子成员资格联审机制不断完善，基层党员、干部法治素养不断提升。村委会自治能力不断增强，服务能力得到提高，自治方式不断创新，村民的

话语权增强，村民的公共精神得到发展，乡村善治基本实现。社会组织和个体积极参与乡村治理，基层社会组织参与机制完善，企事业单位、高校科研院所、社工组织等积极参与乡村治理。把村级事务的决策权交给群众，村民自治向制度化、规范化和程序化方向发展。形成民事民议、民事民办、民事民管的多层次基层协商格局。

社会治理网格化。以"党建+网格"为抓手，实现乡村治理"神经末梢"通畅，实现组织架构在网格、力量充实在网格、问题解决在网格。形成"村—网格"治理架构。按照"专职要加强、兼职要规范、包联要到位"原则，吸纳村两委、入党积极分子、村级后备干部、村民代表等力量，专职网格员、兼职网格员、包联人员组成的"三位一体"网格治理团队完成构建。网格员在基层党建、信访矛盾纠纷调解、安全生产等方面的能力得到有效提高。围绕治安提升、乡村振兴、景村建设等热点难点问题进行商议，形成"有序参与、汇集民智、平等议事、凝聚共识"的议事协商体系。

数字治理全域化。以党建的数字化带动乡村治理体系发展，推动"互联网+党建"，农村基层党建信息平台不断丰富完善，农村基层党建的影响力不断提升，农村基层党组织的战斗堡垒作用切实增强。以数字化推进乡村"自治、法治、德治"三治融合治理新方向，坚持以自治为核心、以法治为保障、以德治为引领，运用数字化技术，以"精确、精准、精细"为导向，充分发挥数字技术红利，不断提升智慧治理水平，农民个体与农村集体利益的关系不断改善。根据不同主体的职能和利益诉求，以数字化技术实现不同领域的数据信息通过聚集和融合，乡村的共建共治共享基本实现。

深刻把握从“未来乡村”到“和美乡村”的内涵演化与实践演进*

祝立雄

20年来，“千万工程”引领浙江乡村建设发展持续走在全国前列。2020年，浙江迈过美丽乡村建设阶段，进入了未来乡村建设新时期。2022年，党的二十大报告提出，建设宜居宜业和美乡村。从“美丽”到“和美”，为美丽乡村建设指明了新方向。无论是和美乡村还是未来乡村，都是对美丽乡村下一步往何处去作出的回答。前者是“普通话”，是党中央从全国大局出发作出的科学部署；后者是“浙江话”，是浙江先发早发、因地制宜的先行探索。从建设社会主义新农村，到建设美丽乡村，再到建设未来乡村、和美乡村，乡村建设的内涵和目标持续丰富和拓展。和美乡村内涵要求是什么？和美乡村与未来乡村的关系是什么？和美乡村与乡村发展的客观趋势的关系是什么？浙江如何在和美乡村建设中继续走在前列？这些问题需要深入领会把握。

一、和美乡村的深刻内涵

（一）和美乡村是农村现代化建设的重要抓手

建设宜居宜业和美乡村是农村现代化建设的题中之义。农村现代化既包括物的现代化，也包括人的现代化，还包括乡村治理体系和治理能力的现代化。

物的现代化。物的现代化对于推进农村现代化具有基础性作用，基础设施建

* 本文刊于《发展规划研究》2023年第7期。

设是农村发展的前提条件。要提高农业生产效率、培育乡村产业发展新动能，提高农民收入水平是核心要义。

人的现代化。农村现代化中人的现代化是以农民为主体的现代化。物的现代化是实现途径，从根本上来说旨在造就物质生活富足、精神生活丰富的现代农民。

治理能力的现代化。完善党组织领导的自治、法治、德治相结合的乡村治理体系，让农村既充满活力又稳定有序。

（二）和美乡村的"三个转变"

从"生态宜居美丽乡村"到"宜居宜业和美乡村"的发展变化，从生态宜居到宜居宜业，从美丽到和美，为乡村建设升维指明了方向，概括起来就是"三个转变"。

"由硬到软"转变，更加注重乡村软环境。浙江乡村的硬环境建设已经基本完成，截至 2022 年，全省新时代美丽乡村覆盖率达到 90% 以上，"三大革命"全面完成，已建成 A 级景区村庄 10083 个，环境面貌实现了翻天覆地的变化。由表及里、由内到外的"软环境"建设成为今后一个时期的重点，既包括乡村公共服务、公共空间、公共文化，也包括宜业的营商环境。

"由表到里"转变，更加注重乡村内容。在"美丽"已经基本实现的基础上，"和美"则主要是突出"和"。单纯的美丽可以靠外在的点缀修饰，"和美"则需要更多的历史积淀，需要更多的情感投入，是把中国传统的"和"文化纳入其中，提醒人们不仅要形式美，更要重视人与自然的和谐、人与人的和谐。

"由物及人"转变，更加回归人的本质。一些地方在乡村建设中，往往重视乡村外在"美"的建设，却轻视甚至忽略了对内在"和"的追求、对人文内涵的朴素追求。乡村是在自然中成长出来的，自然环境和村民生活的多样化与差异化，是乡村美丽与和谐的重要特征。

（三）和美乡村的"四重境界"

"和于自身"，与人和睦，与自然和谐。推动人与人和睦相处，培育文明乡风、良好家风、淳朴民风，真正实现乡风文明。人与自然和谐共生，始终坚持"绿水青山就是金山银山"的理念，再现山清水秀、天蓝地绿、村美人和的绚丽画卷。村与村和而不同，既要让广大农民享受更多和城市一样的生活服务，又要突出地域特色和乡村特点，防止照搬照抄式的重复建设，让村庄各美其美、美美与共。

“和于百业”，不断培育生发新业态新模式。让乡村成为各类业态模式的孵化器、试验田，要不断挖掘乡村在地性资源的多种可能性，与时俱进，把握市场热点、城里人消费需求点，不断迭代乡村“产品”，培育壮大一批如“乡野办公”等的苗头性、趋势性新业态新模式。

“和于城乡”，繁华城市与繁荣乡村交相辉映。乡村振兴战略与新型城镇化战略一体两面，探索更多以城带乡的发展路径，和美乡村建设应当基于城乡等值理念构建城乡共同愿景，促进城乡融合发展，使村庄社区化、村民市民化。

“和于时代”，乡村价值在时代潮流演化中不断再造。乡村不是城里人怀旧之所，须与时代发展同步。在保留乡土记忆的同时塑造高品质空间，以满足现代人的使用和审美需求，借助空间品质的现代化推动村民思想观念的现代化。

二、未来乡村与和美乡村的“三个关系”

（一）本质内涵的一致性

历史逻辑一致。乡村建设是久久为功、循序渐进的，并非毕其功于一役，是随着时代的演进，一个阶段一个阶段不断迭代深化的，和美乡村和未来乡村都是在美丽乡村建设使命完成后，对下一阶段工作如何深化作出的战略考量，不断深化“美丽”之后的新方向、新可能，不断拓展想象空间。

方向导向一致。作为美丽乡村后一阶段的探索，和美乡村、未来乡村都从硬环境建设转向了乡村软环境、软实力的建设上，无论是未来乡村的产业、风貌、文化、邻里、健康、低碳、交通、智慧、治理等软场景，还是和美乡村的“宜居宜业、由表及里、形神兼备”的要求，都突出了对乡村发展软环境的聚焦和关注。

使命旨归一致。乡村如何实现现代化？“让农民群众就地过上现代文明生活”是根本遵循，“美丽乡村”提供了物质条件，和美乡村、未来乡村在不同程度上对现代生产方式、现代文化精神生活、现代公共服务等方面作出探索。

此外，无论是和美乡村还是未来乡村，都是具有多种可能性的，充满想象空间，可以尽情发挥、尽情演绎，把其局限于某一两种方式是不全面、不透彻的，需要以实践来探索众多可能性。

（二）未来乡村为和美乡村提供了先行经验

近年来，浙江未来乡村先行先试，探索形成"十大模式"，为和美乡村建设提供了先行经验，概括起来就是"五个坚定不移"。

坚定不移地打造核心吸引物。在当前的语境下，单靠环境美已经很难吸引人们前来，因此乡村特色的塑造很重要，这就是核心吸引物。要充分挖掘核心吸引物，有两条路子：一是从乡村本底资源中来，如衢州柯城余东村，放大"白天扛锄头、晚上拿笔头"的农民画效应；二是无中生有、点石成金，如安吉蔓塘里"大地之光"、安吉"深蓝计划"等。

坚定不移地将产业振兴放在首位。有发展才有未来，乐业方能安居，发展是缓解一切矛盾的基础与核心，空心化、抛荒化、空置化绝不是和美乡村，要坚持以"活化"为根本导向，充分激活乡村的发展潜力。必须坚信，只要不断激发创造力，每个乡村都能找到创新发展路径。

坚定不移地推进艺术振兴乡村。充分发挥艺术在乡村振兴中的积极作用，乡村承载了城市人心中的"诗和远方"，乡土文化打动人，乡土自然吸引人，乡风文明转化人。例如，20 世纪 70 年代初浙江推动美术家驻村、融入乡村，使其成为乡村的一股重要建设力量，成为村民的艺术家，不仅在乡村发现美、创造美，创作了大量以乡村为母题的作品，更为乡村注入文化基因。

坚定不移地建设公共空间、公共建筑、公共文化。乡村的公共生活丰富但缺乏公共空间，公共空间在乡村中最有活力、最有人气，要改变农村"除了农房还是农房"的基本面貌，建设公共空间、培育公共生活、涵养公共文化，同时也要考虑村级公共运维成本增加的平衡方案。

坚定不移地引入城市化现代感潮业态。未来乡村建设中，很多原来只在城市中有的业态进入了乡村，乡村业态早已不是只有餐饮、旅游、民宿等，体育经济、演艺经济、户外经济、创客经济、网红经济等新业态新模式不断生发。

（三）和美乡村为未来乡村锚定了新方向

宜居宜业。从“生态宜居的美丽乡村”到“宜居宜业的和美乡村”，除了宜居还要宜业，充分挖掘乡村资源现代创富作用，利用乡村特有的山水林田湖草资源，以及特色民居、田园风光、民俗文化等资源，挖掘乡村休闲、度假、养老、文化与教育价值。

形神兼备。除了形美，还要神美，融入一域文化、留住一抹乡愁、增添一片绿意、营造一种淳朴民风、实现一个宜居主题，突出不同乡村的差异性和多元化，做到不挖山、慎填湾、不砍树，保护好传统村落的水系文脉、田园特色、古居老宅、古树名木、古墙古井、乡贤文化、传统工艺等，实现“看山望水记乡愁”。

全面提升。全面振兴需要构建现代乡村产业体系，以满足农民美好生活需要为目标，加快养老、教育、医疗等方面的公共服务设施建设，以就业为要拓宽增收渠道，强化政策和服务保障，让农村劳动力充分实现就地就近就业宜业。

三、浙江在和美乡村建设上持续走在前列的思考与建议

（一）放大“美丽经济”优势，努力在全面推进乡村经营上走在前列

经历了 20 年的“千万工程”建设，浙江乡村形成了庞大的集体经营性资产和基础设施，迫切需要运维投入与有效经营以实现可持续发展。目前，乡村经营实践如火如荼，有的利用山水资源，有的依托特色产业，有的挖掘村庄文化，或自主成立强村公司，或与第三方合营，各显神通，开展了轰轰烈烈的经营探索。开展乡村经营不仅是谱写“千万工程”新篇章的重要举措，也是推动农民农村共同富裕的有效路径，更是抓好城乡提升工程的创新手段。在和美乡村建设中，要树立经营前置、品牌村庄、片区组团理念，基于村庄独特自然条件和既有资源禀赋，在规划时就充分考量对村庄建设、管理、经营、服务的全周期定位，以盘活利用村庄资源和资产为抓手，以市场化经营为手段，推动村集体经济和农民收入双增长。

（二）放大“数字经济”优势，努力在乡村“流量经济”上走在前列

当下是流量的时代，以流量为主的商品交易方式已成为这个时代最鲜明的

经济特点。流量在乡村发展与建设中的作用愈加显著，一大批乡村成了"网红村""打卡点"，越来越多的乡村因流量而兴。浙江是数字经济大省，是乡村流量经济先发早发的省份。要依托网络赋能、借力网红资源、催生发展新流量，积极开展"新农人"电商培训，帮助打造流量 IP、培育"网红新农人"，运用流量发展经济意味着乡村经济发展的桎梏和瓶颈正在被逐渐打破，农村经济已经开始转型。

（三）放大"两进两回"优势，努力在"乡创"上走在前列

随着乡村振兴战略的深入发展，越来越多的年轻人将目光投向了乡村创业。2019 年，浙江实行"两进两回"，破解乡村要素制约，加速资源要素流向农村，激发乡村活力。2021 年，浙江实施十万农创客培育工程，目前已培育农创客超 4 万名，平均每名农创客带动 18 名农民就业，成为推进乡村振兴的一支重要力量。随着青年失业率的提高，青年返乡入乡的趋势将更加显著，将给乡村带来更多发展的可能性。加大农创客培育力度，推进一批行业大咖、权威专家、文旅精英、返乡乡贤等以创意、文化、艺术等手段激活农村历史文化底蕴和生态自然资源，为乡村经济社会发展注入了新活力。

（四）放大"城乡协调"优势，努力在城乡融合型乡村建设上走在前列

随着城市化进程的不断深入，浙江省内发达地区人口进城落户的意愿不断下降，新乡人也越来越多地从城市流向乡村。特别是在城市近郊地区，居住在农村、工作在城市已成普遍现象。农民的生活地域在乡村，但生活水平、生活方式已与城市基本相同，形成了城乡生活共同体。城市的基本单元是社区，乡村的基本单元是农村，而在城乡交融的地区，其基本单元是城乡融合型村社。这类村社，区位方面，位于城乡交融地带；风貌方面，既有城市的高楼大厦，又有乡土的田园本真；产业方面，农业、制造业、服务业等一、二、三产业同时具备；人群方面，原乡人、新乡人交织；收入方面，农村居民收入与城镇居民平均水平基本持平，是城乡融合的典型单元。建议在县域范围内，围绕县城、大镇、产业区加快布局，建设一批具有城乡融合型村社典型特征的和美乡村，并将其打造成为县域内城乡融合的基本单元。

浙江省深入实施“千万工程”，实现农业农村现代化先行的路径举措*

葛慧玲　庞亚君

全面建设社会主义现代化国家，最艰巨最繁重的任务在农村、最广泛最深厚的基础也在农村。浙江省奋力推进“两个先行”建设，迫切需要稳住农业“基本盘”、夯实农村“稳定器”、发挥农民“创造力”，协同推进农业、农村、农民现代化先行，筑牢乡村振兴的发展根基。

立足浙江省乡村振兴处于全国领先水平的基础，以深化“千万工程”引领新时代乡村高质量发展、走向共同富裕为主线，以城镇化带动、工业化策动、数字化驱动、市场化融通为路径，聚焦保供给、保增收、保安全等重点领域靶向发力，努力成为城乡融合发展、乡村集成改革的探路者，实现农业农村现代化走在全国前列。

一、安全保供，增强农业综合生产能力

聚焦粮食及重要农产品安全保供问题，将提高农业综合生产能力放在更加突出的位置，突出“双强”驱动、强化耕地保护，把饭碗牢牢端在自己手中。

加强粮食及重要农产品生产供给。落实“藏粮于地、藏粮于技”战略要求，加大对粮食大县、产粮大镇、种粮大户的生产支持力度，稳定粮食播种面积和产量，保障种粮农民合理收益。优化农业生产力布局，深入推进省级特色农产品优势区、特色农业强镇建设，强化生猪、牛羊禽肉、禽蛋、蔬菜等重要农产品供给，实施“浙系”畜禽振兴行动，推进大中城市郊区保障性蔬菜基地全覆盖。强

* 本文刊于《发展规划研究》2023 年第 7 期。

化农产品生产、流通、储备和应急体系建设，重点加快农产品冷链物流体系建设，健全农产品质量安全追溯体系。

加大农业“双强”推进力度。提升农业科技自主创新能力，加强农业重点技术研发和重大前瞻性基础研究，支持涉农高校、科研院所、农业龙头企业联合建设具有较强影响力的高能级农业科技创新平台。深入实施现代种业振兴行动，建设农业、林业和渔业种质资源数据库，强化育种关键核心技术攻关，加大浙江特色优质种质资源挖掘保护推广力度。深入实施农业领域机器换人，加快补齐重点领域农机研制使用短板，重点研发推广适应浙江地域特点和产业特色的高效专用农机具及智能装备。加快数字农业先进技术研究应用，推广动植物生长感知、土壤肥力和病虫害监测等智能应用，加强养殖等环节数字化监管，最大限度优化农业投入，鼓励各地创新探索符合地方实际的未来农业发展模式。

提升耕地规模化利用水平。加强高标准农田建设，大力建设千亩方[①]、万亩方集中连片永久基本农田，统筹推进宜耕后备资源开发，严格实施耕地占补平衡，确保新增耕地质量。以农村土地供给侧结构性改革为主线，加快全省推广农业“标准地”改革，积极探索“一户一块田”的耕种模式，破解土地空间及产权碎片化问题，提升农业生产规模化水平。

促进小农户与现代农业有效衔接。构建“新型农业经营主体＋三位一体合作经济组织”的现代农业经营体系，完善小农户与现代农业有效衔接机制。全面推进农民合作社高质量发展，推动农民合作社组建联合社或加入农合联。支持新型农业经营主体以股份合作、“保底收益＋按股分红”、订单农业等形式与小农户建立利益联结机制。构建“农技专家团队＋产业农合联＋合作社”的农技推广体系，打通农业科技转化推广“最后一公里”。完善农业社会化服务体系，科学布局区域性农业全产业链综合服务中心。

二、强村富民，激活集体经济发展新动力

聚焦集体经济发展和农民增收问题，全面深化以集体经济为核心的“强村富

---

① “千亩方”指集中连片整治项目区面积不少于1000亩。

民”乡村集成改革，鼓励开展更多原创性、普适性改革试点，夯实农民农村共同富裕基础。

持续深化“三块地”改革。深化农村承包地“三权分置”改革，大力推广整村整组整畈流转、委托流转以及承包地经营权产业化入股。深化农村宅基地激活权能改革，依法依规盘活农村闲置宅基地和闲置农房，在确保住有所居和依法自愿有偿前提下积极探索宅基地使用权、资格权退出方式，完善货币、“房票”、“地票”等不同方式的补偿政策，先行探索宅基地资格权退出与城镇住房保障联动机制。加快推广农村集体经营性建设用地入市改革，建立健全农村集体经营性建设用地入市增值收益分配机制。

加快集体自然资源确权利用。以农村不动产确权登记为基础，充分利用国土调查成果，全面铺开、分阶段推进全省自然资源统一确权登记，清晰界定依法依规属于集体所有的各类自然资源。完善生态产品价值实现机制，推动集体自然资源向集体资产转变，健全生态资源市场交易机制，推进资源合理开发和利用，盘活农村“沉睡资产”。

推动集体经济市场化发展。打好“市场化改革＋集体经营”组合拳，深化农村集体产权制度改革，持续推进村级组织“政经分离”改革，加强农村职业经理人培育，提升集体经济决策和运营能力。积极推广“强村公司”、“飞地”抱团、片区组团等优秀经验，鼓励集体经济组织联合参与市场经营活动，提升盈利能力。扎实推进农村集体经营性资产股份合作制改革，完善农民权益价值实现机制。

加快“三位一体”农合联改革。以全面建成“三位一体”农合联改革示范省为目标，加快建立“三位一体”改革标准体系，推进改革经验定型化、制度化并加快推广。聚焦增强为农服务能力，深化供销社综合改革，构建区域农合联通用性服务与产业农合联专业性服务分工协同的新型服务体系，健全农合联资产经营公司引领、农民合作基金支持、农合联会员参与的合作投资机制。

推动数字赋能乡村集成改革。探索数字化改革撬动乡村改革持续深化新路径，强化系统设计、场景打造、集成推进，实现数字赋能集体三资管理、集体资产经营交易、自然资源确权利用、农村闲置资产盘活、低收入农户帮扶等重点领域改革，实现信息管理和制度改革的综合集成，打造跨场景协同应用。创新实践数字乡村建设，重点迭代升级“浙农码”应用，实现面向涉农主体的“一站式”智能化服务，围绕广受关注的民生事项推进“一件事”数字场景建设。

三、城乡融合，构筑现代乡村产业新优势

以县域为基本单元推进城乡融合发展，健全城乡融合发展体制机制，加速资源要素双向流动，挖掘乡村多重价值，加快一、二、三产业融合发展路径实践，推动乡村经济高质量发展。

构建现代乡村产业体系。全力促进一、二、三产业融合发展，以农村产业融合发展示范园为重要载体，探索产业融合发展新模式。推进乡村产业"一县一平台"建设，支持农业龙头企业在县域布局，推进农产品加工基地向产地下沉，把更多增值收益和就业岗位留给农民。重点在农产品产区和大中城市郊区培育壮大"中央厨房＋冷链配送＋物流终端"等新型加工业态，完善休闲农业和乡村康养产业链。

推动农村消费扩容升级。顺应农村消费梯次升级需求，以新业态、新服务带动新消费发展，着力挖掘培育汽车、电器、数字、文化等消费潜力领域。优化县城超市、乡镇商贸综合体、农村商超等商贸网络布局，引导大型商超和电商平台向农村延伸，畅通消费品下乡与农产品进城有机结合的物流通道。

健全"两进两回"长效机制。支持各地制定"两进两回"激励措施，布局建设一批农创园、星创天地等"两进两回"平台。集聚乡村振兴带头人，重点引进农业科技、公共管理等领域专业人才和大学生，壮大新一代乡村企业家和职业经理人队伍；集聚创业创新人才，支持重点群体返乡入乡创业，支持农村人才参与职业资格评价、职业技能等级认定等评价体系；大力培育高素质农民队伍，健全农民职业教育和职业技能培训体系。深化农村数字普惠金融改革，强化信用体系建设，提高新型农业经营主体授信额度和小农户小额信用贷款覆盖率，加快探索承包地经营权、林权、宅基地使用权、农房财产权、村经济合作社股份收益权等抵押质押贷款。

实现城乡公共设施优质共享。进一步推进城镇基础设施向乡村延伸，深入推进"四好农村路"建设，推动市政供水供气供热管网向城郊乡村延伸，建设以城带乡的污水、垃圾收集处理系统，逐步实现千兆光纤网络、5G 移动网络全覆盖。进一步推进城镇公共服务向乡村覆盖，建立健全乡村公共服务标准体系，加强村级综合服务中心建设，推动优质公共服务资源下沉，建立县域内教师、医生交流轮岗等柔性流动机制，依托城乡教育共同体、紧密型县域医共体建设提升乡村基层服务水平，积极发展农村普惠型养老服务和互助养老模式。

强化乡村产业发展要素保障。将农业农村现代化作为财政投入优先保障领

域，支持银行、保险机构充分对接重大项目需求，带动社会资本投资“三农”领域。在整乡整村整治的基础上，积极开展跨乡镇全域土地综合整治试点，充分盘活存量建设用地，鼓励农村建设用地复合利用。在国土空间规划和土地利用年度计划中，安排一定比例新增建设用地指标用于保障乡村产业发展，进一步优化土地出让收益用于农业农村发展的比例。

四、美丽智治，创造乡村美好生活新体验

全面构建新时代美丽乡村建设新格局，深化“四治融合”的现代乡村治理体系建设，加快未来乡村建设先行探索，充分满足广大农民对乡村美好生活的向往。

全域推进新时代美丽乡村建设。持续深化新时代美丽乡村“五美联创”，打造山区、平原、海岛等具有浙江气质的美丽乡村组团，鼓励地缘相邻、人缘相亲的行政村联合打造新时代美丽乡村共同富裕示范带。构建现代化乡村空间治理体系，全面编制实施“多规合一”的实用性村庄规划，鼓励片区化、组团式开展规划编制，提升土地利用效率、留足未来发展空间，推动“空心村”资源整合利用。以“绣花”功夫推进乡村微改造、精提升，强化形态风貌整体管控，提高乡村辨识度。

率先实现乡村治理现代化。深入推进全国乡村治理体系建设试点，推动社会治理重心下沉，深化完善党建统领“四治融合”的乡村治理体系。强化“基层治理四平台”运行管理和全科网格建设，推动政务服务“一网通办”改革成效向乡村延伸。持续推进平安乡村和清廉村居建设，提升农村社会治安防控体系，完善农村小微权力运行制约监督机制。

促进乡村文化繁荣发展。发挥农村文化礼堂、农家书屋等文化阵地作用，健全乡村公共文化服务体系，实现精准供给，打响一批特色鲜明的乡村文化和体育品牌。深入推进历史文化（传统）村落保护利用，保护传承各类非物质文化遗产和优秀传统工艺，加强农耕文化和乡村民俗活化利用。

率先推进未来乡村建设。支持各地积极探索具有地方特色的未来乡村发展模式，集成“美丽乡村 + 数字乡村 + 共富乡村 + 人文乡村 + 善治乡村”建设，打造未来产业、风貌、文化、邻里、健康、低碳、交通、智慧、治理九大场景，着力构建引领数字生活体验、呈现未来元素、彰显江南韵味的乡村新社区。

用乡村产业跨界业态点亮乡村未来*

靳丽芳

“千万工程”持续迈进纵深，浙江进入“千村未来，万村共富”的新阶段，全力打造省域共同富裕现代化基本单元。站在新的起点，我们要进一步学思践悟“千万工程”蕴含的立场观点方法，“深挖 100 米”，思考破解乡村产业产出效率不高、乡村劳动力引不来留不住、村庄设施品质管理维护压力大等难题的有效路径。笔者对照日本以及中国台湾地区的乡村发展实践，结合浙江乡村特有的资源禀赋，认为乡村产业跨界业态，能够成为吸引乡村新生力量、赓续乡村文脉、支撑未来乡村共富的重要抓手，也是未来地方重点引导和扶持各类要素的方向。

一、乡村产业跨界业态是什么？

中国乡村，或有最独特自然资源，或有最简单农业元素、最古朴人文积淀、最地道文化传承和最原始生活味道，在当前信息科技、数字经济爆炸式发展的时代，乡村的特色禀赋条件成为乡村产业兴旺过程中业态、模式、机制创新的重要基石和核心要素。在各类“农”元素彼此跨界、融合发展的过程中，乡村产业跨界业态不断涌现，推动着农村一、二、三产业融合发展体系不断成熟。

乡村产业跨界融合，一定程度上是政策、资金、市场需求等外力推动的结果，但更重要的是“人”和“物”两个方面的内生动力。

（一）基于“人”的元素，从乡村产业创新业态的供给端和需求端共同发力

从供给端来看，乡村产业跨界融合的“人”，既包括各行各业的乡村产业从

---

* 本文刊于《发展规划研究》2023 年第 7 期。

业人员，也包括各类乡村产业产品的消费者。随着时代的变迁和技术的进步，农村不仅仅是从事农业劳动的地方，更是城市居民休闲消费、康养放松、农间实践等活动的现实区域。在城镇化加速推进的背景下，专业从事农业的人口越来越少，与此同时，需要各类专业人才、技术工人等共同参与，也需要合作社、家庭农场、社会团体、商业资本等主体共同投入。从需求端来看，乡村产业产品的受众面十分广阔，广义来看，每个人都是乡村产业产品的受益者；狭义来看，品质农产品、乡村文旅、田园康养、民俗传承、农耕实践等业态产品，其消费群体既有青少年、学龄儿童，也包括企事业单位的疗休养人群，还包括个性化养生、养老人群。

（二）基于“物”的元素，从模式、机制等创新路径上寻求突破

广大农村独特的资源，可以成为市场经营和商业模式开发的起点，最关键的环节在于如何识别这些元素，如何激活这些资源。一方面，识别乡村产业特色元素需要一双“慧眼”。当前乡村产业发展过程中，出现了很多雷同、相似、模仿的产品，归根到底，是对本地特色元素的识别出了问题，在“似是而非”的道路上越走越远。另一方面，存量乡村资源中，产权制度、管理机制等客观政策因素导致乡村特色资源闲置、废弃、无法利用的情况时有发生，需要通过创新发展模式和引入跨界思维，以乡村的外在元素激活乡村内在存量资源，打通资本、财富的流动渠道。

二、乡村产业跨界业态为什么能？

乡村从来不缺乏特色元素，缺的是“发现特色的眼睛”和“以不变应万变的创新路径”：这双眼睛，就是融合业态发展的思路；这个创新路径，就是融合业态增强顾客黏性实现可持续经营的关键。中国台湾和日本有不少案例都是从看似普通的元素入手，不断打磨、不断升级、不断创新，产品畅销几十年，世界闻名。比如，从传统民居、一个苹果、一块巧克力延伸开来，出现了日本的合掌村、青森苹果、白色恋人巧克力工厂等世界级知名案例；又如，把农业创意、农业艺术化、农业研学游等融合业态做到极致的中国台湾池上创意农业、香格里拉

休闲农场、绿世界生态农场等，其所依托的稻田、果园、林场、亲子互动等元素也为乡村产业跨界融合提供了参考借鉴。

（一）以跨界融合理念为基础

与工业、服务业领域的充分竞争态势相比，农业领域的市场竞争相对偏弱。跨界融合发展实际上是产业融合的具体表现形式。产业融合从某种意义上讲也是性质迥异的产业或同一产业内的不同行业在它们的边界处融汇成不同于原有各产业（行业）的新型产业（业态）的过程，同时形成新的商业模式。乡村产业的跨界，一般表现为农业基本生产环节与工业、服务业等链条环节的结合，这一结合是产业形态动态发展的必然。以跨界融合理念和跨界思维为基础，当前的乡村产业业态呈现出科技化、人文化、数字化等特征，实践中通过各类可利用资源的重新组合，打破原有的供给和分配关系，重构农产品消费市场的价值体系，从而改变农业体系的原有商业生态关系。在一定程度上，跨界融合使得乡村产业跨越了传统定义的界限，推动乡村经济在日益激烈的市场竞争中获得生机。

（二）以在跨界中寻求个性创意元素为亮点

乡村产业基于农业传统生产功能，充分利用农业的生态、生活、文化、景观等功能，突破行业、跨越时空，实现跨界融合，实现农业乡村功能复合和价值叠加，推动乡村产业融合。在这一过程中，个性创意元素始终是亮点之一。比如，突出生态亮点，将生态优美、环境污染少的乡村地区环境，独特的自然条件，优越的资源优势，以及传统的田园风光和乡村特色，转变为乡村产业发展亮点，由此衍生出乡村旅游、民宿服务、康养服务、研学旅行等业态。突出文化亮点，将具有特殊人文景观，包括古村落、古建筑、古民居及传统文化的地区环境，特别是具有优秀的民俗文化及非物质文化、文化展示和传承潜力大的资源，转变为发展亮点，由此衍生出乡村休闲旅游、文化创意、民俗演艺等业态。突出优质农产品市场化亮点，对具有优质农产品产业化发展潜力的自然乡村，或者邻近城市、基础设施较为完备的乡村，挖掘其发展会展业、电商业的潜在优势，以农产品推广和交易为目的，通过举办农业博览会、交易会、订货会、展览会、农业论坛、洽谈会、交流会等形式，促进乡村经济发展；或者通过网络电商与乡村物流网络设施的组合，实现农产品流通渠道的创新，促进农业发展、乡村繁荣和农民增收。

（三）以商业模式创新为持久动力

市场需求是乡村产业跨界融合过程中不同要素合理配置、商业模式探索创新的基本导向，也是推动乡村产业跨界融合的牵引力量。乡村产业要获得经济效益，就必须在融合基础上推进商业模式的创新，以实现三次产业在产业链和价值链上的耦合，获得最大经济效益。不同的要素组合方式，意味着需要不同的商业模式联结才能发挥最大效能。在推动乡村产业跨界融合的过程中，要根据市场需要，将大数据和"互联网 +"等信息技术、先进的经营理念、适销对路的农业衍生产品与传统农业相互渗透、交叉重组，使农村产业融合模式与创新商业模式有机结合，产生更高的经济效益和社会效益。这一过程，需要有价值链和利益链的充分协同。产业融合的价值链体现为通过跨界融合实现传统农业价值链由低端向中高端提升，通过品牌塑造、媒体推广等方式，推动乡村产业跨界融合，拓展升级农业业态；产业融合的利益链体现为乡村产业跨界融合过程中的利益联结机制的设置，农民、农地、农村、企业建立起科学合理的利益协调机制，保障全体农民共享发展红利。

三、乡村产业跨界业态怎么做?

乡村产业跨界业态既是原产业链的延伸，也是原价值链的扩量；既是已有产业的耦合关联，又是新想法、新技术的组合；既是社会生产力发展的时代产物，又是进一步促进社会生产力发展的新增长点。从某种意义上说，乡村产业跨界业态越是丰富多样，乡村产业越繁荣。在乡村产业跨界业态打造的具体操作上，建议把握 7 个方面要点。

（一）业态理念可落地

强调项目的资源条件可达性。科学合理的业态产品规划，需要充分衡量现实资源的可获取难度，比如，是否有懂行业、懂市场、懂经验、懂管理的项目团队领头人？是否有足够的项目启动资金，或者项目的设想是否能够得到潜在投资人的认可？是否找到了适合挖掘且值得挖掘的业态特色元素？业态开发项目需要匹配土地等要素资源，审批执行难度大小如何？是否有行得通的路径？总之，硬要素方面的人、财、地，以及软要素方面的产品创意、市场心理和营销手段，都是影响项目落地的主要因素，需要着重考虑。

（二）业态开发可持续

强调项目产品的持久生命力。打造具有持久生命力的业态产品，要依靠常见常新的迭代产品支撑。比如，我国台湾地区不少经久不衰的特色农园项目，其创始人在长达几十年的时间里，始终保持业态的高频率持续不断更新。从最易入手的外在形象、产品形态，到较难迭代的 IP 理念、品牌塑造，均需要团队精心投入。

（三）业态收益可变现

强调业态产品综合效益能够"落袋为安"。乡村融合业态产品开发，涉及投资人、新农人、原住村民、村集体等利益相关各方。业态产品经过市场消费检验后，在可持续发展理念推动下，能够实现惠及各利益相关方的稳定收益，并与业态产品可持续升级形成良性循环，形成"滚雪球"效应。

（四）业态设计满足消费心理

设计既体现在实体、实物层面，比如特色农产品礼盒、休闲旅游花海造型设计、艺术乡建组合建筑等，也体现在无形的心灵感受层面，比如乡村亲子休闲中的农家体验感、民俗文化节庆活动中的文化熏陶感、沉浸体验业态中的全方位触感等。在实物或非实物的业态产品塑造过程中，设计的重要性非同寻常，设计元素贯穿业态产品的产品外观、业态功能、营销宣传的全链条，业态项目开发必须针对重点消费群体，分析消费心理，业态产品要带给消费者引人注目、震撼人心、感同身受的效果，通过设计提升业态产品价值。

（五）业态产品组合顺应消费需求

经过精心设计的业态产品，类似散落玉盘的珍珠，将单一的乡村融合产品做到极致固然是商业经营的选择之一，但其局限性和潜在风险也显而易见，比如玫瑰花海、柑橘罐头、户外露营，都是乡村产业融合业态的典型“单品”，其商业经营的“天花板”偏低；在“单品”周围拓展延伸产品线，既是业态发展的必需，也顺应市场消费诉求——将散珠串联成链，提供令人满意的消费产品。

（六）产品环节再造创新业态

乡村产业业态组合产品成形后，并非一劳永逸，仍需持续创新。产品环节再造为业态创新提供了可行的路径。产品环节再造既可以是局部的，也有可能是全部的、环节的再造，不是简单改良，而是结合趋势、技术的需要，在对现有可用资源充分评估的基础上，按照新的设计、设想，完成再设计。其中的关键环节在于认知原有环节的问题和不足，进行合并、增加、改造等再造工作，构建新的融合业态产品组合。

（七）多通道场景“导流”

在不断升级迭代的信息技术支撑下，通过多通道场景，实现消费群体的不断集聚。比如，通过沉浸式体验方式，增强消费群体的认知；通过裂变式推广，扩大消费群体；通过闭环式引导，让乡村产业跨界业态刺激可持续、可滚动的消费市场；通过引爆式宣传，打造一炮而红的宣传推广效果，并以持续的业态创新迭代，达到消费者常来常新的体验效果；通过互动式产品，为消费者提供“被重视”的消费感受，在交互中不断增强消费黏度和忠诚度，并进一步激发产品创新开发的潜在动力，形成“产品—市场”的良性互动局面。

“千万工程”重要源起地萧山区梅林村的乡村振兴之路与经验启示*

贾风莹　沈丽　王艺　王雨璇

2023年是“千万工程”实施20周年，作为“千万工程”重要源起地，萧山区梅林村始终牢记2002年习近平同志考察时所寄予的殷殷期望与重要嘱托，探索出了一条人民富、党建强、班子优、产业兴、精神足，极富梅林特色的乡村振兴之路。为了更好地贯彻落实习近平总书记重要指示精神，对梅林的好做法进行梳理提炼，本文总结出“五大聚力”的经验启示，为全面深入推进乡村振兴提供借鉴。

一、“千万工程”重要源起地，梅林村何以能

（一）口袋富：经济基础良好

1976年，梅林大队用4000元家底创办了党山塑料制品厂（爱迪尔集团前身），在上海知青王鑫炎的带领下，这家作坊式的村办企业逐步成长为全国包装行业的领军企业、世界包装行业500强。村办企业的快速发展逐渐壮大了梅林村的集体经济，为村庄建设打下了良好的经济基础。

（二）党建强：党建引领有力

1998年11月，梅林村与村企浙江爱迪尔包装集团有限公司联合成立了村企

* 本文刊于《发展规划研究》2023年第7期。

合一的梅林爱迪尔集团党委，由当时爱迪尔集团董事长兼总经理王鑫炎任党委书记，时任村支书盛增虎和爱迪尔副总经理魏来法担任副书记。在联合党委的坚强领导下，爱迪尔集团投入大量资金开展新农村建设，村党委合理配置企业和村民的资源利益，有力促进了村庄和企业的同频快速发展。

（三）规划优：规划设计科学

1999 年，联合党委高起点、高标准规划了集工业厂区、农业园区、住宅楼区于一体的“三区合一”新农村建设方案。通过统一规划、设计、建设、安置和管理，梅林村在全省率先建成了村级别墅式农民房小区，成为“规划有序、布局合理、管理高效”的新农村建设样板。

（四）精神足：精神状态饱满

作为萧山精神的践行地，梅林这块土地自始至终浸润着“奔竞不息”的坚强信念和“勇立潮头”的顽强意志。半个多世纪来，梅林人不仅能吃苦耐劳，而且还特别能发挥斗争精神与斗争力量。可以说，敢闯敢试、敢拼敢干、奋发向上的精气神已深深融入梅林人的血脉之中。

二、书写乡村振兴优秀答卷，梅林村何以为

（一）明定位，扛使命

梅林村作为“千万工程”重要源起地，省、市首批未来乡村，以及区共同富裕现代化基本单元建设先行试点单位，创造出了 8 个全省村级“第一”：全省第一个村级共同富裕指标评价体系、共同富裕展示馆、电力（低碳）服务驿站、青少年分宫、乡村“未来居”展厅、智慧慈善工作站、24 小时乡村数字书房以及数字社会未来教育重点场景先行建设单位。其中，自全省首个村级共同富裕指标体系——梅林共同富裕指标体系发布试行以来，未来乡村“五化十场景”的打造就此变得更有着力点，梅林的乡村振兴之路也变得更为科学且更有示范性。

（二）强党建，促发展

坚持党的领导是梅林全面推进乡村振兴探索实践的最大优势，积极开创并持续发挥梅林联合党建的体制机制优势，始终是梅林走好全面推进乡村振兴先行之路的法宝。

自 2019 年始，随着梅林村踏上未来乡村建设新征程，与村企爱迪尔集团的联合党建也实现了迭代升级，围绕系统规划的共同富裕建设目标打造了大梅林"1+4+X"共富联合体党委模式。在这个模式下创设了共同富裕党建联席会和项目领办单"一会一单"的党建工作新机制，依托省级农村综合性改革试点试验项目，打造以梅林为核心区域，辐射周边 4 个行政村（车路湾、八里桥、张潭、山北）的美丽乡村"共富圈"，并在"圈内"构建了"村党组织 + 产业党组织"的创富共同体，通过强化党建统领，促进村企、村村、企企多维度融合发展，极大激发了"村民（党员）+ 职工（党员）"的乡村振兴建设主体作用，有效联动多方资源。

（三）优产业，增收入

物质富裕、富足是实现乡村全面振兴的前提与基础。农民要致富，增收是关键；收入要增加，产业是抓手。梅林村的乡镇企业发展经历了由小到大、由弱到强的巨大转变，不仅很好地解决了村民的就业问题，在一定程度上也改善了整村的经济发展状况。

近年来，随着数字乡村、未来乡村加快建设，梅林以"绿色智慧"为牵引，对传统产业进行了数智化改造升级，着重引入新兴业态，打造新型乡村产业格局。全村在"退苗还粮"背景下，积极做好土地流转，高质量建设数字观光农田。围绕"稻香农产、数字农业、观光农田、现代农民"的"四农"主线，发展以"稻"为核心的现代化农业科创产业，打造现代农业产业园。推进了以数字车间和数字工厂为基本单元的产业数字化改造，在浙江爱迪尔包装集团有限公司建设低碳工厂试点。招引社会资本和相关企业投入区域建设，打造农文旅研学基地、农产风物体验集市等配套项目。目前，梅林已逐步形成了以爱迪尔集团为龙头，以纺织、卫浴等行业为依托，优势互补、协同发展的产业格局。2022 年，梅林村实现村集体经济总收入 729 万元，经营性收入 507 万元，村民人均年收入达 60002 元。

三、梅林村的经验启示，乡村全面振兴何以成

乡村全面振兴的实现需要循序渐进，梅林村的乡村振兴探索之路虽然不尽完备，但种种有益尝试为推进乡村全面振兴带来了一些经验启示，值得借鉴。

（一）党建统领聚合力

乡村全面振兴是一项庞大的系统工程，乡村振兴的长期性、复杂性和艰巨性决定了其在实现过程中必须充分发挥党建的统领作用，以统筹工作、凝聚人心。

全面推进乡村振兴，加强党建统领聚合力，需着重做好以下几点。一是创新党建组织模式。党建模式要创新，关键是要做好“两个结合”：做好与村情的结合，探索与村企、村“两新组织”或邻近乡村跨区域建立党建联合或联盟；做好与时代的结合，多注重发挥网络党建的作用。二是强化党建思想引领。以坚定政治信仰为抓手，着力强化村级党组织以及全村党员干部的思想武装。三是强化党建作风引领。以反“四风”为抓手，弘扬清廉、务实、密切联系群众的优良作风。四是强化党建实践引领。以大兴调查研究之风为抓手，坚持问题导向，敢于创新，不断提升村级党组织和全体党员干部研究实际问题、解决实际问题的能力。

（二）配强班子聚智力

给钱给物，不如给个好班子。全面推进“千万工程”，发展壮大村级集体经济，大力推动乡村全面振兴，村级班子不仅是一线指挥部，更是全村发展的领头雁。这些年来，梅林村之所以在“千万工程”和乡村全面振兴建设进程中取得 8 个全省村级“第一”，成为全省首批未来乡村试点和共同富裕现代化基本单元建设试点，其中一个重要原因就在于梅林村始终重视村级班子建设。

全面推进乡村振兴，配强班子聚智力，需着重做好以下几点。一是做好选人用人工作。在坚持政治标准第一的基础上，推行“贤能治村”，要注重从本村致

富能手、本土大学毕业生、外出经商创业返乡人员、退役军人中吸纳懂经营、善管理、有责任心的优秀人才进入村班子。二是做好解放思想、更新观念工作。发展环境日新月异，新情况、新要求层出不穷，要适应这些新变化，全面推进乡村振兴领头雁的村班子自身需不断解放思想、更新观念与知识体系，以高格局、宽眼界来正确认识形势、创新思路、推进工作。三是做好制度建设工作。建立、完善、落实各项村级学习培训制度、民主监督制度、工作例会制度、绩效考核制度、财务公开制度、村民自治制度以及村级基层党组织党务公开制度等，实现用制度管人、按制度办事，切实推动村级执政能力建设。

（三）做强产业聚富力

产业兴旺是农民增收和乡村振兴的重中之重，产业致富是推动梅林乡村全面振兴的重要因素。

全面推进乡村振兴，做强产业聚富力，需着重做好以下几点。一方面，用好一方水土。乡村产业的振兴，关键是要用好一方水土。乡村产业的发展要靠山吃山、靠水吃水，有资源用资源，有生态用生态，有文化用文化，通过把乡村的资源优势、生态优势和文化优势转化为产品优势，进而形成乡村独特的产业优势。另一方面，善用一方人才。乡村人才是实现乡村产业发展的第一生产力。用好人才的首要前提是坚持信任与尊重。用好能促进乡村产业发展的优秀人才，包括创业人才、创新人才、管理人才、技术人才，都是乡村产业发展的必需人才。此外，还应坚持多劳多得、公平分配原则，用好乡村众多的普通劳动者。

（四）弘扬精神聚动力

全面推进乡村振兴，既不可能一蹴而就，也不可能一帆风顺。攻坚克难需要强大的动力支撑，其中精神动力是破解难题、推动发展的重要方面。梅林是红色文化、知青文化和围垦文化的融合地，吃苦耐劳、奋发自强、善抓机遇、奔竞不息、勇立潮头是梅林精神的集中体现，梅林二十年来的快速发展正是在这种精神激励之下实现的。

全面推进乡村振兴，弘扬精神聚动力，需着重做好以下几点。一是积极构筑精神动力。各村应在社会主义核心价值观的指导下，充分结合本村独特历史文化实际，科学提炼、积极构筑能让广大村民产生强烈认同感与内心共鸣的梅林村精神。二是充分发挥精神动力。村班子成员和广大党员要带头践行梅林村精神，将这种精神体现在自己的工作和生活中，用实际行动潜移默化地感染群众、带动群众。三是不断强化精神动力。要重视宣传教育工作，关注精神动力的实践性特征，用发展实绩来进一步强化村民对精神动力的认可与践行的自觉性，同时要做好树典型、强示范的工作。

（五）人民至上聚众力

村民是全面推进乡村振兴的最大受益者，更是全面推进乡村振兴的最大实践主体和最强创造者，人民至上聚众力是全面推进乡村振兴的必由之路。二十年来，在联合党委的统领下，梅林走出了一条统筹“村、企、民”各方利益、依靠村民集体奋斗的乡村振兴之路。

全面推进乡村振兴，人民至上聚众力，需着重做好以下几点。一是强化村班子成员的服务意识和为民理念。为民谋利才能得民心、聚众力，村班子成员一定要摆正位置，改善作风，强化服务意识与为民理念，通过谋发展来切实为人民服务，当好村民的服务员，尤其要关注民生问题，积极做好村民的养老、医疗保障与教育的资助、奖励工作，让村民切实从乡村振兴中增强获得感、幸福感。二是确保村民的知情权、决策权、参与权与监督权。通过村级事务公开，确保村民的知情权；通过村级事务民主决策，确保村民的决策权；通过村级事务民主管理，确保村民的参与权；通过村级事务民主监督，确保村民的监督权。三是兼顾各方利益，注重公平分配。全面推进乡村振兴过程中，务必兼顾好村、企业与村民的各方利益，当发生利益冲突时，不能以简单的处理方式去损害企业与村民的合法利益，利益分配中要以市场手段为主、行政手段为辅，最大限度确保利益分配的公平性。

以乡村“地瓜经济”模式助力“千万工程”再深化*

——余村实践的思考与启示

杨淑丽　董寒凝　洪祎丹　宋维尔

党的二十大报告指出，全面建设社会主义现代化国家，最艰巨最繁重的任务仍然在农村。实现中国式现代化，最关键的就是把握好“乡村现代化”这一时代命题，基础在乡村，短板在乡村，潜力也在乡村。近年来，浙江上下审时度势，把深化“千万工程”放在推进中国式现代化的大场景中来谋划推进，将“千村引领、万村振兴、全域共富、城乡和美”作为深化新时代“千万工程”的目标和抓手。

安吉余村作为中国“绿水青山就是金山银山”理念的发源地，如何在“千万工程”再深化中找准突破口，将为浙江省乃至全国各地探索乡村现代化新模式、新路径带来深远的影响。结合近年来在余村的战略发展研究、未来乡村全过程咨询实践，课题组认为，乡村版“地瓜经济”模式将成为余村新时代突破式发展的“关键密码”，核心是探索“创新就地转化”内循环与“模式品牌输出”外循环有机结合的“双循环”经济模式，立足余村将人才、资源高质量“引进来”，走出余村把市场、品牌高水平“输出去”，有助于深化打造更具标识引领性、更具示范公认度的“千万工程”实践成果。

---

* 本文刊于《发展规划研究》2023 年第 7 期。

一、立足余村，高质量资源“引进来”——首创“全球合伙人”计划

着眼于破解乡村产业单一、人才不足等共性难题，余村创新发起“余村全球合伙人”计划，招募目标一致、志趣相投的青年人才，与余村共担风险、共建品牌、共享未来，双向赋能，力争打造最具活力的青年乡创策源地。目前已签约落地各类余村合伙人项目 40 余个，带动招引大学生超 1500 名。

一是构建全生命周期的“318”青创平台矩阵。借鉴浙江省未来产业发展的“众创空间—孵化器—加速器—产业园”全生命孵化链条模式，在余村进行了“乡村版演绎”，打造余村“一站式”全球合伙人青创平台矩阵。针对自由职业者、“合伙人”初创团队、高校合作实验室、成熟型企业等多类创业主体，提供共享工位、农业试验田、独栋办公楼等多类型创业设施，打造余村共创空间—青来集数创中心—“马吉加速器 + 白水湾产业园”的三类梯度式创业平台。外联安吉两山未来科技城，构建“孵化在余村、产业化在安吉”的新飞地合作模式，打造一个飞地产业园。同时，面向原乡人、归乡人、新乡人和旅乡人四类人群的旅游体验、品质生活等需求，打造主题咖啡馆、社交型文化空间、艺术工作室等八大在地创业载体，供创业者在地转化。

二是提供景社共生的在地创业机会。按照“景区即社区、社区即景区”的发展思路，以余村大景区的产业发展为全球合伙人创业提供丰富的在地创业机会，又以青年大社区的创业成果和社区化活力赋能余村大景区多元化发展，相互促进、共同生长。一方面，重点协同余村大景区的产业发展，围绕“产业振兴”与“业态创新”两条主线，聚焦新零售、数字内容创作、智慧工厂等数字经济与农业现代化、乡村旅游、文化创意等实体经济等多元融合，孵化培育复合型的新业态，打造青年新经济、体验新文旅、跨界新农业三大产业集群，为来乡创业者提供丰富的创业机会。另一方面，以青年新经济为突破口，依托全球合伙人产业资源共享与专业能力输出，以点带面营造全域村民创新创业的积极氛围，并通过青年人的创新来驱动新农业、新文旅业态矩阵不断完善，反哺余村大景区提升发展。

三是打造互学共长的创业生态圈。顺应新一代青年人对"生活—工作—娱乐"多元生活方式的追求，将未来社区理念深度融入青年大社区建设，营造让青年更向往的乡村创业生态圈。以"零负担"创业、"零距离"服务为原则，面向合伙人提供租金减免、房屋装修、经营奖励、创业贴息贷款、住房保障、宣传推介等 50 余项创业扶持政策，以及人才社区大厅一站式服务、创业项目一对一陪伴式全过程落地指导等创业服务；以主客共享为特色，完善"吃住行游购娱"综合服务，建设高品质交互式青年人才公寓、青年旅社、数字游民公社等，共有床位 4000 余个，有 1000 平方米共享食堂，还有烧烤、品牌茶饮、文创咖啡等小而美的休闲业态 20 余处；以青年顺畅发声、思想碰撞、创意落地为目标，孵化跨领域青年社群 100 余个，全年开展 YU TALK 余村青年说、余山夜话等活动 200 余场，打造青年共创共享的旅居式创业的美好社区生活。

二、发展余村，高品质生活"富起来"——构建大余村利益共同体共富机制

面对当前浙江省乡村发展仍存在的一定程度的分散化、碎片化问题，余村建立了一套涵盖新老居民的多元化利益联结机制，以"两入股三收益"的强村富民公司为主轴，创新共富驿站等主客共享的利益联结方式，构筑大余村利益共同体"价值链"，推动形成共建共享共同富裕路径。

一是深化"两入股三收益"的利益联结机制。引导农户激活闲置资产资源，以闲置农房、承包经营权等多种方式入股，与村集体、工商资本等合作，构建资源资产入股、拿租金、挣薪金、分股金的利益联结机制。发挥浙江安吉和美余村旅游景区开发有限公司资本优势，做好资源资产整合文章，收储流转各类农田、山林、闲置资产，规模化经营提高资源资产使用价值。做大五子联兴强村富民公司，强化村企合作，用好用活从国企平台承接的资源资产和余村大 IP，持续提高物业管理、农田种植、工程建设等经营能力。目前签约公共服务项目 20 余项，年均为各村创收超 20 万元。创新建立新进项目资产资源量化入股的"两入股三收益"机制，引入社会资本共同打造绿色产业，形成"5G 物联网 + 溪泉鱼"、创意绿色田园、文旅研学等生态绿色产业链。2022 年，余村村集体收入突破 1300

万元，经营性收入突破 800 万元。

二是创新余村“共富驿站”模式的利益传导机制。构建“村集体 + 合作社 + 农户”村级自主的合作共富机制，由村集体成立毛竹专业合作社等主导产业联盟，变单打独斗为抱团经营，促进资源资产更高效利用。依托余村共富市集空间，创新建立“店长村民制 + 经营贡献制 + 运营互动制”，打造“村民—商家—村集体”三方共建共享的可持续共富机制。一方面，引导入驻商家优先培养村民做“一日店长”，培育了“千茶万别”余村奶茶、“每个 YOU”余味烘焙、“合伙人文创”等一批村民共创典型案例；另一方面，引导入驻商家将部分营业利润纳入余村共富基金，助力余村村民就业、慈善、公共服务等事业。

三是贯彻“运营前置”思维的乡村大运营机制。针对优质乡村运营商普遍倾向于轻资产运营的现状，发挥国资平台资本优势“筑巢引凤”，承担重资本投资建设，持有区域内部分存量和增量固定资产所有权，以此招引专业化运营商，对村庄进行定位、策划、规划、设计。一方面，运营公司通过“运营前置”的思维向国资平台反馈建设改造要求，探索乡村建设运营的“O+EPCO”新模式；另一方面，发挥其“智力”支撑作用，对村民创业就业以及经营业态进行指导，有效带动村民增收致富。目前，在该模式探索中已引入第三方专业运营主体，从未来乡村建设之初便深度参与项目谋划，协同政府统筹推动余村业态更新与主题事件打造，推动余村印象、乡里中心等重点特色项目落地，取得显著成效。

三、走出余村，高水平市场“走出去”——推进区域品牌共建共享工程

余村作为“两山”理念诞生地，有较为突出的知名度和影响力。为进一步使“两山”理念发源地的 IP 内涵更生动化、立体化，实现“两山”转化的动力可持续，余村进一步深化推进共建乡村品牌，推动乡村的好资源、好产品、好项目高水平“走出去”，助力余村由“两山”理论发源地向引领地跃升。

一是系统性打造余村品牌谱系。构建“在湖州看见美丽中国、在余村看见乡村未来”的区域品牌意象，推动大余村品牌向立体化、未来化、国际化发展。重点围绕青年新经济、体验新文旅、跨界新农业三大余村未来发展的核心产业集

群，系统性打造具有辨识度、影响力的大余村品牌谱系，形成全球合伙人、乐潮矿野、余村创造三大 IP 主题，衍生形成青年共创行动、余村青年汇、乡创学院，矿野潮音节、山野大地艺术季、一滴绿生活节、余村农耕、青年制造商店等衍生系列子 IP。充分发挥系列 IP 牵引力，吸引集聚线上线下流量，带动余村文旅、农创等产品市场"走出去"，并由此引入更多优质资源，进一步拓展丰富品牌内涵，形成"以 IP 带流量、以流量拓创业、以创业造 IP"的正向循环，充分释放产业发展潜能。

二是构建跨领域联盟社群。围绕民宿、餐饮、研学以及大景区建设重点领域，构建产学研协作联盟，形成山野乡宿联盟、余味慢食联盟、自然研学联盟等多领域联盟社群，搭建统筹标准、统筹提升、统筹营销的公共协作平台，突破传统意义上若干单体民宿、农家乐在地理区域的空间形态简单聚集模式，实现一种更深层次的"共生"关系，帮助乡村文旅创业者的创意灵感更好更快落地，实现资源共享、市场共推、业务互补、经营协同的利益联结共赢体系。在此基础上，发挥国家级"终身学习品牌项目"优势，结合"两山"理念大讲堂，赋能大余村产业联盟成员互促共进、携手发展。

三是建设乡村农文旅产品展销平台。顺应直播经济对农产品消费方式变革趋势，按照"线上直播、线下策展、城乡联动、辐射全国"思路，搭建余村乡村农文旅产品展销平台。平台通过飞地供销模式，提供城乡联动 O2O 渠道，挖掘汇集全市、全省乃至全国乡村优质农文旅产品，以及全球合伙人计划的创业转化成果，在此基础上开展品牌化重塑和再开发，将"余村农耕"培育为自有直播品牌，拓展宣传、营销及资源整合渠道，打造余村版"东方甄选"，成为城乡农文旅产品展销窗口，实现外面的资源"引进来"、自己的品牌"走出去"。

四、新时代"千万工程"再出发再深化的启示与建议

从余村实践看，在新时代"千万工程"再出发再深化背景下，广大乡村地区的未来发展，不能就乡村论乡村，而应跳出乡村发展乡村。资源和市场两头在外的"地瓜经济"模式，是行之有效的乡村现代化新模式、新路径。

一是将"人"作为战略资源，带动"千村引领"。人口流失、乡村空心化与

人口老龄化问题是乡村未来发展过程中必须解决的重要矛盾。“千万工程”实施以来，浙江省乡村在生活环境、服务品质、治理水平方面已得到全面提升。进一步实现突破式发展的破局关键，就是要充分把握好“人”这一推动乡村发展的首要战略资源。新时代“千万工程”不仅要把人作为单纯的服务对象，而且既要留住人，又要吸引新人来，以人的需求、人的体验、人的感受为出发点和落脚点，积极复制推广乡村全球合伙人、乡创共同体等引才聚才模式，强化政策引导、平台搭建、空间挖潜，全面改善乡村营商环境、人居环境、服务环境、消费环境、人文环境，汇聚原乡人、归乡人、新乡人和旅乡人四类人群共同参与乡村振兴，打造一批“千人汇聚千村”的示范引领型乡村样板。

二是将“品牌输出”作为关键抓手，助力“万村振兴”。具有强吸引力的品牌 IP 是激发乡村人气活力、促进产业兴旺发展的关键。“千万工程”的实施推进，重塑了浙江农村环境，造就了万千美丽乡村。进一步实现“绿水青山”生态价值向“金山银山”的经济价值持续转化，需要强化乡村的品牌输出，拓展乡村“两山转化”渠道。应当厚植乡村本原，在传统“一村一景”“一村一韵”基础上，强化“一村一品”，挖掘各具独特魅力的核心吸引物，利用数字经济新零售等新手段，为乡村发展创收，实现效益持续转化。同时，要注意避免“展厅式乡村”“盆景式乡村”，鼓励积极融合年轻的、时代的、新潮的元素，以年轻化思维赋能乡村，丰富和完善如稻田音乐会、文旅研学、山野营地、乡村文创等好看、好玩、好体验的乡村新场景，打造“一村一品”、百花齐放的万村振兴新格局。

三是将“共富机制”作为长效保障，推动“全域共富”。乡村的共同富裕是乡村全域全民的共富。“千万工程”实施以来，乡村居民生活质量、生活水平得到极大提升。如何进一步实现更高水平的全域共富，应考虑生活在乡村、工作在乡村、创业在乡村的所有人的利益联结共富机制。既要保障原乡人、归乡人的生活共富，做好强村富民公司等载体来壮大集体经济，如余村“两入股三收益”的强村公司利益联结机制；又要兼顾归乡人、新乡人等返乡创业群体在发展上的共同富裕，鼓励通过创业平台共享、渠道共享、创投资源共享等实现共促发展，通过如余村“共富驿站”模式、店长村民制实现归乡人、新乡人与原乡人之间的利益联结与传导。通过建立这样一套涵盖新老居民的多元化利益链接机制，在共创共治基础上实现发展成果主客共享的全域共富模式。

建设美丽乡村的若干思考*

——以下管镇为例

胡国华

“千万工程”是习近平同志在浙江工作时亲自谋划、亲自部署、亲自推动的一项重大决策，全面实施以来，形成了一条加强农村人居环境整治、全面推进乡村振兴、建设美丽中国的科学路径，深刻改变了浙江省农村的面貌，取得了令人瞩目的发展成效。“千万工程”实施过程中，坚持因地制宜是保留乡村多种功能和多元价值的关键。各地乡村特色各异，既要挖掘个性，根据不同地区的自然条件、产业基础等因素，进行科学规划设计，充分挖掘和利用当地的资源优势和文化底蕴，不搞“一刀切”的模式化建设；也要归纳共性，从资源统筹管理开发、规模化发展等角度出发推动乡村连片开发共建，打造具有地方特色、高效统筹的美丽乡村。

一、个性和共性并举的建设思路

美丽乡村个性和共性并举的建设思路可从基于乡村本底、把握产业基础、对接现有规划、推动联村共建等角度切入。

一是深入挖掘乡村本底特色。乡村本底特色主要指乡村的自然基底和人文基底，前者包括山水林田湖草等天然条件，是孕育乡村文化的先天基础；后者包括历史文化、传统习俗、历史名人等要素，构成乡村风情的人文之魂。美丽乡村建设需

* 本文刊于《发展规划研究》2023 年第 7 期。

要深入挖掘这些本底特色，最大可能保留乡村的本真韵味。二是做好产业发展“文章”。乡村的可持续发展离不开产业支撑，只有产业兴旺才能从根本上推动农业全面升级、农村全面进步、农民全面发展。做好产业发展“文章”，需要深入分析乡村现状及产业基础，推动农业、文化、旅游融合发展，打造乡村产业高质量发展的重要引擎，带动农民分享乡村产业振兴的成果。三是充分对接现有发展规划。很多乡村自身或所在乡镇都制定了文化旅游、现代农业等领域的发展规划，并已开展相关项目建设活动，美丽乡村的特色化发展有必要充分对接现有规划的发展思路和实施举措，与之形成合力，推动多措并举、“多规合一”。四是推动乡村连片统筹建设。受空间分布影响，部分乡村在自然人文要素开发上具有共性，一些配套设施也可联合建设，避免资源浪费。此外，在浙江省加快发展建设共同富裕示范区的背景下，可借鉴山海协作思路，推动乡镇内部“先富”村与“后富”村帮扶结对。

二、下管镇乡村基本情况

下管镇位于绍兴市上虞区东南部低山丘陵地带，镇域土地总面积约为 48.5 平方公里，整个镇域呈现典型的河谷地貌，下管溪在谷地自南向北横穿全境。全镇共辖东里村、联新桥村、新民村、振新村、新庄村、前溪岙村、洙凤村、兴南村、芦山村等 9 个村庄，其中联新桥村、新民村、振新村为镇区所在地，各村在自然文化基底、产业基础上各具特色（见表 5–1）。

表 5–1　下管镇村庄基础条件分析

村庄	自然文化基底	产业基础	已谋划、已建项目
东里村	管溪流域、牛栏山等	茶叶种植、毛竹种植、文化旅游等	虞山隐、吴越秘境户外主题公园、龙鳞坝、梅坑山游步道等
联新桥村	管溪流域、梅坑山等	农产品加工、茶叶加工、商贸、文化旅游等	于善酒店、龙门坝等
新民村	鹿溪流域	商贸、文化旅游等	管溪印象供销社民宿酒店等
振新村	管溪流域、百年老街、徐懋庸古建筑群	果蔬种植、水稻种植等	春蕾农业（农场）等
新庄村	汪家桥水库、高山尖	茶叶种植、板栗种植等	高山尖农场等
前溪岙村	山谷地形	果蔬种植、板栗种植等	“绿韵·绿溪谷”民宿等

续表

村庄	自然文化基底	产业基础	已谋划、已建项目
洙凤村	知青文化、梅坑山古道等	樱桃种植、板栗种植等	知青部落、青柠餐厅、溪山樱谷和里岙民宿
兴南村	管溪流域	果蔬种植，种猪养殖、清水溪鱼养殖等	兴南粮站民宿、智慧种猪项目等
芦山村	高海拔、古村落等	茶叶种植、樱桃种植、板栗种植等	芦山千亩茶园等

资料来源：作者自制。

下管镇是千年虞南重镇，据《管溪徐氏宗谱》记载，宋熙宁三年（1070 年）已有下管之名，并在民国二十一年（1932 年）建镇。下管镇耕读文化浓郁，学风盛行，镇区内遗存的五经牌坊上记录有数百名明清时期考取功名的人士。2020 年，下管镇以"耕读管溪景区"为名成功申报了国家 AAA 级景区。历史上，下管镇商贸业发达，是周边乡镇买卖山货的集聚地。近年来，下管镇的经济发展主要依托特色农业，如樱桃、春香柚、葡萄、猕猴桃等水果，茶、板栗、竹笋等其他作物，以及小规模工业，以食品加工（如番茄酱、茶叶加工）、金属加工、针织机械等为主。同时，依托山水人文环境和特色农业，发展了旅游观光、节会经济（如樱桃节、紫云英节）、运动赛事（如马拉松、越野赛）。

近年来，下管镇积极谋划科技运动小镇建设，打造由小镇客厅——科技运动体验中心、管溪时尚运动带、新庄智能运动翼、芦山数字红色运动翼、高山尖科技运动休闲区、梅坑智慧汽车户外区构成的"一心一带两翼双区"科技运动小镇格局；加快落实《下管镇管溪"幸福河"建设规划》，依托管溪自然基底，重点打造"管溪十二坝"。

三、实施"一村一策"和联村共建策略

为推动下管镇 9 个乡村建设特色化美丽乡村，并加强统筹管理，"上虞区下管镇'十四五'发展规划"课题组结合下管镇各村基础和相关规划要求，提出"一村一策"和联村共建的发展策略。

（一）推动“一村一策”发展

“一村一策”根据乡村自然人文特色归纳建设主题，重点谋划耕读文化、科技运动类文旅项目，积极创建特色鲜果、茶叶等农产品品牌，推动已谋划、已建设的项目加快建设，并结合村庄现状提出加强人居环境整治、基础设施升级改造及闲置资源盘活等举措。

1. 东里村：“虞山野趣”

东里村位于下管镇东北，农文旅产业发展具备一定基础。可依托特色体育赛事和特色茶园，塑造动感运动与宁静山居门户形象。重点打造东里科技运动乐园、吴越秘境户外主题公园，加快“虞山隐”文旅项目建设。

2. 联新桥村：“耕读书乡”

联新桥村是国家 AAA 级旅游景区耕读管溪景区的核心区域，已建成部分耕读主题的旅游设施。下一步要提升景区品质，强化“耕读”IP 塑造。重点打造建设耕读文化展示区，加快推动于善酒店投入运营，加快实施美丽庭院项目，全面推进空心村整治。

3. 新民村：“时尚新民”

新民村作为镇区主要组成部分，正大力推进派出所周边地块开发，建议深入实施控制性详细规划，加快集聚乡镇现代商贸功能。打造镇区人文休闲沿河景观带，推动居住区及行政商贸区有机融合。

4. 振新村：“研学振新”

调研中发现振新村提出发展研学游项目，建议发挥历史文化和特色农业资源优势，打造“研学游”主题 IP。重点推动大毛畈区域开发，打造研学游主题游览线路，加快改造修复百年老街原貌，重建老剧院综合体，继续深入开展“五星达标 · 3A 争创”工作。

5. 兴南村：“鲜甜兴南”

兴南村农业发达，可基于良好的山水田地条件，培育高品质“四季仙果”等特色农产品，打造宜游宜学的鲜甜胜地。重点打造农耕文化园，建设东岙果蔬基地、鲜果主题农庄，加快推动智慧种猪项目落地，继续推动人居环境整治。

6. 前溪岙村：“绿韵仙踪”

前溪岙村目前产业基础较为薄弱，但具有独特的谷地环境，可发展特色康养旅游，打造山居康养度假村。继续深入实施"凤还巢"增收计划，整合收储闲置农房（宅基地），激活"绿韵·绿溪谷"民宿运营，谋划打造五彩溪谷（花卉种植）。

7. 新庄村："山水（乐水）新庄"

新庄村地势较高，山水资源丰富，可依托汪家桥水库、高山尖等天然山水景观资源，融合现代数字技术开发运动体验项目，塑造"高山流水"旅游品牌。重点谋划建设汪家桥生态科技营、高山尖数字农场，继续加强地质灾害治理。

8. 洙凤村："凤栖樱谷"

洙凤村产业特色突出，可继续做强樱桃特色农业，挖掘开发知青文化资源价值，打造"绿色生态"与"红色文化"相结合的乡村旅游基地。重点建设知青体验运动区，推进精品示范村知青布展，加快谋划建设溪山樱谷和里岙民宿项目，优化青柠餐厅餐饮服务，持续推进美丽庭院建设。

9. 芦山村："云上芦山"

芦山村偏居一隅，地势高，可发挥高海拔和历史文化遗存优势，打造"高山"系列文旅产品。重点建设山地户外运动基地、特色高山民宿，加快高山茶园开发，加强地质灾害治理，积极创建美丽庭院。

（二）建立联村开发管理模式

联村共建重点围绕集群规模化开发、跨村项目共建和镇域共富发展 3 个领域，积极塑造区域文旅品牌，提升资源集约使用效率，加强村际联动，打造镇域共同体。

一是推动联村协同开发。基于区域资源统筹，协调跨村同质产品开发，形成集群规模效应。围绕民宿集群化、区域化建设，推动管溪印象供销社民宿酒店（新民村）、"绿韵·绿溪谷"（前溪岙村）、于善酒店（联新桥村）、溪山樱谷民宿（洙凤村）、兴南粮站民宿（兴南村）与陈溪乡民宿合建管溪民宿联盟，共同运营、共同提质、共同营销，打造特色管溪民宿品牌。

二是实施项目跨村共建。围绕创建省级 AAA 景区村、建设科技运动小镇，推动邻近村落共建相关设施，避免重复建设。围绕下管美丽街区项目，推动镇区三村——联新桥村、新民村、振新村设立美丽街区建设小组，共同划定建设范围（主要道路及两侧区域、休闲服务功能区、市民集中居住区），共同谋划制定《下管美丽街区三年行动计划》。围绕耕读文化、书院文化，推动联新桥村、洙凤村共同融入上虞区耕读书乡风景带建设。

三是建立结对帮扶机制。按照各行政村经济发展水平，按较发达村与较落后村结对的原则展开对口帮扶，制定年度帮扶目标和计划，帮扶成效纳入主要管理人员考核。探索较发达村主要管理人员兼任或调任较落后村管理职务新模式，通过项目建设、人员互派、资源共享等措施实现优势互补、互利共赢。

第六章

能源环境板块：生态产品价值实现的浙江路径

唤醒“绿水青山”经济价值*

——浙江省探索生态系统生产总值（GEP）核算应用实践

李思远　蒋婷婷　王一旭　胡秋成　周润宇

推进生态系统生产总值（GEP）科学核算应用是浙江省深入践行“绿水青山就是金山银山”理念、推动生态文明建设先行示范的创新举措，也是建立健全生态产品价值实现机制的重要基础性工作。近年来，浙江省委、省政府以高质量发展建设共同富裕示范区为契机，以山区26县绿色高质量发展为重点，积极推进GEP核算应用，加强数字化改革赋能，在探索建立具有浙江特点的GEP核算应用体系道路上迈出了坚实步伐，取得了一定成效。

一、基本情况

2017年10月，《关于完善主体功能区战略和制度的若干意见》明确，在浙江等4个省份开展生态产品价值实现机制试点。2019年1月，浙江省丽水市成为全国首个生态产品价值实现机制试点。2021年5月，《中共中央 国务院关于支持浙江高质量发展建设共同富裕示范区的意见》要求浙江探索完善具有浙江特点的生态系统生产总值核算应用体系。根据中央工作部署，浙江省扎实推进GEP核算应用工作，开展了一系列相关理论研究和实践探索。在制度体系、标准规范、试点实践、多元应用、数字化改革等方面取得了阶段性成果，积极建立具有

* 本文刊于《发展规划研究》2023年第2期。

浙江特点的 GEP 核算应用体系，助力拓宽“绿水青山”向“金山银山”转化通道，加快高质量发展建设共同富裕示范区。

二、主要做法

（一）推动核算科学规范

科学制定核算标准。浙江省发展改革委牵头建立省级相关部门指导、科研咨询机构技术支撑、试点市县具体实施的工作机制，充分发挥集成优势，提出了一套充分反映浙江自然生态特点的核算指标体系，制定了符合浙江实际的核算规范，确保核算工作有据可依。

建立工作推进机制。2021 年 11 月，浙江省发展改革委印发实施《浙江省 GEP 核算应用部门协调机制工作方案》，明确数十个省级部门参与的 GEP 核算应用部门协调机制，明确部门职责分工，推动工作落实。同步印发实施《浙江省 GEP 核算报告部门联审和专家评审细则（试行）》，成立由有关领域高层次专家组成的浙江省 GEP 核算专家委员会，明确试点地区年度 GEP 核算报告部门联审和专家评审各项工作制度。同年 12 月，发布《浙江省生态系统生产总值（GEP）核算统计报表制度》，进一步规范核算基础数据归集，确保了 GEP 核算工作的顺利开展。

坚持试点先行。依托国家试点和省级试点，扎实推进核算先行先试。国家试点层面，依托丽水市生态产品价值实现机制国家试点，率先开展丽水市、县、乡、村四级 GEP 核算。省级试点层面，2019 年浙江省发展改革委印发了《关于开展县级生态系统生产总值（GEP）核算先行先试的函》，确定开化、遂昌、仙居、天台 4 县作为 GEP 核算省级试点，率先开展 GEP 核算实践。同年 10 月，试点核算成果在北京通过专家评审。之后，省级试点扩大到浙江省第一批大花园示范县创建单位和淳安特别生态功能区等 11 个县（市、区），深入推动核算实践。2021 年，GEP 核算应用试点扩大到大花园核心区衢州和丽水、山区 26 县、大花园示范县建设单位。

（二）探索核算结果多元应用

探索推动 GEP 核算成果进规划、进考核、进政策、进项目，确保区域生态资源保值增值。进规划方面，将 GEP 相关指标纳入山区 26 县高质量发展、县域共同富裕、生态环境保护等专项规划；进考核方面，探索建立将 GEP 核算特定指标用于县域高质量发展综合绩效评价、领导干部自然资源资产离任审计等领域；进政策方面，推动 GEP 核算成果在全省国土空间管控、生态系统保护修复、生态保护补偿机制、绿色金融等政策制定应用，试行与生态产品质量和价值相挂钩的财政奖补机制；进项目方面，探索开展基于 GEP 的生态占补平衡，积极创新衔接 GEP 的绿色金融产品。

（三）加强数字化改革赋能

系统谋划顶层设计。坚持需求导向和问题导向，围绕满足政府、企业与社会各界多元主体需求，聚焦破解难度量、难抵押、难交易、难变现等核心问题，通过深入梳理不同用户需求、使用场景、改革目标三张清单，明确“13642”的总体建设思路，即围绕体制机制改革这一核心，面向政府、企业、社会各界三类主体的不同需求，立足支撑生态产品调查监测、价值评价、经营开发、保护补偿、推进和保障 6 项机制改革，聚焦生态产品价值科学核算、核算结果多元应用、生态产品供需精准对接、生态产品价值实现协同治理 4 种能力建设，建设了 GEP 辅助决策平台，全面赋能 GEP 核算应用工作。

创新支撑核算成果应用。建设上线“GEP 核算在线”应用，将核算模型固定为数字化应用，实现数据来源、数据处理规范、计算方法统一，支撑全省 GEP 核算工作“一把尺子量到底”，为核算结果多元应用提供重要保障。依托“一地创新、全省共享”建设模式，各承建单位积极创新，探索 GEP 核算结果在政府绩效考核、自然资源离任审计、生态占补平衡等领域的多元应用。其中，丽水市探索与 GEP 挂钩的财政奖补政策，并将 GEP 相关指标纳入各县（市、区）年度综合考核指标体系；德清县将 GEP 有关指标纳入乡镇领导干部自然资源资产离任审计；开化县开展以 GEP 为核心的生态占补平衡试点改革；桐乡市推动项目级 GEP 核算应用落地。

加速治理能力提升。通过建设 GEP 辅助决策应用，打造了省、市、县贯通的工作平台，构建了信息互通的省、市、县三级工作门户。其中，在省级主页显示地方工作动态、试点指标数据等工作信息，加强省级对地方工作进展的动态跟踪；在地方主页展示省级工作部署和各地优秀工作成果，推动省级工作要求、各地典型做法等的传播分享，促进地方发展改革部门领导干部提升认知、打开思路，加速生态产品价值实现体制机制的探索创新。

三、主要成效

（一）构建 GEP 核算工作体系

发布全国首部省级 GEP 核算标准。历时 3 年，经过预研、立项等 4 个阶段，深入 12 个县市级核算试点，率先于 2020 年 9 月正式发布全国首部省级 GEP 核算标准《生态系统生产总值（GEP）核算技术规范　陆域生态系统》，为科学度量浙江绿水青山生态价值提供了一把尺子。

试点地区核算成果顺利通过部门联审与专家评审。2021 年 12 月，全省 36 家试点地区的核算成果顺利通过部门联审与专家评审。与会专家认为 GEP 核算报告思路清晰，数据翔实，在破解自然生态系统基础数据缺乏制约、探索多部门多源数据融合路径等方面进行了创新性探索，核算过程科学合理，结果可信。

（二）多领域推进核算结果应用

省级层面，2021 年浙江省级财政和丽水市级财政已向丽水 9 个县（市、区）兑现奖补资金 5000 万元。县市层面，已指导各地探索建立核算成果进规划、进决策、进项目、进交易、进监测、进考核的应用体系：丽水市将 GEP 相关指标纳入各县（市、区）年度综合考核指标体系，德清县将 GEP 有关指标纳入领导干部自然资源资产离任审计；开化县以 GEP 为核心指标，探索开展生态占补平衡试点改革；青田县农商银行以祯埠镇生态产品使用权作为抵押物，向祯埠镇生态强村公司发放全国首笔“GEP 贷”500 万元。

（三）数字赋能 GEP 核算应用

GEP 辅助决策系统上线以来，有力赋能核算应用工作，推动核算应用工作走向深入。其中，在核算工作方面，目前已顺利支撑完成全省试点地区 2019 年、2020 年 GEP 核算工作。在核算结果应用领域，丽水市已开展 2021 年度 GEP 综合考评。在领导干部自然资源资产离任审计领域，德清县已对 2021 年离任乡镇干部实施 GEP 核心指标离任审计考评。在协同治理能力建设方面，目前已向 11 个设区市、36 个试点地区、100 余名领导干部开放 GEP 辅助决策应用权限，实现生态产品价值实现领域的省、市、县贯通联动工作局面。在推进工作方式转变方面，目前已建立试点地区定期填报的工作制度，填报内容包括各地最新工作动态、生态产品基础信息普查、“两山合作社”建设进展、生态类区域公共品牌发展状况等内容，推动工作协同低本高效、决策依据广泛汇集。

四、重要启示

（一）生态产品总值核算应用需统筹推进

一是切实加强核算工作组织保障。浙江省积极开展系列制度创新，强化统筹衔接，初步形成了互促互进、多点开花的 GEP 核算高效工作体系，为核算工作把牢了工作方向、提供了重要动力。二是核算标准与核算实践共促共进。标准制定过程中，试点单位的核算实践发挥了重要支撑作用。通过核算实践，进一步优化完善了 GEP 核算指标和方法，使得浙江省 GEP 核算标准具有广泛的代表性和较强的可操作性，实现了核算理论研究与实践的相辅相成、互促共进，推动标准不断迭代完善。三是创新核算与结果应用良性互动。核算支撑拓宽应用领域，应用反馈优化核算方法。通过 GEP 核算摸清家底的最终目的是推动生态产品价值实现、有效激励生态文明建设，其关键在于 GEP 核算成果多元应用体系的构建。创新 GEP 多领域、多层次落地应用，推动核算与结果应用的良性互动，让 GEP 核算结果更好地为生态产品价值实现提供强大助力。

（二）数字化改革需能切实解决问题

一是坚持需求导向完善治理端建设。在 GEP 辅助决策建设过程中始终聚焦省、市、县各级发展改革部门的需求，加快推进数字化改革赋能现代化治理体系建设，以数据大屏初步实现自下而上数据汇集与可视化，以地方探索加速孵化 GEP 成果多元应用，并以地方主页及权限体系建设探索推动自上而下高效管理。二是坚持以“人”为本推进服务端建设。在“两山云交易”应用建设中，通过积极推动数字化应用共建共享、宣传便民利民活动、提供参与政府活动渠道等方式，切实提高社会主体在生态领域的参与度和成就感。数字化应用应坚持以服务百姓为宗旨，不断完善功能，加快系统迭代。三是坚持数据驱动挖掘数据资源价值。充分发挥数字化手段对生态资源信息以及 GEP 核算数据的集成作用，分析生态资源与区域 GEP 核算结果的时间空间分布与变化，挖掘区域内对 GEP 核算结果有主要贡献的重点生态资源，为摸清生态资源家底、优化调整区域内 GEP 核算结果结构、完善 GEP 核算方法赋能增效。

磐安县推进中药材生态产品价值实现的举措和启示*

郑卓联　应美群

磐安县依托当地丰富的中药材资源，打造药乡、药市、药镇、药园“四位一体”的磐安中药材产业发展模式，推动供给产品价值实现，引领绿色经济发展，实现生态富民。

一、中药材资源优势和发展历程

磐安历来有“天然的中药材资源宝库”“江南药谷”“千年药乡”之称，县境内有药用植物 1219 种，种类数量占全省的 68%。据史料记载，磐安从唐朝天祐年间开始种植元胡，迄今已有 1100 多年的历史；宋元时期，白术、玉竹、淡竹等中药材被列为“贡品”。

随着改革开放、生态文明建设，绿色发展开启了大山财富之门，磐安摘掉了“贫困县”的帽子，曾经的普通药农也变身中药材“土专家”。经过多年耕耘，磐安中药材在数字赋能、质量兴药上碰撞出“草根 + 科技”的火花，助力中医药从一株“小草”成长为一大富民支柱产业。2021 年，全县中药材种植面积 7.26 万亩，产量 2.1 万吨，产值 6.59 亿元，占全县农业总产值的 36.2%。浙贝母、元胡等“磐五味”主导产品产量占全国 60% 以上，九成以上浙产本地药材通过磐安市场走向全国和世界，走出了一条以中药材产业为重点的生态产品

* 本文刊于《发展规划研究》2023 年第 2 期。

价值实现之路。

二、中药材产业振兴的主要做法

（一）出台专项政策，打造中医药产业高地

磐安制定出台《磐安县中药产业振兴发展规划（2018—2025）》《磐安县中药材产业发展示范建设实施方案》《关于加快扶持中药产业振兴发展的意见》《磐安县中医药产业振兴发展五年行动方案（2021—2025年）》等多项中药产业专项扶持政策，是浙江省内首个出台中药材全产业链扶持政策的县，构建起中药材生态产品价值实现的顶层设计。县里积极争取建设资金与项目，配套中医药类项目建设资金共计9.5亿元，先后启动实施省级中药产业创新服务综合体建设等中医药类重点建设项目60余个。

（二）守住中药之“真”，打造中药材生产示范地

磐安坚持本地资源保护和中药材生态化种植，境内的大盘山保护区是我国唯一以野生药用植物种质资源为保护对象的国家级自然保护区。鼓励药材种植标准化、规模化、规范化，鼓励林药经济发展和名贵珍稀药材引种驯化。建设8800余亩浙贝母种植示范基地、120亩全省唯一中药材种质资源圃基地、50亩农业农村部玄参行业标准制定（DUS测试[①]）基地，“数字药园”基地、黄檀和园塘林场林下黄精、白芨基地等各类中药材基地22个。建立中药产业追溯系统，运用区块链、物联网等技术，实现县域20亩以上规模基地质量追溯全覆盖、大宗道地药材全过程追溯，确保药材“来源可知、动向可追、质量可查、责任可究”。

（三）建设共享平台，打造优质药材集散地

全国首创、全省唯一的中药材中药饮片加工一体化车间试点落地磐安，形成

---

① DUS测试，即植物新品种测试。

“共享车间、共享仓储、共享检测”的共享体系。建成中药材共享加工点 17 个，在满足本地所需的同时，辐射服务仙居、缙云、东阳、永康等地。积极建立生态产品交易市场，打造中国浙产道地优质药材集散地“浙八味”特产市场。围绕生态种植、规范加工、数字流通、全程追溯 4 个重点领域，研发中药产业大脑，建立了全面的产业从业者信用信息数据库，更有力地助推中药产业高质量发展。打造“浙药通”综合服务平台，聚焦“大平台、大数据、大服务”的中药资源产业链体系建设，构建一站式浙药采购基地、共享仓储式交易基地、标准化共享加工基地，对接药农、药商，让“好药材卖出好价格”。

（四）科技创新驱动，打造中药材研发基地

磐安先后成立“国千”专家大健康产业研究院、浙江省中医药研究院磐安分院、浙江省中药材研究所磐安分所等科研院所。截至 2022 年底，共引进省级以上人才 47 名，其中国家级大师 22 名，设立大师工作室 29 个，与 21 所高校院所开展中药技术合作。承担了浙江省中药材重大标准化战略试点项目，全面系统地开展影响磐安中药材质量关键因子筛选试验，针对当前中药产业发展中存在的“面积下降、标准缺失、高值化产品少”等“卡脖子”难题，进行科技攻关。坚持从源头上解决问题，提升磐安中药材质量。

（五）做深三产融合，打造中医药康养胜地

磐安高度重视中药产业融合发展，做深做细“中药 +”文章。大力推进医养康养结合，设立浙江名中医馆磐安分馆，建成中医药文化展示馆、名中医文化馆、中医药教学研讨中心、药膳科创中心、中药文化主题酒店。传承药膳文化，收集各类民间中医偏方 300 余个，研制推出四大品类 46 道药膳菜肴，权威发布浙江省首个 16 道道地药膳制作标准，建成 4 家江南药镇药膳定制中心。成功举办第十五届磐安中药材博览会，举办中药寻宝国际越野公开赛、磐安生态马拉松赛。深入挖掘中药民俗文化等资源，打造磐安中药材博览馆、大盘山药用植物园、“磐五味”非遗展馆等，形成了“串点连线、连线成片、药在景中”的整体效果。

三、中药材产业发展主要成效

（一）中药材产业规模持续扩大

“十三五”期间磐安全县中药材种植产量年均增长2.17%，产值年均增长1.54%。2021年，中药材种植产量、产值同比增长3.5%和18.5%，全县中医药产业总产值达70亿元。全县共有中医药生产企业249家，其中世界500强企业1家、规上企业3家、高新技术企业5家、通过中药饮片GMP认证企业7家，注册登记从事中药材生产经营单位5536家，临时购销户3000多户，形成了集中药饮片、配方颗粒、中成药、康养产品等于一体的中药制造产业体系。

（二）中药材交易市场火热

磐安中药材博览会是华东地区最大的中药材产地市场，已成功举办15届。2020年底，“浙八味”市场入驻中药经营户574家，2021年的市场交易额达到了45亿元，90%以上的浙产药材从这里走向全国和世界，形成了“买全国、卖全球”的区域中药材交易中心，延续了历史上“药花开满若霞绮，玄参白术与白芍，更有元胡，万国皆来市”的交易盛况。

（三）生态产品附加值不断显现

随着品牌的不断打响，磐安吸引了众多中药饮片加工、中药提取、中成药、保健品等生产企业前来投资。磐安“抻”长中药材产业链，开发黄精、灵芝等深加工产品47个。县中药材产业被评为浙江省示范性农业全产业链，产品附加值显著提升。打造道地中药材“金名片”，“磐五味”被原国家工商行政管理总局认定为驰名商标和浙江省知名农产品区域公用品牌，生产加工技艺被列入省级非遗保护名录。

（四）收获多个中药材“金字招牌”

磐安被誉为“中国药材之乡”，是浙江省最大的中药材主产区和最主要的中药材集散地，中药材产业融合发展示范园被列入省级创建名单，获批全国首个中药材产业产地初加工和饮片生产一体化试点，中药材标准化项目列入省级标准化战略重大试点。“江南药镇”成为全省唯一的中药类特色小镇，入选全省 20 个示范特色小镇，并入围全省首批大花园耀眼明珠。“中药材产业大脑”入选浙江省数字化改革最佳应用、浙江省数字经济系统第一批优秀应用。

（五）实现中药材开出富民“良方”

全县中药材种植户有 4.8 万户，从业人员有 6.1 万人，占总人口的 1/3。全县农民近 1/3 收入来自中药材，其中新渥街道这一比例更是高达 65%。全县 4.8 万户药农通过种植中药材户均增收 6000 元。近两年来，磐安种植中药材的农民每年可以获得十几万元的收入，幸福感与日俱增。药农从“地里刨食”变为“地里掘金”，家家户户种药材、镇镇乡乡闻药香成了磐安一道风景，推进共同富裕取得显著成效。

四、中药材“生态富县”的几点启示

（一）深挖地方特色产业是切入点

良好的生态资源是生态产品价值实现的先决条件，挖掘和发挥当地资源优势是生态产品价值实现的“金钥匙”。磐安充分发挥“中国药材之乡”和全国道地药材主产区的基础条件，打造全国中药产业振兴发展策源地，把中医药健康产业培育为百亿元产业和具有地方标志性的产业金名片，同时大力传承弘扬中药材文化，讲好中药故事，做大做强中药特色产业。

（二）数字赋能产业发展是关键点

数字技术能有效提高“绿水青山”向“金山银山”转化的效率。磐安在传承与创新中推动中药材产业高质量发展，以数字化改革引领中药材全产业链数字化转型和应用，通过“中药材产业大脑”，打通政府侧、社会侧、企业侧三侧需求，让占磐安 1/3 人口的中药产业从业者聚合在一起，告别“单打独斗”，实现中药产业的数字化变革与创新，为中药材价值实现加速加力。

（三）三产融合生态富民是落脚点

推动生态产品价值实现，需围绕产业链、价值链做文章，通过科学谋划，加快创新转化，才能够真正实现生态富民。在磐安，传统的中药材种植已从一株“小草”演变成百亿元级强县富民产业。磐安推进中药材基地种植、加工制造、商贸销售、科研创新、旅游康养、药膳美食等多业态融合发展的全产业链条，为当地的产业升级、百姓致富开拓了一条“绿水青山”向“金山银山”转化的路径。

永嘉县通过打造森林康养实现生态富民的举措和启示*

廖彦　杨璐

发展森林康养，是践行习近平生态文明思想的有效途径，也是提高人民健康水平、拓展森林资源价值实现路径、实现共同富裕的有效途径。浙江省温州市永嘉县自 2015 年被列为浙江省森林休闲养生建设试点县以来，坚持“森林生态为基，特色产业为魂”的原则，不断护美绿水青山，打造诗意森林景观，引入康养文化产业，不断探索生态价值产业化实现路径和利益共享机制，形成了独具特色的森林康养产业“政府引导 + 村企联合 + 融合发展”的“永嘉模式”。

一、发展森林康养的资源优势

永嘉县位于温州市西北部，瓯江下游北岸，地处台州、温州、丽水三市六县交界，县域总面积为 2674 平方公里，是全国首批沿海对外开放县，是温州都市圈周边联动发展的重要纽带。永嘉县是国家级风景名胜区、全国全域旅游示范区创建单位，浙江省革命老区县、全省首个“中国长寿之乡”、全国“两山”发展百强县，境内拥有丰富的水、矿产、生物、动物和林业等自然资源。其中，林业用地面积为 320.46 万亩，全县森林覆盖率高达 76.98%，是温州市第一林业大县。2015 年，永嘉县被列为省级“森林休闲养生建设试点县”，森林康养产业开始蓬勃发展。同时，县政府从人才培养、基地建设和配套产业等多方面出台扶持政

* 本文刊于《发展规划研究》2023 年第 2 期。

策，推动全县森林康养产业的迭代升级。随着人们对森林独特的保健和疗愈功效的深入认识，势必推动森林康养产业进一步蓬勃发展。

二、发展森林康养产业的主要做法

（一）护绿一方沃土，护美绿水青山

永嘉县一直以来秉承先保护后发展的理念，是最早开展生态保护、注重生态文明建设的区县之一，早在 20 世纪 80 年代，永嘉县委、县政府就在楠溪江中上游实行严格的“工业零准入”政策，创新实行环境保护的“一票否决”制度，推进“污水零直排区”，开展河道生态修复工程、实行瓯江生态补偿工作。

永嘉县大力支持多个乡镇进行“省森林城镇”创建工作，积极推进滩林修复工程和“一村万树”示范村建设项目，结合珍贵彩色树种赠苗行动，在道路两侧、四边区域及主要景区等重点地段，沿线连片整体推进以种植乡土阔叶树种为主的森林抚育，从单一的绿色针叶林向多彩的阔叶林转变。按照经济实用和就地取材、修旧如旧的原则，对全县具有一定代表性的森林古道进行修复，丰富县域内森林群落的结构特征，做大做实优质绿色本底，为生态环境综合提升提供了重要保障。

（二）做好顶层设计，强化政策保障

永嘉县十分重视森林康养产业的顶层设计，在充分调查研究和分析研判的基础上，先后制定了《永嘉县人民政府关于加快推进森林休闲养生试点县建设的实施意见》和《永嘉县人民政府关于加快推进森林休闲养生试点县建设的补充意见》，立足永嘉县“山、水、城”的自然格局特征，聘请专业团队，深入调研永嘉县的森林康养及旅游设施资源，编制完成《永嘉县森林休闲养生产业规划》，确定了“一心三片十二组团”的康养总体发展空间布局，以重点项目建设为主要抓手，努力推进北部森林资源向产业项目和经济效益转化。

在政策支撑方面，永嘉县借助省“坡地村镇试点”政策，探索森林康养项目实施点状供地新思路。整合养老、康疗、体育等相关项目建设的财政扶持政策，

县财政加大对森林景观改造、森林古道修复、绿道建设、森林防火和健身休闲等公共项目建设的投入，并制定对应的补助标准，充分发挥财政资金在森林资源保护和森林休闲养生产业发展中的杠杆作用。

（三）投资主体多元，推进项目落地

永嘉县按照“政府引导、市场配置、企业参与”的原则，积极引进 PPP 合作模式，放活投资经营机制，大力推进“永商回归”，并鼓励本地民营企业加大投资力度，吸收社会资本发展森林休闲养生产业，同时推进部分在建项目转型发展，引导康养产业与林场、村集体、农户等森林经营主体建立利益联结机制，从而实现资源优化配置和集约化、规模化经营。允许经营者使用森林旅游资源使用权依法抵押、入股和作为合资、合作的资本或条件。工商资本可以以独资、合资、合作、租赁、承包等多种形式参与森林休闲养生业经营。

（四）优化利益分配，释放绿色红利

为打造永嘉县森林康养产业村企共同体，构建了“农民出土地、企业出资金、大家得利益”的合作共享模式，实行土地所有权、承包权与经营权三权分离，经营业主通过承包、租赁等多种方式，获得村集体土地经营权。同时，村集体通过成立村股份经济合作社，与业主合作经营，经营收入按比例分配，村集体再采用门票分红或股权分红等形式对村民进行分红。

三、森林康养产业建设成效

（一）绿色为墨描绘“醉美的桃花源”

自永嘉县建设“省级森林休闲养生建设试点县”以来，全县林木自然资源进一步扩充，全县林业用地面积增加至 320.46 万亩，占全县面积的 79.79%，其中森林面积占到全县面积的 76.98%，森林蓄积量达到 1268.32 万立方米。永嘉县生态环境质量进一步提高，空气质量优良率高达 99% 以上，市控及以上地表水监测断面水质优良比例达到 100%，2020 年被列为国家生态文明建设示范县。永嘉

县自然景观类型进一步丰富，提升了景观美学体验，增强了林分稳定性和固碳能力。永嘉书院被国家林业和草原局森林旅游管理办公室确定为森林养生国家重点建设基地，百丈瀑森林康养基地和四海山林场被中国林业产业联合会确定为全国森林康养基地试点建设单位。

（二）融合发展成就“永远的山水诗”

永嘉县充分挖掘森林康养产业的潜在附加价值，结合当地的人文历史，通过统筹资源协同共享机制，把秀美的楠溪江山水与温州地方文化完美结合起来。秉承“寓文化于山水”的建设理念，将文化耕读、温泉养生、乡村旅游、农业观光、休闲采摘、花卉观赏、民俗体验、体育运动、教育培训、艺术交流、商务活动及爱国环保教育等多元化项目活动，充分融入森林康养产业中，形成了以永嘉书院、南陈温泉小镇、三江瓯窑小镇、楠溪源头田园综合体等为代表的多个大型山水田园文旅综合型森林休闲养生基地，形成了一个生产生活生态同步、林业文化旅游融合的森林康养产业大区域。墟里、悦庭楠舍、枫驿等一批知名民宿品牌也已经落户永嘉。

永嘉县在重点村居以特色民宿、家庭林场和其他工商业主等为经营主体的同时，结合周边农林生产基地，通过挖掘和开发当地的森林产品、中药材、传统饮食等养生资源，打造了林坑、岭上人家等 10 个涉及农林活动和当地民俗体验的集吃、住、游等服务要素于一体的省级森林人家和鹤盛镇省级森林特色小镇。

永嘉县在深入挖掘养生、游乐、食疗、露营、采摘、探险等特色项目基础上，建成了楠溪江滩地音乐公园、房车基地、香樟花园、邵园栀子生产加工园等一批集静态、动态、文化、中医药康养于一体的森林康养特色服务项目，打造独具吸引力的融合型森林康养产业。

（三）合作共享形成“富民的新通道”

森林康养产业打造在提升生态质量的同时也为当地百姓带来了切实的收益。2019 年和 2020 年，全县森林旅游人数分别高达 869 万人次和 949 万人次，总收入分别达29.99亿元和34.22亿元。2023年，受新冠疫情影响的康养产业逐步复苏，总收入超过 2020 年水平。全县 9 个森林康养项目通过流转林地带动周边村集体增收达 300 万元以上；珠岸村村民通过门票分红在 2021 年共取得分红收入 200 多万元；岩坦镇岩门下村村民通过土地入股的形式，每年人均分红获利约 5000 元。森林康养产业的发展也明显推动了当地及周边村民的就业：如永嘉书院森林康养基地，基地所有员工中大约有 60% 来自当地及周边村落，截至 2022 年底共聘用周边村民 300 多人；南陈温泉小镇一期项目，聘用当地村民 50 余人。随着项目的持续扩展，未来将会提供更多的就业岗位。

四、森林康养产业建设的几点启示

（一）优质的绿色本底是发展森林康养的基本保障

发展森林康养产业要求林区天然环境健康优越，林相优美，负氧离子含量高，景观资源丰富，气候条件适宜，且自然水系水质、大气等指标优良。永嘉县森林康养产业的发展是“地利”和“人和”共同作用的结果。一方面，永嘉具有得天独厚的森林资源，山多林密，森林覆盖率高、面积大，且森林景观丰富，开发基础较好。另一方面，永嘉县长久以来对森林生态的保护以及建设使森林质量和景观得到了提升，加之高质量的空气、水资源和秀美的自然风光，为森林康养项目的建设提供良好的基础，促进了永嘉县森林康养产业的高质量发展。

（二）完善的共享机制是实现共同富裕的重要途径

森林康养项目成功的关键点之一就是确保当地村民获益，带动村民致富，推动乡村发展。永嘉县在项目开发过程中重视建立合理的利益分配机制，加强村企合作，实现利益共享。当地村民的主要收入由传统种植业收入，向农家乐、民宿、农副产品销售和项目收益分红等收入转变，在增收的同时提高了村民的参与度和护林积极性，为实现共同富裕提供了“永嘉经验”。

（三）畅通的市场化运作是生态产业持续发展的必要条件

市场化运作是森林康养产业健康可持续发展的前提条件。在过去的几十年，我国改革开放不断深化，旅游行业已成长为推动经济发展的重要增长引擎。伴随市场主体发展壮大及“市场配置资源决定性作用”地位的确立，政府需逐步淡化直接参与，转而聚焦于制度体系完善、公共产品保障、市场监管强化等核心职能领域。

永嘉县以康养项目建设为抓手，通过“市场化的政府主导”，推动政府与多方社会资本共同参与，实现了各个经营主体的利益联结，推动了生态资源的优化配置与集约化、规模化经营，有助于森林康养产业做大做强，进一步提升经济效益。

苍南县发展番茄产业，助推生态产品转化为美丽经济*

押浩博　李其禹　蒋婷婷

依托地区特色生态产品，采取科学的种植技术和合理的管理模式，提高生态产品的价值，进而形成产业链条，带动农户发挥生态优势致富，是加快生态产品价值实现的重要举措。番茄是温州市苍南县农民发家致富的一大特色产业。近年来，被誉为浙江“番茄王国”的苍南县立足番茄产业资源优势，坚持“绿色、生态、高质、高效”的要求和原则，以推广设施番茄①“减肥减药”技术为基础，通过整合当地土地、资本、科技、人才及品牌资源等要素，在要素保障上实现聚焦聚力。通过实施浙江设施番茄重要窗口建设、番茄产业集群培育、番茄种子种苗集群打造等系列重大举措，努力打造精品番茄，实现生态产品价值溢价，将优质生态产品转化为“美丽经济”，走出了一条独具苍南特色的番茄产业发展之路。

一、发展番茄产业的资源优势

苍南地处浙江省最南端，属中亚热带季风气候区，冬季气候温和、无霜期长，冬季棚室不需加温、能耗低、运行成本低，更具有设施能耗费用低的优

---

*　本文刊于《发展规划研究》2023 年第 2 期。

①　设施番茄指在温室、大棚或其他设施中种植的番茄，其种植环境可以通过人工控制，从而提高产量和质量。

势，非常适宜设施番茄种植。随着农业种植结构调整和效益农业的发展，番茄新技术、新品种不断推广应用，农民组织化程度不断提高，苍南番茄产业得到了长足发展，现已成为苍南农业生产中的一个朝阳产业。苍南是目前全国最大的县域设施番茄产区，截至2021年产季，苍南县设施番茄种植面积达3.5万亩，年产番茄21万吨，总产值达10.9亿元。种植范围覆盖灵溪镇、马站镇和藻溪镇等10个乡镇、162个行政村，种植区域连片集中、规模大，形成了灵溪和马站两个万亩规模的设施番茄种植区域。苍南番茄2019年荣获浙江精品番茄评选优质奖，2020年荣获浙江精品番茄评选金奖。2022年，苍南县番茄新品种展示示范基地获全国“第二批国家农作物品种展示评价基地”认定。“秋天定植，翌年春夏采收”的苍南番茄栽培模式在全国较为独特。目前，设施番茄作为苍南县农业的主导产业，已经成为苍南农业的一张名片，也是浙江设施蔬菜的重要窗口。

二、发展番茄产业的主要做法

（一）集聚土地资源，实现规模经营

苍南积极推进土地经营制度创新，推进政策服务，引导组建村土地合作社。积极推进土地流转模式创新，通过采取“土地入股、保底分红”的方式，推动资源转资产，促进农用土地集约化、土地经营规模化和农业产业化。例如，位于钱库镇的温州市雅发果蔬专业合作社吸收当地农户以土地入股，将农民作为核心示范基地合作股东，建设设施蔬菜基地，成为温州市示范性的菜篮子基地。此外，还建立了“企业 + 基地 + 农户”模式，企业与农民签订合同，农民以返聘形式回基地上班，如温州意达种苗科技有限公司等农业产业化龙头企业为当地农民提供就业岗位，在番茄上市季节，日用工需求量可达500人以上。

（二）集聚多元资本，打造精品农业

苍南县依托浙台（苍南）经贸合作区、台湾农民创业园、省级现代农业园区等三大农业投资平台，通过积极争取相关扶持政策，鼓励引导各类资本投资

设施农业，统筹整合集聚规模资本，形成支农资金合力，逐步构建了“浙商引回”“台商引进”等工商资本和农民投资等多层次的农业投资格局。

（三）集聚科技人才，实现绿色增产

苍南县依托中国农科院蔬菜花卉研究所、浙江省农科院和温州本地科研院所和企业研发，不断提升番茄产量和品质。通过与众多农业科研单位建立专家工作站，派遣专家开展技术培训和现场指导。此外，苍南县还积极开展农技人员“联基地、联大户”“三联三送三落实服务”等活动，推广“农技人员直接到户、良种良法直接到田、技术要领直接到人”的农技推广模式，切实将人才智力转化为发展动力。苍南县借助实施国家重点项目的机遇，集成推广了优良品种、连作障碍治理、水肥一体化、穴盘育苗、有机肥替代化肥、熊蜂授粉和病虫害绿色防控等多样化增效技术，强化农机、农艺融合。同时，苍南还大力推广“稻菜轮作”模式，在有效缓解设施蔬菜连作障碍的同时解决了粮菜争地的矛盾。

（四）推行番茄保险，提升抗风险能力

为了解决番茄部分年份丰产不丰收的情况，降低农户种植风险，苍南率先试行番茄价格指数保险，支持番茄种植农户渡过市场低迷难关，保障农民收入。该保险根据当地番茄历史价格数据、生长周期和销售主要市场等要素，确定保险周期和“网络价”，保险期间为每年 3 月至 5 月，每半个月作为一个理赔周期，保费由政府补贴 70%、农户自负 30%。每亩 700 元保费，农户只需出 210 元，切实成为减轻农民负担的惠农产品，促进了番茄产业的可持续发展。

（五）聚焦品牌资源，增强竞争能力

苍南根据市场需求引导菜农种植适销对路的番茄品种，按照无公害番茄技术标准组织生产，提高番茄产品质量和种植效益；加大无公害番茄产地认证和“三品一标”认证，建立健全农产品质量安全长效机制，抓好农产品质量安全监管；严格按照商品质量标准进行分级包装上市，亮出产品的产地，标明具体商标名称，同时积极培育“苍农一品”区域公用品牌，并借助现场观摩会、新闻发布

会、农博会等活动以及广告、电台、报刊等媒体，大力宣传苍南番茄产品，提升苍南番茄的市场知名度。

三、番茄产业发展的主要成效

（一）促进农村劳动力就业

苍南县番茄产业的发展壮大，吸引了大批农村劳动力从事番茄产业相关工作，还培育了一批新型职业农民。据不完全统计，苍南县目前有针对性地开展人才技能培训5000余人次，直接带动全县6000余户农户从事番茄生产，解决了约1.3万农村劳动力就业，同时带动了运输、营销、服务业等相关产业的发展，有效解决了农村劳动力就业问题，缩小了城乡收入差距，维护了农村和社会稳定。

（二）改善轮作条件增加粮食产量

通过支持推广应用"粮经水旱轮作"种植模式，鼓励大户季节性流转大棚种植水稻，对设施蔬菜后茬轮作水稻的农户进行补贴，保证稻菜轮作模式的推广应用，改善了设施大棚土壤的理化性状，减缓了土壤连作障碍问题，并且经水旱轮作后，改善了土壤结构和菜、稻根系的生长环境，有利于蔬菜、水稻的高产、稳产。预计全县每年可增加粮食产量8000多吨，有助于稳定苍南粮食种植面积、增加粮食产量。

（三）生态产业富民效果显著

苍南设施番茄产业起步于20世纪80年代末，至今已经有30多年的种植历史。2006—2021年，苍南番茄种植面积、产量和产值分别增长了4.59倍、6.24倍和15.67倍。各级财政共向苍南番茄产业投入资金达10亿元以上，直接带动投资50亿元以上，充分发挥财政资金"四两拨千斤"的杠杆作用，受益农户达7000多户。番茄产业的发展，同时带动了农资、种苗和相关服务行业的发展，已经成为当地农民种植收入的主要来源。

四、番茄产业发展的重要启示

（一）完善农业保险机制，降低农业基地生产风险

推动完善设施农业政策性保险，将设施生产、集约化育苗和规模种植等纳入政策性保险范围，可以有效转移分散农户生产风险，降低因自然灾害和产品价格低造成的经济损失。同时，还可以提高农户种植的积极性，扩大农业再生产，增加农民收入。

（二）坚持规模化发展，促进产业集群培育

特色农业产业集群是新的农业产业发展组织模式和形式。在催生特色农业产业发展模式时，一是要综合考虑资源条件、生产基础、市场环境以及资金、技术等多方面因素，扬长避短，优先发展具有一定基础和竞争力的产品和产区，尽快形成规模优势；二是必须大力拓展农业产业发展领域和途径，延伸产业链，拓展产业功能。

（三）加强“院地合作”，注重科研成果转化

由于设施栽培移动性差，土壤连作障碍问题日益突出，且当前番茄嫁接育苗技术尚未成熟，很多种植的关键环节尚待探索完善。依靠科研院所和高等院校的技术力量，加强院地合作，注重科研成果的转化，有助于产业实现全面提升和可持续发展。

（四）注重科技引领，保证生态产品质量

农业科技创新是现代农业发展的重要支撑，对加快建设农业强国具有突出引领作用。强化科技支撑，促进科学技术在生态农产品上的推广和应用，有助于全面提升生态农产品生产的整体水平和产品品质。苍南县通过引进推广科技新成果、建立科技示范户、加强技术培训等途径，不断提高番茄种植户的科技应用水平，促进了番茄产业的全面发展，同时也彰显了农业科技创新对引领特色现代农业高质量发展的强大优势。

衢江区打造“衢江山农”区域公用品牌，提升生态产品溢价的实践*

宋蝶

打造特色鲜明的生态产品区域公用品牌是促进生态产品价值增值和价值实现不可或缺的重要方式。衢州市衢江区依托国家农产品质量安全县、国家现代农业园区、G20 杭州峰会农产品主供地等优势，注册了全区首个放心农产品区域公用品牌——“衢江山农”。“衢江山农”汇聚衢江区特色、特选、特供优质农副产品，把衢江区传统农产品孵化为精品、名品、礼品，成为衢江农业交流和衢江农耕文化传播的有效载体。通过溯源管理、品牌营销、数字赋能，“衢江山农”在衢江放心农产品推广销售上发挥了积极的作用，有效提升了生态产品附加值和竞争力，为衢江区探索生态产品价值实现开拓了一条新路子。

一、“衢江山农”的品牌优势

衢江区拥有优良的生态环境优势，农业资源丰富，是国家首批农产品质量安全县，成功创建国家现代农业示范区，同时也是 G20 杭州峰会农产品主供地。但是一直以来，由于缺乏品牌意识及宣传意识，衢江农产品一直深藏“闺中”。2018 年衢江投农集团精心整合霞光葡萄、土鸡蛋、紫山药、小黄姜等精品农特产，正式注册创建了具有地域特色的农产品区域公用品牌——“衢江山农”，致力于为消费者提供放心优质的衢江农产品。经过 4 年的发展，“衢江山农”成为

* 本文刊于《发展规划研究》2023 年第 2 期。

衢江放心农业对外宣传销售的重要品牌，2022 年“衢江山农”品牌系列农产品成功进入 2022 年北京冬奥会食材采购清单，生态农产品价值进一步提高。

二、打造“衢江山农”品牌的主要做法

（一）溯源管理，保障生态产品品质

“衢江山农”品牌依托“产地环境生态、农资市场监管、产品检验检测、质量安全溯源、生产经营诚信、农业标准生产、技术服务支撑、多元营销市场”的衢江放心农业“八大体系”机制，严格把控农产品质量。例如，质量安全追溯体系，建立了区、乡、主体三级检测网络，家庭农场建立在线监控系统和快速检测室，产品贴上二维码、合格证后方可上市销售。通过智慧管控，“一部手机”就能实现对大棚温度、光照、湿度的调节控制，“一条二维码”就可以扫出农产品从田间到餐桌的安全链，“一块大屏幕”就能全方位监控园区内各家庭农场的生产动态。

（二）品牌营销，畅通生态产品销售渠道

依托“两山合作社”平台，“衢江山农”品牌整合打包衢江农业优势属性、营销传播资源，将农产品销售从线下零售转向“线上 + 线下”的统一包装、统一销售。建立品牌授权实施细则，通过授权的主体，可享受线上销售补助政策以及“衢江山农”品牌代销权，从而吸纳更多主体加入，不断壮大品牌实力。通过参加上海农博会、举行“衢江山农”品牌推介会、设立“衢江山农”品牌线上企业店、开设“衢江山农”旗舰店、在新农村综合体设立展销中心、在杭州古铺良食设立展销区、开展网络媒体宣传等形式，积极开展品牌宣传推广活动，努力提升民众对“衢江山农”品牌的认知度，逐步拓宽衢江特色生态产品销售渠道。

（三）数字赋能，拓宽富民增收新路径

2020 年，“衢江山农”品牌与上海盒马网络科技有限公司合作，共同开发“数字农业示范区 衢通天下盒马村”。国内最大的盒马村落户衢江，开展“订单 +

农户”“订单 + 合作社 + 农户”等农产品种植模式，为“衢江山农”品牌发展注入新动能，为农民增收拓宽新通道。依托现有规模生产主体和合作社平台，与农户签订每公斤价格 6~8 元的订单协议，实现统一生产标准、统一品质保障，降低了产品滞销风险。2022 年 4 月，“衢江山农”抖音号正式上线，开展短视频拍摄、直播带货等活动，借助新媒体优势，推出一批特色农产品、合作一批优质渠道商家，带动实现乡村共同富裕。

三、“衢江山农”区域公用品牌建设的主要成效

（一）把农业做成艺术，建成一条放心农产品供应链

“衢江山农”建成了以“盒马鲜生”为主的放心农产品供应链，以 G20 峰会食材主供地为纽带的 600 亩柑橘等水果类农产品标准示范基地，与家庭农场、农户合作开发的 1 万多亩的茭白、大白菜等蔬菜种植基地里的所有产品都实现了品牌包装、统一销售。截至 2021 年年底，衢江已有 58 个农产品加入品牌体系，建立示范基地 12 个，重点涵盖柑橘、茶叶等主导产业及优势产区，搭建起覆盖全程的流通平台，助力优质农产品从“菜园”抵达“餐桌”。

（二）把农业做成口碑，扩大衢江放心农业影响力

衢江区积极探索，成功构建起放心农业“八大体系”机制，建成区、乡、农场三级农产品检测中心，共计 115 个，同时建成“三品”基地，规模达 16 万亩，此外全区规模以上生产主体，均已实现检验检测全覆盖，有效提升了农产品档次和附加值。2021 年已有 14 家主体申请授权使用“衢江山农”品牌。同时，“衢江山农”品牌还成功吸引 60 余家电商入驻衢江区放心农产品新农都展销中心，开展线上线下销售。“衢江山农”在品牌营销布局上，线上以淘宝企业店作为关键切入点，线下则以旗舰店为中心，同时联动莲花乡村国际未来社区、杜泽老街展示展销中心等，构建起全方位的销售网络，已基本形成线上与线下有机结合、基地与店铺双向贯通的品牌营销模式。截至 2021 年底，“衢江山农”品牌已累计推广 100 余种特色农产品，销售额超过 1500 余万元，平均溢价率超 15%。

（三）把农业做成产业，造就一批优质高效种植基地

通过一系列基础设施和农业产业项目的实施，提高土地质量和土地利用率，完善了农业生产配套设施，为农业种植打下良好基础。在莲花镇西山下村和大洲镇狮子山村完成流转 600 亩土地工作，并逐步打造衢江山农种植示范基地。目前已完成莲花镇西山下村衢江山农柑橘数字化栽培示范基地整体规划，并完成葡萄柚、春香、红美人等新品种种植。结合即将建设的 5 亩冷库，深挖潜力，将传统农产品从低端向中高端提升，提高土地附加值，带动当地农业企业和百姓共同发展。

四、"衢江山农"品牌推动生态产品增值溢价的重要启示

（一）区域公用品牌打造是实现生态溢价的有效方式

品牌化、规模化发展是农业发展的必由之路，是提高农业效益的重要抓手。衢江区拥有丰富的农业资源，但是一直没有规模化、品牌化，缺乏一个具有引领性的品牌。"衢江山农"作为政府主导的区域农产品公用品牌，在农产品销售中发挥了积极作用。区域公用品牌建设是一个系统性工程，需要凝聚各方力量。一方面，政府应积极引导，帮助农业生产者和经营者增强品牌意识。另一方面，农业企业要积极参与品牌创建，在上游，企业需充分发挥引领作用，大力推动标准化生产，从源头把控品质；在下游，企业要紧密对接市场需求，将优质农产品的价值成功转化为市场收益。通过品牌建设，延伸产业链，提升价值链，加快推动青山变"金山"，实现生态产品增值溢价。

（二）产品质量是区域公用品牌做大做强的重要基石

产品质量是品牌农业发展的根本，要在产品生产阶段严标准、重质量。"衢江山农"作为区域公用品牌，更多的是资源的整合、营销的整合。为保障农产品区域公用品牌建设，需要切实强化和完善品牌实施细则的制定，完善农产品质量体系，全面优化农业产业链的各个环节，通过标准化现代农产品提升农产品的质量水平，严格把好品牌农产品的质量关，严格把控品牌的使用授权，提高对品牌

农产品质量监管的频率和范围，才能始终确保品牌的高质量与好声誉，促进区域公用品牌做大做强。

（三）宣传推广是提升区域公用品牌影响力的重要手段

“衢江山农”品牌创建以来，品牌宣传工作得到高度重视。通过参加农博会、开设旗舰店、设立展销中心、网络媒体宣传等形式开展品牌宣传推广活动，不断拓宽品牌传播渠道，扩大品牌辐射范围，品牌的影响力和竞争力也得到了显著提升，进而提高了生态产品销量。因此，区域公用品牌要提升影响力和竞争力，需要加大品牌宣传推介力度，通过新闻媒体和互联网等渠道提升生态产品的社会关注度，同时利用互联网营销的趋势，形成线上线下互动，增强消费者的参与度和体验感，更有利于推动生态产品溢价增值。

德清县以高品质民宿拓展生态产品价值转化路径的举措和启示*

赵祖亮

以保护性开发为导向，统筹利用优质生态景观与历史文化遗产资源，引入专业化规划运营团队，通过低干预开发模式推动旅游产业与康养休闲服务融合，创新发展民宿经济，是拓展生态产品价值实现的有效模式。德清县以“原生态养生、国际化休闲”为主题，依托绝美的自然风光，大力发展以人与自然真正融合、低碳环保与时尚设计真正融合的以“洋家乐”为代表的乡村民宿新业态。以“控量、提质、增效”为核心，加快推进民宿业态向品质化、集聚化转型，实现生态旅游与百姓增收相互促进，走出了一条独具特色的生态产品价值实现之路，优质生态产品真正转化为惠民富民的“美丽经济”。

一、打造高品质民宿的资源优势

浙江省湖州市德清县莫干山，被誉为中国“四大避暑胜地”之一。2007 年开始，“裸心乡”“裸心谷”等“洋家乐”的新生业态在德清莫干山生根发芽、不断壮大，短短几年间，裸心堡、法国山居等一大批高端精品“洋家乐”闻名于世。《纽约时报》将莫干山评为全球最值得一去的 45 个地方之一，德清莫干山“洋家乐”相继被评为全国首个服务类的生态原产地保护产品和国际乡村旅游度假目的地。据相关数据，2022 年 1—10 月，区域旅游市场呈现强劲活力，累计

---

* 本文刊于《发展规划研究》2023 年第 2 期。

接待游客量达 1989 万人次，旅游综合收入创 239 亿元；酒店挂牌价以 1408 元 /（间·夜）的平均价持续领跑全省市场。

二、打造高品质民宿的主要做法

（一）以保护为主推进“控量”

尊重自然、与自然和谐共生是德清“民宿经济”扬名中外的基石。德清县坚持规划先行，明确发展容量、功能定位，形成了全面细致的空间和产业规划设计。出台全国首部县级乡村民宿地方标准规范，全省率先实施生态环境补偿机制，引导民宿绿色发展与品质化经营。建立由规划、发展改革、国土、建设等多部门参加的项目预评价联合审批机制，精心甄选项目业主，不但考量其经济实力，更关注其低碳环保意识、项目运营能力，努力把最好的资源配置给最优质的项目。

（二）以自然为根推进“提质”

建成并运营的项目核心理念都是低碳环保、还原自然本色，让繁忙的人们回归自然、抬头见蓝天、开门见山，最直接、最深入地享受生态产品之美。同时，德清县依托优越的生态资源禀赋，重点推进之江实验室莫干山基地等战略引领型科创载体落地实施，创新探索人才链与生态价值链深度融合路径，实现科技要素向绿水青山定向富集。路虎体验中心、Discovery 探索极限主题公园等一批户外项目相继运营，国际竹海马拉松、凯乐石莫干山跑山赛、TNF100 国际越野挑战赛等一批高端体育赛事火爆开展。莫干山区块两次以上重游游客数占比超 80%。

（三）以服务为本推进“增效”

面对新冠疫情，德清县从微改造精提升、数字化应用等各方面服务推动企业补气输血。出台微改造精提升政策，降低了改造成本。趁着游客少的时间段，开展多轮民宿翻新，进一步提升了民宿品质。成立了“助企纾困”文旅行业恢复发展专项行动专班，兑付文旅企业奖补资金 583 万元，发放文旅消费券 5000 万元，全额暂退旅行社保证金 366 万元。为推动乡村宅基地申请、审批、登记、办证、流转和退出等工作，打造“宅富通”应用场景，盘活的农村闲置资源，吸引投资 6000 余万元，涵盖数字经济、文化创意、咨询服务等十余类新业态，带动农户增收 1.1 亿元。[①]

三、高品质民宿建设的主要成效

（一）投资创业吸引力显著增强

德清县优质生态产品吸引了有情怀、有梦想的人来投资创业，来自南非的高天成创建了裸心系列，来自法国的司徒夫创办了法国山居。各式各样的民宿集聚发展带动了资本回乡、青年回乡，据统计，通过民宿产业的辐射带动作用，德清县成功引导超 2 万名农村居民实现“家门口”就业，在推动传统乡村生产方式革新的同时，加速了现代化经营理念与创新生活方式的深度渗透。在文旅项目战略布局上，聚焦景区提质、接待设施升级及度假业态培育三大核心领域，形成重点项目集群，其投资规模占比高达区域文旅总投资的 50% 以上。2022 年的前 10 个月，全县 67 个在建文旅项目累计完成投资 87.26 亿元，以 103.47% 的完成率超额实现年度目标，充分彰显产业投资的集约化效能与高质量发展态势。

（二）农民经济收入显著提升

发展民宿经济，拓展了农民增收渠道，促进农民增收。据统计，民宿行业吸收县内直接从业人员 5700 余人，上下游配套的商贸、交通等旅游相关行业吸收从业人员 2 万多人，人均年收入为 4.5 万元左右。德清西部农房出租 200 余幢，仅农房出租年收入就达 1000 余万元，平均每幢每年收入 3 万多元。大量有消费能力的游客涌入农村，带动了茶叶、笋干等特色农产品和土特产的销售，全县旅游行业共计带动农民收入近亿元。

---

① 新冠疫情结束后续恢复期，德清县在财政延续精准支持、建立健全民宿行业标准体系、创新深化土地制度改革、跨界融合打造多元场景、国际化与品牌升级等多方面发力，推动形成可持续的生态价值转化模式。

（三）要素保障难题加速破解

德清民宿的发展壮大离不开改革助力，裸心谷项目是浙江省第一个“坡地村镇”点状供地项目，破解了长期以来旅游用地规模大、供地难的问题；醉清风度假酒店是全国第一宗农地入市项目，为过去一直处于“死权”状态的集体土地、闲置农房赋予市场价值；塔莎杜朵民宿是宅基地改革的成果，全国首个“三权分置”宅基地管理办法让村集体、村民、市场主体都吃下了“定心丸”，为民宿产业发展提供了制度保障。

四、高品质民宿拓展生态产品价值高效转化路径的重要启示

（一）民宿经济发展要找准品牌定位

要充分挖掘当地特色自然资源，找准客户定位，提前谋划，注重在民宿品牌培育上花时间、下功夫。“洋家乐”依托当地优美的自然环境，客户定位为外国游客和中国高端白领等高端消费群体，整体消费水平较高，且常常供不应求。《正大综艺》《奔跑吧兄弟》《快乐大本营》等综艺节目的播出，加上众多明星前来打卡，打响了莫干山的名气和品牌。同时，其以自然为本、低碳环保的核心理念保证了优质生态产品的供给，形成了正向循环。目前，德清有国家级旅游度假区 1 个、国家 4A 级景区 4 个、国家 3A 级景区 12 个、3A 级景区村庄 30 个，“绿水青山”变成“金山银山”，“金山银山”同时也擦亮了“绿水青山”。

（二）民宿经济发展要注重共同富裕

民宿经济可持续发展的本质在于构建利益共享机制，实现区域共同富裕目标。德清县自 2007 年首创民宿业态以来，历经十多年迭代升级，已形成近 900 家高端民宿的集聚效应。这一发展模式有效破解了乡村中高龄群体（40~50 岁）在地化就业难题——通过创设民宿管家、在地服务等岗位，留守劳动力实现“离土不离乡”的可持续生计。据统计，近两年产业生态扩容催生市场主体超 1000 家，吸引青年返乡创业群体逾 3000 人，成功构建“山水资源—产业增值—人才集聚”的良性循环，实证了生态禀赋向新质生产力转化的乡村振兴路径。“洋

家乐”的蔬菜大多就地取材，当地农产品不但有了出处，还提高了价格。2021年，德清深度推广应用全省首创的“宅富通”平台，把一栋栋闲置农房“点石成金”——线上就能办手续，老房子转眼变身为网红民宿，荒废的院落成了咖啡馆、手作工坊。竹林掩映的村庄成了游客打卡的风景线，山间云雾都化作了真金白银。炊烟袅袅的乡村焕发生机，乡亲们守着绿水青山，过上了生态美、产业旺、腰包鼓的小康生活。

（三）民宿经济发展要练好内功

新冠疫情期间，面对行业低潮，除了民宿企业自我转型升级、抱团坚守之外，政府始终扮演着“引路人”和“护航者”的双重角色。一方面，德清专门备好了“政策工具箱”：从真金白银的贷款担保到诚意满满的旅游消费券，从民宿节能改造的“加油包”到人才培训的充电课堂，七大类扶持政策就像七把钥匙，解开了行业发展的束缚。另一方面，德清还给民宿行业立了把“硬标尺”。全国第一份乡村民宿服务认证标准在这里诞生，经国家认证认可监督管理委员会批准，2023 年元旦起正式生效。有了这把“尺子”，民宿拼服务有了方向，客人选民宿有了准星，山沟沟里的民宿也能和五星级酒店比精致。2022年 6 月，德清县申报的“民宿管家”被纳入新版《中华人民共和国职业分类大典》，成为人力资源和社会保障部公示的 18 个新职业之一。一系列标准化、规范化政策的制定与发布，让德清民宿经济真正成为具有浙江标识度的生态产品高效转化的“金名片”。

绿色金融赋能生态产品价值实现*

——以青田县“GEP 贷”为例

章苏焕　蒋婷婷

创新金融发展路径、加大绿色金融支持力度是促进生态产品价值实现的必要保障。青田县探索生态产品所有权、使用权和经营权“三权分置”的办法，形成所有权乡镇管理、使用权村集体操作、经营权分户承包的模式，向祯埠镇发放了全国首本生态产品产权证书。在权属清晰的基础上，青田县农商银行以祯埠镇生态产品为质押物，以生态系统生产总值（GEP）作为贷款参考要素，发放全国首笔“GEP 贷”500 万元，有效激活生态产品金融属性，持续助力生态产品价值转化。

一、创新“GEP 贷”的现实背景

青田县祯埠镇山清水秀，生态资源丰富，生态产品众多。2019 年，该镇凭借深厚的生态优势被列入丽水市生态产品价值实现典型示范乡镇试点创建名单。然而，随着生态产品价值实现工作的深入，生态产品权属不清、定价不明、开发资金有限等问题显著制约了青田县由绿水青山向金山银山的转化进程。其中，生态产品权属不清，不仅导致其难以在市场上快速流通、交易，还减少了生态产品开发运营项目获得融资的可能性。同时，生态产品定价机制模糊，显著降低了生态产品市场化开发的活力。因此，青田县亟须推动生态产品确权和科学定价，并

* 本文刊于《发展规划研究》2023 年第 2 期。

在此基础上加快绿色金融创新，推动开发生态产品相关项目。

二、绿色金融赋能生态产品价值实现的主要做法

（一）创新生态产品确权登记

青田县在全国率先推出了生态产品所有权、使用权和经营权“三权分置”的办法。其中，生态产品指生态系统调节服务类和文化服务类产品。青田县将生态产品所有权登记至乡镇，再由乡镇将使用权授权给纯集体性质的生态强村公司使用经营，同时由县级自然资源部门向乡镇颁发生态产品所有权证书和使用权证书。

（二）推动生态产品科学定价

青田县开展县域、32 个乡镇（街道）的 GEP 核算。核算结果显示，2019 年青田县 GEP、人均 GEP 分别达到 1199.80 亿元和 32.99 万元，同比分别增长 5.18% 和 3.74%。青田县以项目为依托，充分运用 GEP 核算结果，实现生态产品科学定价。例如“诗画小舟山”项目，小舟山乡强村公司以项目所在地——小舟山乡调节服务价值 4.32 亿元为基础，结合项目范围大小、生态红线划分、项目类别和投资强度等因素，将该项目生态产品价值定价为 300 万元。

（三）强化绿色金融支撑

为加快推进生态产品价值实现，青田县积极发挥绿色金融赋能功能，就做好“GEP 贷”工作出台了《关于青田县生态产品使用权抵押贷款试点的指导意见》等政策，鼓励金融主体创新推出“GEP 贷”等生态贷产品，即以区域范围内最近年度 GEP 核算结果作为贷款参考要素，确定授信金额，并给予一定的利率优惠，加快引进金融资本助推生态产品价值实现不断深化。

三、绿色金融赋能生态产品价值实现的主要成效

青田县在推动生态产品价值实现工作中，采用了生态产品所有权、使用权和

经营权“三权分置”办法，形成所有权乡镇管理、使用权村集体操作、经营权分户承包的三级链式“三权分置”模式，为推进生态产品确权做出了有益探索，推动建立了集环境保护、生态发展、村级经济建设于一体的生态资源开发与管理长效机制。

在明确生态产品权属基础上，青田县积极创新绿色金融产品，推出“GEP贷”专项用于生态资源转化和开发，有效激活了生态产品金融属性。例如，全国首笔“GEP 贷”资金的注入，带动了祯埠镇中蜂产业园项目建设，使祯埠镇生态强村公司当年获利 106 万元，助力祯埠镇 8 个村提前实现集体经济经营性年收入 10 万元以上的目标。此外，青田县还开发了与 GEP 核算挂钩的“河权贷”等多种“生态贷”产品，以及基于生态信用的“两山贷”系列产品，多样化的绿色金融产品显著增强了青田县生态产品开发运营能力，拓宽“两山”转化路径，高质量推动生态共富。

四、创新绿色金融产品推动生态产品价值实现的几点启示

（一）改革创新是推动生态产品价值实现的不竭动力

推动生态产品价值实现，要始终坚持改革创新。青田县提出的生态产品确权方式，为生态产品确权提供了新的思路。以 GEP 核算结果为生态产品科学定价，有助于推动生态产品市场化交易，创新良好生态环境正外部性内部化的市场路径。结合 GEP 核算结果，对示范性生态项目给予专项金融贷款优惠政策、绿色通道等做法，为生态产品价值实现注入了源源不断的活力。

（二）GEP 核算是激发生态产品市场活力的坚实基础

GEP 核算把各类不同的生态产品价值，以无差别的标准单位进行统一衡量，为原本没有市场价格的生态系统服务功能赋予货币价值。这一举措是对“绿水青山就是金山银山”理念的重要的量化体现。以 GEP 核算结果作为贷款重要参考要素的“GEP 贷”，为生态产品价格形成提供科学依据，有利于推动生态产品市场化交易，并撬动更多社会资本参与生态产品价值实现工作。未来需优化提升

GEP 核算方法，增强 GEP 核算结果的准确性、可比性等，为“GEP 贷”等 GEP 应用夯实根基。

（三）风险管控是提升绿色金融可持续性的有力保障

与传统意义上的贷款方式相比，“GEP 贷”等绿色金融产品在资产评估、资产流通转让、抵押贷款管理等环节存在新的风险点，如生态资产不良处置较为困难等。政府部门、金融机构等相关单位应建立协调合作机构，如政府、银行、企业等多方风险共担的担保机构等，并在实践过程中及时发现问题、总结经验，进一步完善“GEP 贷”等绿色金融产品的配套保障措施，加强防范金融风险，提振金融机构发放生态产品抵（质）押贷款的信心。

泰顺县以要素生态化配置综合改革助力生态产品价值实现*

吴芸芸　丁丽莲

科学高效的考核评价体系是保障生态产品价值实现稳步推进的重要推动力。多年来，浙江省温州市泰顺县坚持“绿水青山就是金山银山”的发展理念，积极推动实践创新，建立生态保护优先的县域经济社会发展绩效评价考核体系，以“生态论英雄”“环境质量论英雄”，健全生态产品价值实现保障机制，探索出一套践行“绿水青山就是金山银山”理念、深化生态产品价值实现的“泰顺方案”，走出一条生产高效、生活富裕、生态良好的高质量发展新路子。

一、基本情况

泰顺位于浙南边陲，总面积为 1768 平方公里，总人口为 37.2 万人。一方面，泰顺自然资源丰富，生态环境优良，是全省重要的生态屏障。泰顺森林覆盖率达 76.6%，地表水资源达 21.4 亿立方米，是中国茶叶之乡、中国农村小水电之乡、中国黄腹角雉之乡，拥有国家生态县、全国生态文明建设试点、国家重点生态功能区、生物多样性国际项目示范县等多项荣誉称号，界内的乌岩岭国家级自然保护区被誉为“生物种源天然基因库”和“绿色生态博物馆”。另一方面，泰顺是集山区、边区、老区和少数民族聚居区为一体的山区 26 县之一，县域经济发展相对滞后。泰顺区位条件较差，交通设施长期落后，人均 GDP、人均财政总收入

* 本文刊于《发展规划研究》2023 年第 2 期。

和人均公共财政收入仅为全省的 1/5、全市的 1/3 左右。因此，加快打通“两山”转化通道，促进生态产品价值实现，协同推动生态保护建设与经济社会发展，对泰顺具有重要的现实意义。为更好地推动生态产品价值实现，泰顺从体制机制改革着手，牢牢把握住考核评价体系这一“牛鼻子”，深入巩固提升“一优先五捆绑”[①] 要素生态化配置综合改革成果，健全生态产品价值实现保障机制。

二、要素生态化配置综合改革主要做法

（一）建立以生态环境改善为核心的生态考核指标体系

在全省取消对山区 26 县 GDP 考核之后，泰顺立足自身发展定位，在全省率先建立县域生态考核指标体系。指标设置突出了生态环境提升在考核中的核心地位，设置了生态环境、生态经济、生态人居、生态文化 4 个方面 12 个一级指标、37 个二级指标，按照各项指标对生态建设的贡献率不同，通过极值线型模式确定指标权重，生态改善权重占比高达 70% 以上。指标体系不仅结合了省对山区 26 县实绩考核办法、浙江绿色发展指标体系、绿色发展财政奖补机制、国家和省生态文明建设考核目标体系等，而且创新运用了市对县、县对乡镇部门考核及国家主体功能区建设和山区县发展实际要求。这一指标体系的设定，有力地保障了生态保护建设工作的深入落实，夯实了生态产品价值实现的基础。

（二）制定科学有效的生态考核评价办法

采用百分制量化评分办法推动生态考核评价：考核得分 = 生态环境得分（30%）+ 生态经济得分（40%）+ 生态人居得分（20%）+ 生态文化得分（10%）。结合 19 个乡镇不同的生态特点、区位条件、资源禀赋和产业基础，分成两类乡镇进行差异化考核，同时根据各乡镇的生态环境、经济社会发展的不同基础，在考核中赋予乡镇不同的难度系数。考核评价结果采取分档排列法，共分三档：优秀单位占比 21%、良好单位占比 58%、合格单位占比 21%。

① 即生态优先，实行生态效益考核与资金、项目、土地、人才、政策五要素捆绑。

（三）建立考核结果与资金要素挂钩机制

一方面，实行考核结果与奖励资金挂钩。县财政统筹安排 1 亿元保底资金不变，专项用于县级要素生态化改革财政补助奖励。考核结果与省对山区 26 县考核挂钩：全县考核结果优秀的，当年度专项奖励资金提高 10%，为 1.1 亿元；考核结果良好的，专项奖励资金保持 1 亿元不变；考核结果合格的，专项奖励资金降低 10%，为 9000 万元。

另一方面，实行考核结果与金融帮扶挂钩。对考核结果为第一档的乡镇优先实行财政补助、贴息等政策，引导各类金融机构加大对其支持力度，在信贷额度上给予倾斜，支持低收入农户和帮扶重点村依托生态资源发展农家乐休闲旅游业，提高低收入农户收入水平；优先支持第一档乡镇推行政策性农业保险、农房保险政策，通过扩面和提高保费补贴等政策扶持，对其绿色种养殖业、农村住房加强保障，并进一步提高生态循环农业发展水平。

（四）建立考核结果与项目要素挂钩机制

一方面，实行考核结果与投资项目挂钩。债券项目等政府性投资项目，以及“两山”建设财政专项激励资金项目，进一步向考核评价优胜的乡镇倾斜，优先支持其交通、水利、新型城镇化等基础设施建设项目，教育、医疗、卫生、生态移民等民生项目，休闲旅游、健康养老、清洁能源等产业项目，并列入年度政府投资预算草案，积极向上申报争取资金支持。

另一方面，实行考核结果与投融资创新挂钩。对考核评价优胜的乡镇，优先推介基础设施和公共服务领域的政府和社会资本合作（PPP）新型投融资项目，优先推荐列入省或市、县 PPP 项目库，鼓励和吸引社会资本通过 PPP 模式参与乡镇基础设施等的建设运营，加快建设必要的防洪排涝、流域治理水资源保护、通景交通基础设施等。

（五）建立考核结果与政策要素挂钩机制

一方面，实行考核结果与干部使用政策挂钩。将要素生态化配置综合改革评价列为乡镇年度绩效考核重要内容，考核评价结果由县委、县政府发文通报，结合领导干部自然资源资产离任审计制度，作为县委对乡镇党政领导班子和领导干部综合考核评价、干部奖惩任免的重要依据。

另一方面，实行考核结果与乡镇绩效政策挂钩。考核优胜单位，优先推荐国家生态文明建设示范乡镇创建，对成绩特别优秀、贡献特别突出的乡镇给予集体嘉奖和集体记功，对连续两年考核结果为最后一名的乡镇给予通报批评，对连续三年考核结果为最后一名的乡镇取消资金奖励。

三、要素生态化配置综合改革成效

（一）健全生态产品价值实现保障机制

泰顺充分发挥考核的指挥棒作用，持续强化生态保护与经济发展的衔接，不断强化生态考核和要素分配作用，合力形成生态化考核与要素配置相挂钩的体制机制，形成政府端可持续的生态环境保护利益导向，健全生态产品价值实现保障机制，有力推动经济社会全面绿色转型。

（二）夯实生态环境质量持续提升的制度根基

泰顺依托要素生态化配套综合改革，促进以生态为核心的发展共识持续深化，全县生态环境优势不断巩固提升，为生态产品价值实现打下坚实基础。近两年来，全县主要生态环境指标持续提升，县域出境断面水质达标率、地表水水质达标率、饮用水水源地水质达标率均达到 100%，生态环境状况指数保持在省市前列。2020 年，环境空气质量优良率接近 100%，空气质量综合指数排名位列全省第三，$PM_{2.5}$ 均值仅为 18 微克 / 立方米，“中国氧吧·康旅泰顺”的品牌影响日益扩大。

（三）形成“生态经济化、经济生态化”良好态势

通过要素生态化改革，泰顺以要素引导生态优化，以生态助力旅游发展，先后入选“中国最美乡愁旅游目的地”“浙江十大欢乐健康旅游城市”“浙江十大养生福地”。游客接待数量和旅游综合产值两项指标，持续保持 20% 左右的较高增速。三次产业结构不断优化，2020 年全县第三产业比重提高至 57.6%，服务业对泰顺 GDP 增长的贡献率达 65%。生态循环农业发展水平不断提升，农旅融合加快发展，农家乐、乡村民宿、观光采摘等农业蓬勃发展，推动多元化生态产品价值实现路径不断拓展。

四、要素生态化配置综合改革的几点启示

（一）科学考核和合理分配是要素生态化配置综合改革的有效抓手

泰顺开展要素生态化配置综合改革，为健全生态产品价值实现保障机制找到了具体的工作抓手。通过建立生态化考核评价体系和差别化的要素配置机制，奖优惩劣，为空间布局优化、生态环境提质和产业转型发展明确了方向、提供了动力、腾出了空间。充分发挥考核和分配“两个作用”，把生态化考核作为“有形的手”，把要素分配作为“无形的手”，“双手”合力形成要素配置与生态化考核相挂钩的机制，将山区生态文明建设制度化、系统化、常态化。

（二）突出生态在山区转型发展中的刚性地位是要素生态化配置综合改革的核心要旨

把握生态优势，深入推进生态产品价值实现，是泰顺开展要素生态化配置综合改革、加快绿色高质量发展的重要落脚点。全省取消山区 26 县 GDP 考核之后，泰顺县委、县政府紧紧围绕中央及省委、市委部署，紧密结合自身生态实际，立足自身生态优势，坚定不移走“绿水青山就是金山银山”发展之路，坚持上下联动、合力攻坚，扎实推进要素生态化综合配置改革，推动生态产品价值实现不断走向深入，为经济社会注入发展原动力，实现泰顺绿色发展“进行曲”真正为民所唱，形成生产生活生态融合、人口资源环境和谐、保护发展富民共赢的良好局面。

（三）建立核心资源的竞争性分配机制是要素生态化配置综合改革的重要保障

要素生态化配置彻底摒弃了以往“天女散花”式、“摊大饼”式的要素分配方式，在二次分配环节引入竞争机制，把资金等要素用在刀刃上，切实调动了乡镇积极性，有利于公平与效率的有机统一，实现资源要素向更加重视生态建设、生态环境更优的区域转移，建立政府端生态环境保护利益导向机制，提高了财政资金等资源的使用效益，把有限的要素资源更好地用于绿色发展需要，高效推动县域生态产品价值实现。

第七章

社会发展板块：
促进人口高质量发展的浙江探索

浙江省人口出生形势及优化生育政策研究*

李杨　曹锐　孙夏妮

生育是关系民族赓续的大事，实现适度生育水平是维持人口良性再生产的基本前提。十多年来，浙江省人口总量快速增长，但人口增长主要得益于大量省外人口的流入，自然增长率逐渐走低。2020 年，浙江省常住人口总和生育率只有 1.0，远远低于 2.1 的世代更替水平。本文分析了浙江省人口出生形势及影响因素，进而提出优化生育的政策建议。

一、浙江省人口出生形势

（一）出生率整体呈下行趋势

1978 年以来，浙江省常住出生人口数量最高的年份为 1982 年，峰值为 71.38 万人；常住出生人口数量最低的年份为 2022 年，谷值为 41.2 万人。总体来看，浙江省常住出生人口变化可以分为 5 个阶段。第一阶段是 1978—1989 年，其间全省出生人口规模和出生率都处于较高水平，但存在较大的波动，这一阶段全省年均出生人口为 63 万人。第二阶段是 1990—2003 年，其间全省出生人口规模和出生率都呈持续下降趋势，其中出生人口规模从 1990 年的 64.75 万人下降至 2003 年的 44.96 万人。第三阶段是 2004—2012 年，其间全省出生人口规模稳定在 50 万 ~55 万人。第四阶段是 2013—2017 年，随着“单独两孩”政策和“全面两孩”政策的实施，群众积累的二孩生育意愿逐渐释放，出生人口规模从

* 本文刊于《发展规划研究》2023 年第 11 期。

2013 年的 54.93 万人增长到 2017 年的 67 万人。第五阶段是 2018 年至今，出生人口和出生率逐年下降（见图 7-1）。

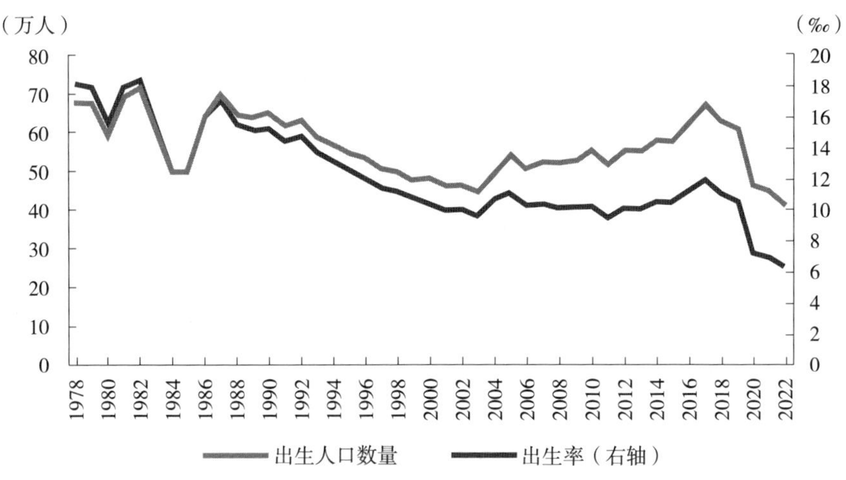

图 7-1　1978—2022 年浙江省常住出生人口数量及出生率

资料来源：历年浙江省统计年鉴。

（二）二孩占比达峰后呈下降态势

2010 年以来浙江省孩次结构变化主要分为两个阶段。第一阶段是 2010—2017 年，二孩出生数量和出生占比不断提升。2017 年全省户籍[①]二孩出生数量为 27.8 万人，比 2010 年的 12.2 万人增长约 128%；二孩出生占比为 52.5%，比 2010 年的 30% 提升 22.5 个百分点。第二阶段是 2018 年至今，受“单独两孩”和“全面两孩”政策带来的生育堆积效应释放完成的影响，全省二孩出生数量和出生占比持续下降，到 2021 年分别下降为 11.64 万人和 40.8%（见图 7-2、图 7-3）。

（三）出生率处于全国中等偏后的位置

从出生率看，浙江省出生率处于全国中等偏后的位置。将出生率由高到低排序，浙江省常住人口出生率长期处于全国第 18 位前后，属于中等偏后位置，

① 由于只有省卫生健康委统计的户籍出生人口有分孩次结构数据，因此本文在分析出生孩次结构时都采取户籍出生人口口径。

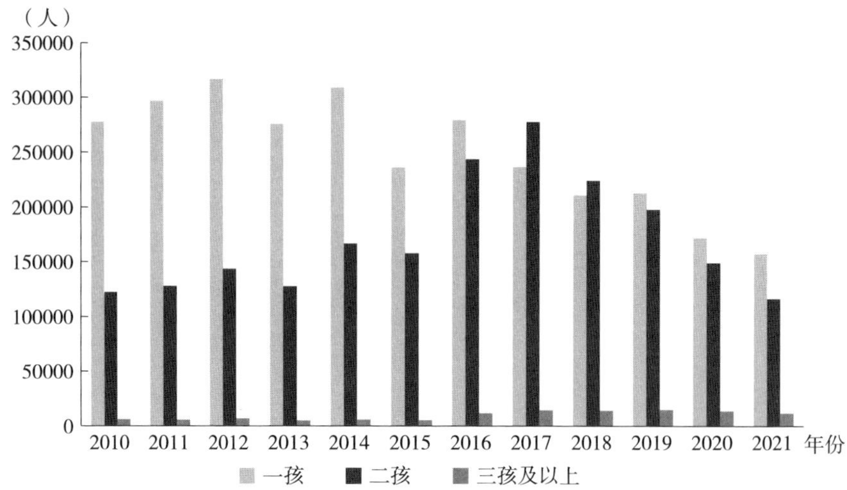

图 7-2　2010—2021 年浙江省户籍人口分孩次出生数量

资料来源：浙江省卫生健康委统计资料。

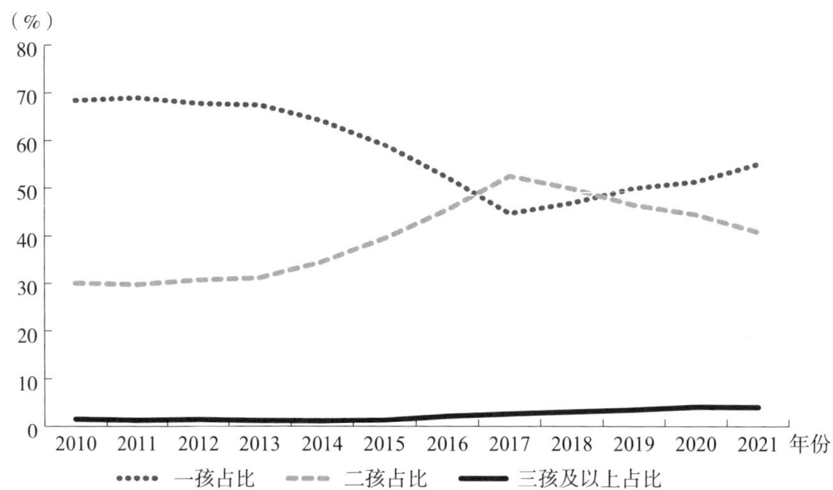

图 7-3　2010—2021 年浙江省户籍人口分孩次出生比例

资料来源：浙江省卫生健康委统计资料。

仅高于东北地区，以及北京、上海、江苏、四川、内蒙古、陕西等省（区、市）。从变化趋势看，全国各地的人口出生率走势大致相同，大部分地区在历次放开生育政策后有明显的抬升，并在 2017 年前后达到峰值，此后逐年下降（见表 7-1）。

表 7-1　2010—2022 年全国部分省（区、市）常住人口出生率　　单位：‰

年份	北京	内蒙古	黑龙江	上海	江苏	浙江	福建	山东	河南	广东
2010	7.27	9.3	7.35	7.13	9.73	10.27	11.27	11.65	11.52	11.18
2011	8.28	8.9	6.99	7.17	9.52	9.47	11.41	11.5	11.56	10.45
2012	9.02	9.2	7.3	8.51	9.25	10.12	12.74	11.9	11.87	11.6
2013	8.89	9	6.86	7.62	9.18	10.01	12.2	11.41	12.27	10.71
2014	9.69	9.3	7.37	8.64	9.12	10.51	13.7	14.23	12.8	10.8
2015	7.89	7.7	6	7.35	8.69	10.52	13.9	12.55	12.7	11.12
2016	9.23	9	6.12	9.04	9.34	11.22	14.5	17.89	13.26	11.85
2017	8.97	9.5	6.22	8.1	9.26	11.92	15	17.54	12.95	13.68
2018	8.13	8.4	5.98	6.7	8.88	11.02	13.2	13.26	11.72	12.79
2019	7.98	8.2	5.73	6.24	8.69	10.51	12.9	11.77	11.02	12.54
2020	6.98	8.3	3.75	5.35	6.66	7.25	9.21	8.56	9.24	10.28
2021	6.35	6.26	3.59	4.67	5.7	6.9	8.26	7.38	8	9.35
2022	5.67	5.58	3.34	4.4	5.23	6.28	7.07	6.71	7.42	8.3

资料来源：历年中国统计年鉴。

（四）区域间生育水平存在显著差异

一是乡村生育水平明显高于城市。2020 年，浙江省城乡生育率存在明显差异。从总和生育率看，城镇为 1.01，乡村为 1.22，乡村分孩次的生育水平也均高于城镇。城镇育龄妇女的平均生育年龄为 29.29 岁，比乡村的 28.29 岁迟了 1 岁（见表 7-2）。二是浙南生育率显著高于浙北。分地区来看，杭州、宁波、嘉兴、湖州、绍兴、舟山等浙北地区的生育水平，比温州、金华、衢州、台州、丽水等浙南地区相对更低。在 11 个设区市中，总和生育率最高的是衢州，达到 1.37；其次是丽水，达到 1.27；第三是台州，为 1.18。总和生育率最低的是杭州，只有 0.96；然后是湖州和绍兴，均为 0.98 左右（见图 7-4）。

表 7-2　2020 年浙江省分城乡、分孩次总和生育率和平均生育年龄

项目		合计	一孩	二孩	三孩及以上
城镇	总和生育率	1.01	0.53	0.42	0.05
	平均生育年龄（岁）	29.29	27.56	31.15	32.09
乡村	总和生育率	1.22	0.64	0.51	0.07
	平均生育年龄（岁）	28.29	26.41	30.20	31.70

资料来源：浙江省第七次人口普查。

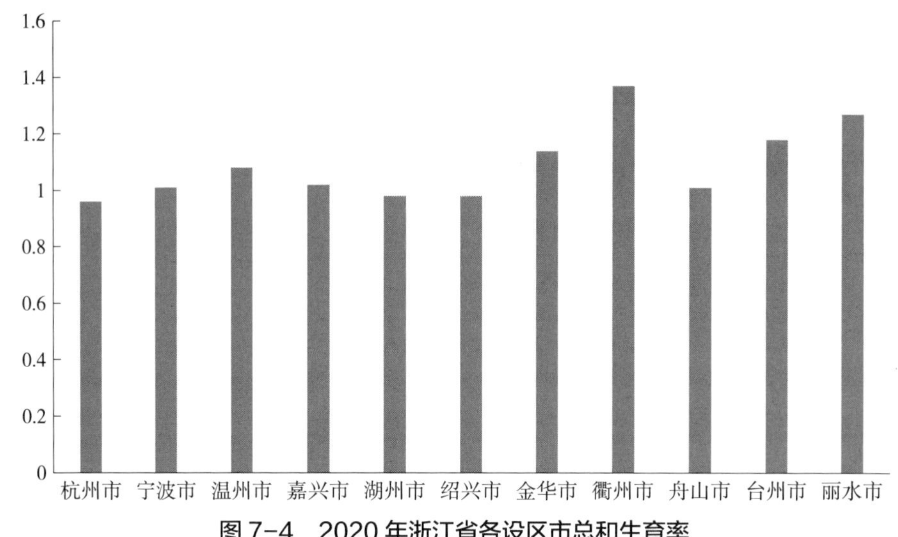

图 7-4 2020 年浙江省各设区市总和生育率

资料来源：浙江省第七次人口普查。

二、制约生育的因素分析

（一）客观上，生育人群规模降低

已婚育龄妇女规模降低。2010—2021 年，浙江省育龄妇女数从 1315 万人降至 1207 万人，年均减少 9.8 万人。在我国文化传统中，婚内生育是生育的主体，而浙江省已婚育龄妇女数下降更快，由 2010 年的 1018 万人降至 2021 年的 842 万人，年均减少 16 万人。

初育年龄逐渐推后。受不婚、晚婚、单身、丁克等多元观念，女性受教育年限延长以及劳动参与率提升的影响，浙江省女性的平均初育年龄不断推迟，由 2010 年的 25.7 岁延后至 2021 年的 28.5 岁（见图 7-5），年均延后 0.25 岁。

（二）主观上，生育意愿持续走低

1. 婚恋环节

一是婚恋观念发生变化。当前，青年一代普遍自我价值实现意愿强，主观上选择延迟婚恋和生育。同时，受到成长环境和时代发展的影响，当前青年一代择偶标准较高，对于伴侣选择持有宁缺毋滥的心态。另外，还有部分青年受

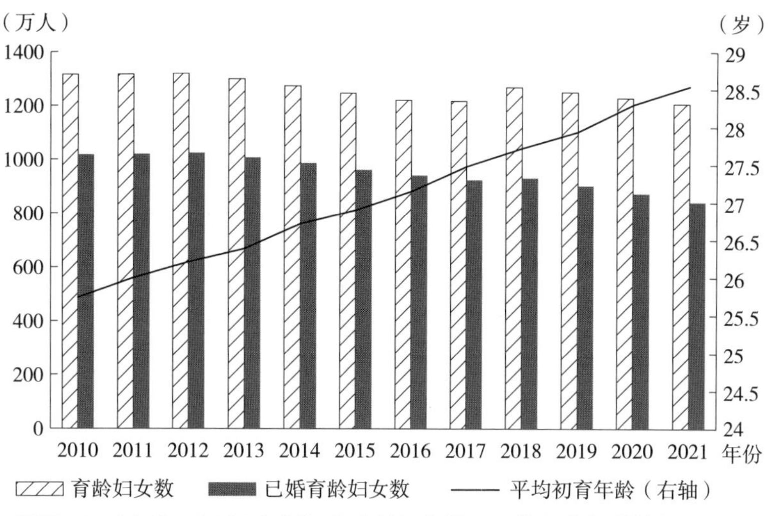

图 7-5　2010—2021 年浙江省育龄妇女数和平均初育年龄等相关情况

资料来源：浙江省卫生健康委统计资料。

到舆论氛围的影响，存在“恐婚”“恐育”的心态。二是婚嫁成本高。婚房、婚车、高额彩礼“三座大山”之下，青年一代步入婚姻的门槛不断提高。三是婚恋匹配困难。当前青年一代生活节奏快、工作压力大，留给恋爱交往的时间和精力不多。特别是恋爱交友的线上平台公信度不高，线下活动覆盖面小。婚恋匹配的城乡性别分布不均衡，城市大龄单身女性和农村大龄单身男性择偶困难的问题较为突出。

2. 生育环节

一是住房压力大。浙江省有 46.7% 的家庭因为住房压力大而不愿意生育①。有 39.2% 的家庭的房贷或者租房支出超过每月 5000 元，有超过 36.7% 的家庭接受父母或亲戚等其他来源的经济支持。根据测算，仅靠当年家庭的收入，50.8% 的家庭很难实现与房贷、育儿和教育等支出持平。二是影响女性职业发展。有 28.8% 的女性因为担心影响就业和职业发展而不愿意生育。女性因生育更容易丧失晋升机会，甚至出现生育即失业的情况。同时，由于男性在家庭生活中承担的育儿责任较少，一定程度上存在“丧偶式育儿”现象，因此一些年轻妇女不愿意

---

① 本文的调查数据取自 2022 年初由浙江省发展改革委和浙江省卫生健康委共同发起的优化生育问卷调查。

多生育孩子，避免把自己捆绑在家庭和孩子身上。三是不孕不育比例上升。受生活工作压力大、环境因素、婚育年龄推迟等因素影响，不孕不育发生率有上升趋势。2021 年，全国育龄夫妇不孕不育率已经攀升至 12%~18%。

3. 养育环节

一是养育成本高。调研结果显示，浙江省家庭养育一个 0~6 岁的子女平均总成本为 35.88 万元，年均养育成本为 5.98 万元，占夫妻双方年均可支配收入 11.51 万元的 52%。二是养育精力不足。有 18.5% 的家庭把育儿精力不足以及无人帮忙抚养作为不愿意生育的首要原因。目前双职工家庭的比例越来越高，并且家庭小型化趋势越来越明显，夫妻双方因为缺乏照料支持而不愿再生育的现象还比较普遍。

4. 教育环节

一是教育焦虑普遍。人们普遍希望下一代能够接受良好的教育，从而获得社会流动的上升机会，因此对于子女“不输在起跑线”的焦虑很大。即便是 3 岁以下婴幼儿，也有近 30% 家庭选择了购买学科启蒙课或亲子课，学科超前教育消费突出。二是教育成本高。人们普遍反映投入子女课外教育培训花费的时间、经济和精力成本很高，年花费 5000 元以上的比例为 73.2%。同时，有些家庭为了选择一所好学校而不惜代价购买“学区房”，更加重了教育成本。

三、政策建议

（一）构建新型婚育文化

“不愿婚、结不起”是群众在婚恋环节遇到的切实困难，主要表现为婚恋匹配困难、婚嫁成本高、结婚意愿不强。因此，可以从扭转观念和提升服务两方面推出举措，使更多适龄青年舒心婚恋。

倡导新时代婚育观念。加强对于青年的教育引导，引导青年树立文明、健康、理性的婚恋观。推进婚俗改革和移风易俗，倡导结婚登记颁证、集体婚礼等文明节俭的婚俗礼仪，破除高额彩礼等陈规陋习。将婚育文明内涵融入社区服务、法律援助、文化宣传等群众性活动中。

提高婚恋服务质量。加强婚恋咨询与指导，有效整合各方资源，为群众提供安全、可靠、便捷的婚恋交友平台。鼓励有条件的政府机关、企事业单位、社会团体等开展多种形式的青年联谊、交友和相亲活动。优化婚姻登记服务，推进婚姻登记机关标准化建设。加强婚姻家庭法律政策宣传、婚前辅导、婚姻家庭关系辅导等工作。

（二）强化生育服务保障

随着经济社会的发展和工作生活节奏的加快，群众对于生育分娩体验的要求越来越高，同时不孕不育的比例也维持在较高水平，儿童对于健康医疗服务的需求也在加大。因此，应着力从生育分娩、儿童医疗和辅助生殖着手，让群众生得好、生得出、养得优。

改善优生优育全程服务。建立生育全流程服务体系，加强对女性孕产前后心理疏导和人文关怀，保障孕产妇身心健康。积极开展分娩镇痛试点，提升分娩镇痛水平。健全“县级筛查、市级诊断、省级指导、区域辐射”的出生缺陷防治网络，提升产前筛查、产前诊断、新生儿疾病筛查能力，加强对出生缺陷残疾儿童的康复和救助，建立完善筛查、诊断、治疗、康复、救助等的全周期工作机制。

强化儿童医疗服务能力。加强新生儿科、儿科和儿童保健科建设，重点加强市级儿童医院建设，通过医联体、医共体以及儿童专科联盟建设，推进县级儿童医疗专科发展。创新“医防护”三位一体儿童健康管理模式，让更多的儿科常见病在县域内就近就诊。适当提高 0~6 周岁婴幼儿医疗费用报销比例。加强儿童健康管理，开展眼睛保健、口腔保健、母乳喂养、儿童营养等健康指导，提升儿童健康水平。

（三）营造和谐育儿风尚

担心影响职业发展和不能很好保障相关权益是很多女性不愿意生育的重要原因。必须从保障权益、确保生育假期等制度落实以及相关母婴设施和社会氛围的营造入手，为女性生育提供更多便利舒心的条件，解决生育的后顾之忧。

保障女性生育权益。将拒绝歧视女性，依法保障女性在孕期、产期、哺乳期内享受社会保险权益等情况列入用人单位承担社会责任和创建劳动关系和谐企业的重要评价指标。对因歧视产后返岗女性而受到行政处理或处罚的用人单位，依法实施失信惩戒。实施更具弹性和人文关怀的生育休假制度，保障足额享受婚假、产假、护理假、育儿假。在子女 3 周岁内，鼓励用人单位允许适宜远程办公的职工采取居家办公和工位办公相结合的方式开展工作。

全面建设育儿友好设施。在经常有母婴、儿童逗留的公共交通设施、商业综合体、文化体育场馆、游乐场所、旅游景点、医疗机构内设置母婴室。在公共交通、餐饮等服务场所设置母婴专座。鼓励和支持图书馆、文化馆、博物馆、科技馆等公共文化设施管理单位为开展家庭亲子活动提供条件。

（四）全面降低育儿成本

养育成本高是制约群众生育的最大因素，突出反映为住房压力大、日常开销大。可以通过财政、税收、保险等多种手段给予群众适当补贴，降低群众育儿的经济压力。特别是在住房保障方面提出多样化的支持性举措。

加强财税金融支持力度。全面落实 3 周岁以下婴幼儿照护、教育支出等个人所得税专项附加扣除有关规定，支持有条件的地区在充分评估论证基础上试行家庭育儿津贴补贴制度。对按政策生育二孩、三孩的夫妻创办的企业，在符合条件的情况下可依法享受增值税小规模纳税人免征增值税、小型微利企业所得税优惠等政策。

完善生育相关保险制度。完善生育保险政策，扩大生育保险覆盖面，将灵活就业等人员纳入生育保险范围。提高生育保险和职工基本医疗保险合并实施质效，强化城乡居民基本医疗保险参保人员生育医疗费用保障。充分发挥商业保险作用，支持保险机构开发创新生育护理险、儿童托育保险、意外险等相关保险产品，构建多层次生育保险体系。

加强购房租房保障倾斜。在配租公租房、购买共有产权房时，对符合保障条件的家庭，根据家庭未成年子女数量在户型选择、优先顺序、租赁补贴等方面给予适当照顾。对生育二孩、三孩的家庭，可根据实际适时调整优化限购政策，放宽购房资格条件。适度提高三孩家庭住房公积金贷款额度。

（五）完善托育服务体系

3 岁以下是婴幼儿发育的关键时期，也是家庭照护负担比较重的时期。大力构建托育服务体系是目前发达国家的行动共识。2016 年，经济合作与发展组织（OECD）35 个成员国 0~3 岁婴幼儿平均入托率为 33.2%，其中最高的丹麦达到了 61.8%，比利时、冰岛、法国、以色列、荷兰、挪威等国家也接近 60%，东亚地区的韩国和日本分别为 53.4% 和 22.5%。相比之下，浙江省仅在 10% 左右。因此，必须从构建多元服务格局、加强经费支持、强化人才支撑和市场运营等方面入手，大力发展普惠式托育服务体系。

增加普惠托育服务供给。将托育服务设施建设纳入国土空间规划，落实与人口分布和婴幼儿数量相适应的托育服务设施建设布局。全面建立以家庭照护、社区统筹、社会兴办、单位自建、幼儿园办托班等模式为主，以家庭托育点、社区驿站等为补充的普惠托育服务体系。各设区市、县（市、区）依托妇幼保健机构建设综合托育服务指导中心，乡镇（街道）依托社区卫生服务中心（站）建设托育服务指导中心。推动 0~6 周岁婴幼儿照护服务一体化集成创新管理改革，鼓励幼儿园开设托班招收 2~3 周岁幼儿。

提升托育机构服务水平。建立健全业务指导、督促检查、考核奖惩、安全保障和责任追究制度，加强托育机构运营过程监管，确保托育服务质量。鼓励有条件的普通高等学校和职业院校开设托育服务相关专业，依法逐步实行托育从业人员职业资格准入制度，从专业性与规范性两方面着手，共同着力培养托育从业人才。加强各级医疗卫生机构、疾病预防控制机构等对托育机构卫生保健工作的业务指导、咨询服务和监督检查。

（六）优化教育公共服务

教育成本高、教育焦虑大是群众反映的突出问题。因此，必须多措并举，在学前教育和义务教育阶段降低群众支出，使教育公共服务更加普惠共享。

推进学前教育普及普惠。加快完善覆盖城乡、布局合理、公益普惠的学前教育公共服务体系。实施普惠幼儿园扩容工程，以县（市、区）为单位适时调整完善幼儿园布局，落实城镇小区配套幼儿园“五同步”建设。加快发展公办幼儿园，引导、扶持民办幼儿园提供普惠性服务，持续提升普惠性幼儿园覆盖率。推进农村幼儿园补短提升工程，推进城乡学前教育共同体建设。

推进义务教育优质均衡发展。大力推进城乡义务教育共同体、校联体建设，加快推进义务教育优质均衡发展和城乡一体化。扩大城区学位供给，持续改善办学条件。高质量推进“小而优”乡村学校建设，逐步推进城区学区连片学校集团化办学或组建办学联盟。持续完善落实多孩家庭子女入学（入园）“长幼随学”机制，全面开展义务教育课后服务，减轻家庭照料和教育负担。鼓励学校实行弹性离校制度，实现与家长接送“无缝对接”。

流动人口对浙江城市发展的影响及对策*

俞莹　李杨　陈显林

人口迁移流动是城市发展的重要风向标。近年来，我国人口总量跃过拐点，少子化、老龄化、区域增减分化等问题进一步加剧，因而流动人口变动成为影响区域发展活力和支撑区域竞争力的关键因素。浙江省流动人口保持快速增长态势，同时也造成了城市发展的“失衡”风险，亟须优化流动人口层次结构和空间布局，下好流动人口与城市发展良性互动的“先手棋”。

一、“变与不变”：浙江省流动人口发展的新形势

浙江是全国最具人口流动特征的省份之一。2010—2020 年，全省流动人口规模持续扩大的态势没有改变，大规模的省外人口流入是浙江省人口总量快速增长的主要因素。另外，浙江省流动人口结构、空间分布以及迁移模式均发生了显著变化。

（一）从流动人口的群体特征看，突出表现为“三个持续”

一是流动人口规模持续扩大。2010—2020 年，浙江全省流动人口总量从 1830.7 万人增加到 2555.7 万人（见图 7–6），增幅高达 39.6%。其中，杭州人口增量跃升至长三角中心区 27 个城市的首位；省外流入人口达到 1618.6 万人，流入人口数位居全国第二，约占全省常住人口的 25.1%，即每 4 个常住人口中就有 1 人来自省外。二是人口红利期仍在持续。省外流入人口中，16~59 岁的劳动年

---

* 本文刊于《发展规划研究》2023 年第 11 期，公开发表于《中国发展观察》2024 年第 4 期。

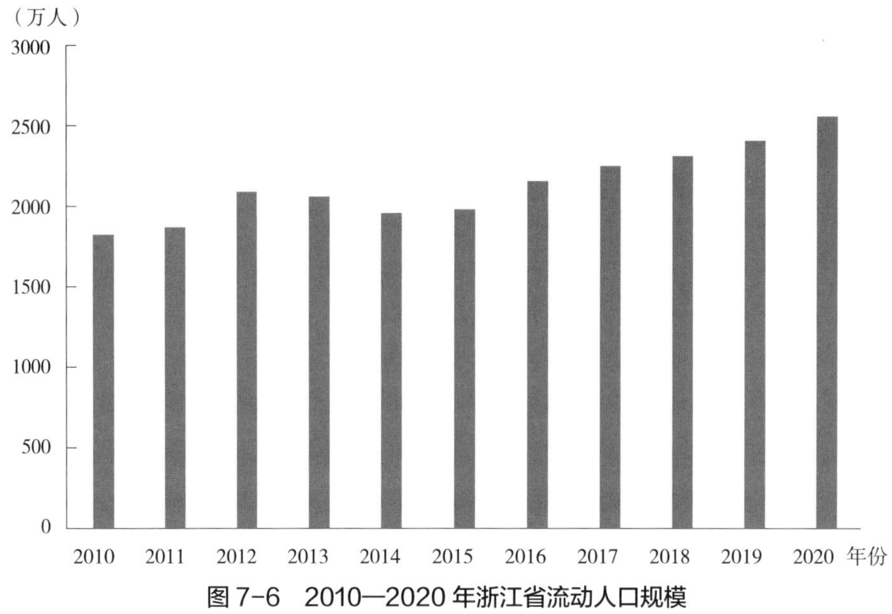

图 7-6 2010—2020 年浙江省流动人口规模

资料来源：作者自绘。

龄人口占比为 87.2%，老年人口仅占 2.6%。大量省外青壮年劳动力有效弥补了本地劳动力的缺口，显著减缓了浙江省人口老龄化进程。三是流入人口素质持续提升。省外流入人口的人均受教育年限由 2010 年的 8.4 年提高到 2020 年的 9 年，大专及以上学历人口占比由 3.9% 上升到 9.2%。受实施“人才新政”、长三角一体化发展战略、高职高校省外扩招等影响，浙江省主要城市近年吸纳外来人才规模均有明显提升，流动人口成为浙江新产业、新业态、新模式“三新”经济新增从业人员的主要来源。

（二）从流动人口的迁移模式看，主要表现为“城内”与“跨城”循环流动加速

一方面，人户分离人口规模激增。受城市内部产业与空间加速重构、集聚经济与通勤成本相互作用等因素驱动，2020 年浙江人户分离人口为 3010.8 万人，占全省常住人口总数的 46.6%，高于全国 35% 的平均水平。其中，市辖区内人户分离人口为 455.0 万人，比 2010 年增加 326.8 万人。另一方面，职住分离的趋

势显著增强。流动人口在城市内部的主城区与郊区、都市圈内“钟摆式”跨城往返，如杭州都市圈内杭州与海宁的跨城人口流动，形成“杭州的下沙、南苑—海宁的长安、许村”城际双向通勤廊道。城市（圈）内极具规模的人口在职业地和居住地流动，带动人流、物流、信息流、资金流等要素跨越传统行政边界，互联互通的一体化进程日益凸显。

（三）从流动人口的空间分布看，全省 11 个城市呈现“梯度化”集聚态势

2020 年，浙江省净外来人口数量最多的杭州、宁波、金华、嘉兴 4 个城市，共吸纳了全省七成的净外来人口。其中，杭州和宁波均吸纳 300 万人以上净外来人口，金华吸纳约 211.2 万人净外来人口，属于第一梯队；第二梯队的流入人口为 60 万 ~180 万人，包括嘉兴、温州、绍兴、湖州；台州和舟山属于第三梯队，净外来人口数量相对较少；第四梯队的衢州、丽水则是人口的净流出地，净流出人口分别为 29.2 万人和 20 万人（见图 7-7）。随着区域城市化、城市一体化加速发展，全省已初步形成东部“宁波北仑区—温州瑞安市”、北部“杭州市辖区—宁波市辖区”、西部“嘉兴市辖区—金华婺城区”三条人口集聚带。

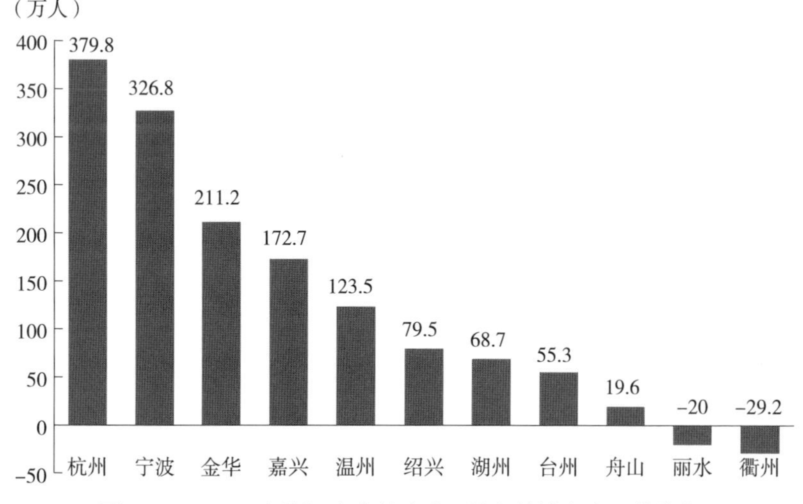

图 7-7　2020 年浙江省净外来人口流入地流入人口数分布

资料来源：浙江省第七次人口普查。

二、“扩张与收缩”：流动人口新形势对浙江城市发展的影响

无论是在工业社会时期，还是在后工业社会时期，以拉美国家等为代表的国际人口迁移规律是高经济增长率与人口向城市的高迁移率同步进行。与此不同，浙江人口流动主要是暂时性的流动而不是永久性的人口迁移，其强流动性特质决定了城市发展可能面临人口潮“快进快出”的风险。

（一）警惕快速扩张型城市的“城市病”问题

城镇化率是反映城市扩张的重要指标。近年来，受行政区划调整、经济结构转型发展，以及城市影响力提升、落户政策门槛降低等因素的影响，浙江大都市中心区的集聚效应和辐射效应日益增强。其中杭州、宁波、嘉兴等外来人口增长强劲，城镇化率加速上升，净流入人口对三市常住人口城镇化率的贡献率分别是38.2%、44.5% 和 44.8%。人口的集聚效应在给流入地带来人口红利、城市地域范围扩张的同时，也带来城市发展的“阵痛”，集中体现为人口的流动和分布与城市的产业结构、土地供应、公共服务、城市治理等方面的矛盾。

一是与产业结构布局的矛盾。人口结构变化带来城市产业布局及结构的变迁，相应地影响就业结构的变化，从而产生新的劳动力需求，促进人口流动和再分布。近年来，浙江经济发展取得显著成就，2021 年末全省 GDP 为 73516 亿元，人均 GDP 达到 11.3 万元。但经济发展中不平衡、不协调问题仍较为突出，如产业结构有待优化、低成本劳动力比重仍较大等问题，产业结构与人口流动、产业布局与人口分布新形势的动态适应不足。

二是与城市土地供应的矛盾。扩张型城市人口的大量集聚，一方面导致土地供应不足，如杭州的人口增速大于土地城市化增速，唯有通过撤市设区向外扩张城区土地面积，才能应对大量人口涌入中心城区的压力；另一方面促使房地产市场过度膨胀，流动人口住房压力大，进一步影响城市人口长期均衡发展。

三是与公共服务供给的矛盾。人口集聚导致公共服务配置不足是制约扩张型城市协调发展的重要因素。目前浙江在一定程度上还存在公共服务“流入地配置不足、流出地低效投资”的错配现象，如职住分离造成的市内通勤拥堵，

反映了城市内通勤设施布局和人口分布、职业地和居住地错位。加之流动人口在城市定居和流动人口家庭化，流动人口“不流动性”趋势增强，城市医疗、教育、托育、养老等功能存在刚性需求的压力，城市公共服务及社会管理面临新的考验。

四是与城市治理政策的矛盾。当前，流动人口群体心态发生重大转变，特别是新生代农民工已经成为主体①，他们中只有13%的比例想回老家农村②，绝大部分希望留在城市开展新生活、追逐新梦想。与此不相匹配的是，城乡二元户籍制度的存在、收入不足、社会融入度低等因素仍是流动人口群体进入城市的阻力，大量农民工群体进城仍不“入城”。从过去片面注重“物的城市化”加快转变到“人的城市化”的城市治理和建设轨道，成为推进新型城镇化过程中需关注的核心问题。

（二）警惕渐趋收缩型城市的“衰弱病”问题

城市发展这枚“硬币”的另一面是城市的收缩。受经济形势下行的影响，在当前浙江省总体处于人口正增长的背景下，部分地区出现的因人口流入趋弱或净流出导致的城市收缩现象，应当引起重点关注（见表 7–3）。

表 7–3　浙江各设区市人口机械变动（人口流动）情况

地区	净外来人口（万人）			户籍净迁入人口（人）			总体态势
	2010 年	2015 年	2020 年	2018 年	2019 年	2020 年	
浙江	694.76	1111.87	1387.77	220334	198516	203596	强劲增长
杭州	180.92	314.45	379.77	155444	159010	147573	强劲增长
宁波	186.49	271.63	326.77	49762	42497	47567	强劲增长
温州	125.41	127.09	123.54	–14565	–17356	–17498	增长趋弱
嘉兴	108.57	144.12	172.71	34475	26177	35245	强劲增长
湖州	29.37	44.59	68.7	4456	1033	4048	稳定增长

① 根据《构建新发展格局背景下加快推进农业转移人口市民化的思路和对策》：1980 年及以后出生的新生代农民工逐渐成为农民工主体，约占农民工总量的 51.5%。

② 数据来源：《构建新发展格局背景下加快推进农业转移人口市民化的思路和对策》。

续表

地区	净外来人口（万人）			户籍净迁入人口（人）			总体态势
	2010 年	2015 年	2020 年	2018 年	2019 年	2020 年	
绍兴	52.31	66.89	79.46	2834	134	-213	稳定增长
金华	69.51	164.21	211.17	7137	8334	8599	强劲增长
衢州	-38.97	-39.48	-29.24	-7839	-8989	-9466	净流出
舟山	15.36	18.24	19.58	-892	-1500	-912	微幅增长
台州	13.74	34.31	55.31	-5804	-5424	-5549	稳定增长
丽水	-47.95	-34.18	-20	-4674	-5400	-5798	净流出

资料来源：历年浙江省统计局统计资料、浙江省公安厅户籍人口统计资料。

一是关注虹吸效应带来的“产业转移—人才流失”问题。流动人口中的人才属于高素质群体，是各城市争相招引的重点对象，而人口的迁移流动情况是人才流动的宏观镜像。受沪杭甬长三角区域核心城市“虹吸效应”影响，台州的发展资源流失加剧，其净流入人口总量在 2008 年就已经达到峰值，之后逐年下降，直至人口净流出。温州近年来仍处于产业结构转型期，低端产业的淘汰必然伴随人口的流失，但高端产业尚在形成中，人才“难引”“难留”成为城市发展的痛点。

二是关注人口减量过程中的城市空间配置问题。收缩型城市人口负增长、人口增速放缓是伴随着城市工业衰弱或退出以及生活消费型服务外移而产生的，由于短期内无法进行替代性填充，因此将带来城市空间闲置或利用低效的现象。例如，近年来温州都市中心区域服务业规模和从业人员减量，城市公共服务品质难以提升，其城市空间资源低配又难以吸引人口流入。空间功能模糊、利用与配置效率低下是温州都市核心区空间代谢与再造的制约因素，在深层次上成为阻碍城市转型与经济转型的因素。

三是关注渐趋收缩型城市的人口深度老龄化问题。人口大量流出将加重流出地人口老龄化，制约当地经济社会发展的活力。尽管在生育率低的大背景下，浙江人口老龄化是整体趋势，但机械负增长加快了人口老龄化提升速度。第七次全国人口普查数据显示，衢州、丽水劳动力人口占比低于全省，60 岁及以上老年人口分别占 25.44%、21.24%，远高于全省 18.70% 的水平。

三、“均衡中开新局”：引导人口合理流动、促进城市均衡发展的对策建议

在“十四五”乃至更长时期，浙江全省各地要合理调整流动人口结构，发挥人口内聚力量，降低流动人口因素对城市发展的消极影响。扩张型城市要合理调整人地关系、加强公共服务供应、促进流动人口市民化，实现“人口数量红利”向“人口质量红利”转变；收缩型城市更应未雨绸缪地积极应对可能面临的产业和人口“不流入”现象。

（一）推动城市“人才—产业”结构性互动

人口结构和产业结构是正向互动关系，两个核心要素同时向优势区域集聚是城市转型发展的客观规律。根据国际经验，美国依托开放的移民体系增加人才供给（诺贝尔奖医学、物理学、化学领域美国籍获得者中 25.8% 为国际移民），从而促进城市产业创新发展。国内如深圳，近年来大力引进高素质人才扩充本地科教资源，城市产业逐步从“制造工厂”向“硬件硅谷”“创新之城”转型。新时代，浙江以高知识密度、高技术密度的产业推进经济提质增效，加快建设具有国际竞争力的现代化产业体系，不断夯实共同富裕的产业基础。在此形势下，浙江需借鉴国际国内先进做法，以积极的人口政策导引人口结构较优、素质较高的发展态势，借助“三大人才高地支持行动”及“万亩千亿”新产业平台建设，促进高素质劳动力或高层次人才集聚“浙里”，以高素质劳动力的流入带动浙江经济新业态新模式渐趋高端化，从而推动人才引进与本地产业精准匹配，形成人才、产业“双向奔赴”的良性循环。

（二）打造城市“人口—土地”相宜空间

着力通过城市土地资源统筹规划配置，促进城市集群迈向共享、共建、共融、共谋的城市集约发展空间。基于长三角城市群修路架桥、人才流动、产业园区建设等方面一体化发展，以省域都市圈为核心，内聚本地人口，外拓浙江城市化腹地范围和增长潜力，形成高密度化、精网络化、多层级化协同发展的城市空

间格局。调整现行的土地政策，将土地政策与人口政策相结合，供地指标紧跟人口发展步伐，分类引导城市人口均衡发展，实现省域土地城市化和人的城市化“双化”高质量发展。打造“浙里安居”品牌，可借鉴新加坡公共住房先进经验，合理调整建设用地供给，加快住房改造，土地供应向租赁住房建设倾斜，合理调整人地关系，建立人口净流入与土地供应联动、地价与房价联控机制，为在浙江生活和工作的流动人口提供基本住房保障。

（三）促进城市“人口—公共服务”同频共振

汲取北京、东京、巴黎等国内外国际化大都市先进经验，遵循“新城建设 + 功能疏解”的策略来疏解城市中心公共服务超负荷压力。北京发布《北京城市总体规划（2016 年—2035 年）》，实现“人随功能走、人随产业走”；“上海 2035”总体规划在全国率先提出打造“15 分钟社区生活圈”。依据城市职住分离空间变动的特点，打造都市圈内公共服务综合一体化的“职住平衡”功能组团，实现中心城区交通站点细密化、新城区或郊区快车道城市轨道交通网络化。针对目前浙江流动人口中随迁子女、父母增多的情况，逐步建立本地人口与省外流入人员之间“互惠共享”的基本公共服务均等化供应机制。

（四）营造城市“人口—社会文化”包容氛围

城市化并非一蹴而就之事，它必然伴随着传统性与现代性相互消长的社会转型过程，具体表现为流动人口社会融入面临“双重边缘人”的身份困境。浙江可充分借鉴广东的先行经验，通过居住证制度、创新基层服务治理、基本公共服务均等化覆盖流动人口等多方面举措增强流动人口的归属感。要根据不同阶层人们的心理需求和利益追求，通过职业技能培训等方式全面提升流动人口的素质，增强其本地化社会资本，拓宽流动人口在城市的多元化发展渠道，吸纳省域内更多加快发展地区，特别是山区 26 县务工人员跨地区流动就业。要激发技能人才、科研人员、大学生、小微创业者、高素质农民等重点流动人口进入中等收入群体后备军，实现“人城”双向接纳、融合，以“扩中”“提低”消除阶层固化，率先形成橄榄型城市社会结构。

（五）构建城市“人口—治理”数治格局

浙江需充分应用互联网、物联网、大数据等新技术手段进行数字化整合、预测和科学决策，进一步推动流动人口治理数字化平台建设。建立统计口径的人口流动信息管理体系，解决信息采集出现明显真空点、各职能部门流动人口的信息孤岛等问题，实现统计、公安、卫生健康、人社等部门对流动人口全生命周期城市生活数据的互联共享。动态监测浙江全域近距离、跨省、城乡间、城市群以及都市内部人口流动，推动以人为核心的精细化风险评估预警管理。

加快构建育龄妇女友好社会的对策建议*

林俐　王娇娇　陈倪垚

习近平主席在全球妇女峰会上提出，在中国人民追求美好生活的过程中，每一位妇女都有人生出彩和梦想成真的机会①。育龄妇女是妇女群体中规模最大、影响最为广泛的群体，其权益保障和能动性激发对于促进社会和谐稳定和实现全社会共同富裕意义重大。本文聚焦妇女校园期、婚恋期、生育期、养育期4个阶段，深入剖析育龄妇女在生活、工作等方面面临的问题及其成因，提出新时代加快构建育龄妇女全生命周期友好社会的对策建议。

一、面临问题

在校园期、婚恋期、生育期、养育期4个阶段中，妇女从校园走向社会，在就业升职、生儿育女中面临巨大压力。通过梳理分析，得出以下对应育龄妇女在4个阶段存在的问题。

（一）校园期：两性健康与安全问题日益突出

校园期是女性生理、心理快速成长和树立健康的两性观念的关键时期。当前，儿童青少年普遍早熟，由于缺乏对性观念的正确引导，青少年性行为趋向低龄化，校园性骚扰、性侵害事件等频繁出现在公众视野中。近五年来，我国每年人工流产数量一直徘徊在950万例左右，并且堕胎趋于年轻化，25岁以下女性占47.5%，15~19岁女性怀孕率达到10%以上。

---

* 本文刊于《发展规划研究》2023年第11期，公开发表于《中国人口报》2023年12月6日。

①《习近平在全球妇女峰会上的讲话》，新华社，2015年9月27日。

（二）婚恋期：女性对婚姻的期待值持续走低

婚恋期是女性开始经历情感的起伏和挑战，与异性建立和维护恋爱、亲密关系的时期。但从目前婚恋选择趋势看，女性的婚恋观正在发生变化，群体中“不想结婚、不敢结婚”现象越来越普遍。2021 年我国结婚登记对数下降到 763.6 万对，结婚率连续八年下跌，相比于 2013 年峰值减少 583 万对，而浙江省的结婚率排名位居全国倒数第二。

（三）生育期：女性“生育焦虑”问题愈演愈烈

生育期是女性从妻子到母亲的角色和责任转换期，从怀孕、生产到哺乳的时间跨度平均在两年左右。当前，越来越多这个阶段的女性出现“生育焦虑”现象。部分女性或由于对怀孕、分娩、抚养子女等过程的未知而感到恐惧，认为自己无法胜任母亲的角色，从而不愿或拒绝生育；或因生育经济成本、时间成本高，以及生育后可能遭遇的“母职惩罚”而对生育望而却步。

（四）养育期：“保姆式妻子”“丧偶式育儿”现象频现

养育期是女性从初为人母到“超级女人”的压力升级期。当前，家庭生活中普遍存在“保姆式妻子”“丧偶式育儿”等现象。浙江省统计局在 2018 年开展的浙江居民时间利用调查发现，浙江省女性居民每天做家务劳动和陪伴照料家人的平均时间分别为 2 小时 8 分钟和 1 小时 9 分钟，分别是男性的 3.3 倍和 2.6 倍。

二、成因分析

新时代背景下，经济社会的发展、生育政策的调整等都成为影响育龄妇女身心健康、左右其在工作和生活间找到平衡点的重要因素。通过系统分析，以下总结归纳了育龄妇女 4 个成长阶段问题形成的主要原因。

（一）青少年性教育相对缺失

一是对孩子“性知识”“性教育”话题讳莫如深。受传统教育观念的影响，教师、家长普遍对孩子的性教育“谈性色变”“难以启齿”，误认为性教育会诱发青少年的性行为，往往采取不主动甚至是逃避和转移话题的态度，进而造成了青少年性健康关注和自我保护意识的缺乏。部分家长虽有对子女进行性教育的意识，但对家庭性教育的内容和方法均缺乏认知。

二是青少年获得性教育的渠道较少。教材缺乏、教师不足、家长反对、社会误解等困境导致社会性的性教育缺失，进而导致女性对自身的身体和避孕知识等缺乏正确了解，致使女性在两性关系中处于弱势和被动的地位，更使女性在面对各种与性有关的社会问题时缺乏防范意识和应对能力。2018 年，浙江省高中生的性教育普及率仅为 53.9%。

（二）女性对婚恋的选择更趋矛盾化

一是长辈传统婚恋观根深蒂固。“女攀男富”“天价彩礼”“随礼攀比”等婚恋恶习陋习，导致婚姻带上了功利化色彩，加之存在男高女低、重男轻女、重视财产等传统观念，不仅限制了女性的婚恋自主权，也与现代女性自我实现的追求相冲突。

二是生活竞争的多重压力造成了女性婚恋焦虑。在生活成本增加、社会竞争激化等压力下，部分女性在社会及家庭带来的“现实婚姻”与自由恋爱、平等婚姻的“理想爱情”中产生矛盾焦虑。

三是女性婚恋理念发生转变。现代女性的婚恋观更加多元，往往有更高的自我价值实现需求和更高的择偶标准，对于婚姻表现出更加理性、谨慎的态度。同时，出于对薪资提高、职位晋升等的追求，部分职场女性也考虑暂缓恋爱或结婚。

（三）生育友好的社会环境尚待优化

一是对女性产后的关注度仍显不足。产后阶段是女性人生中的一个重要转折点，她们面临着身体恢复、适应新角色以及心理调适等多重挑战。但当前，家庭、社会对女性产后恢复和身心健康的重视程度远不及产前和产中。该现象从产后抑郁症的相关数据中可见一斑，2022 年，我国产后抑郁症的平均患病率已升至 14.7%，每年约有 200 万例产后抑郁症患者。

二是就业性别歧视亟待消除。全面二孩、三孩政策的相继实施，给女性就业、生育后职业回归和职业发展带来直接影响，虽然国家出台了保障女性平等就业的法律法规，但为避免因女性生育给用人单位带来的劳动力减少的直接损失和缺岗、重新招聘的间接损失，企业对于女性就业的隐性壁垒仍然存在。

（四）“男外女内”传统思想禁锢尚存

一是类似“照料孩子只是母亲的责任”的传统育儿观念尚未得到转变，导致家庭养育父亲缺位，影响儿童的心理健康，继而容易产生男孩子缺乏阳刚之气等系列问题。

二是无酬劳动负担性别失衡严重，无酬劳动过度倚重女性，男性缺乏参与意识，导致过多占用女性的时间和精力，压缩女性的职业及自我发展空间，成为加剧女性就业性别歧视的重要原因之一。

三、对策建议

（一）健全青少年性教育体系

一是提高学校性教育能力与水平。加强对中小学、高中、高校性教育的指导和管理，加快实现青少年“成长之道”教育中小学全覆盖、“同伴之道”教育高校全覆盖。制定统一的性教育课程和标准，加强对性教育工作者的培训和考核，确保各年龄段学生接受到全面、科学、正确的性教育。

二是优化青少年性教育社会环境。加快形成社会、家庭、学校和个人“四位一体”的协同服务机制，积极引导社会组织参与青少年性教育的推广和实施。持续举办各类青春健康教育培训活动，大力发展网上青春健康“云课堂”教育平台，帮助更多青少年及家长形成对性教育的正确认识，消除性别偏见和歧视。

三是完善青少年性教育政策支持。加快制定完善青少年性教育相关支持政策，明确青少年性教育的目标、原则、内容、范围、责任主体等。建立健全青少年性教育的监督和评估机制，从源头上减少影响女性健康与安全的隐患。

（二）构建新型婚育文化生态

一是深化婚俗观念改革。加大移风易俗、倡导婚俗文明新风的宣传力度，让“集体婚礼”“婚事新办、简办”等婚俗新风深入基层农村百姓心中。建立健全婚俗改革体制机制，探索以县为单位组建专班、落实专人，加强对婚俗习惯的管理与监督。

二是构建婚恋服务体系。探索搭建政府主导、部门合作、社会参与的婚恋交友服务平台，提供婚恋咨询与指导、婚育健康宣传教育、婚前辅导、婚姻家庭关系辅导等“一站式”服务，促进适龄青年接受恋爱、婚姻家庭观念教育，帮助女性消解“恐婚”“恐育”焦虑。

（三）建立生育支持政策体系

一是健全全流程生育服务体系。聚焦孕前、产前、分娩、产后等关键环节，持续提升孕前保健、产前筛查与诊断、住院分娩、产后身体康复和心理咨询服务水平，增强女性对于生育的信心和安全感。加强科学健康孕育知识的宣传指导，帮助女性树立正确的生育观念。

二是完善生育期家庭友好时间支持政策。加强对产假、陪产假、育儿假、弹性工时等促进员工兼顾工作与家庭的时间支持政策的跟踪调查研究，结合浙江省实际，科学调整男性陪产假时长，探索创新夫妻双方共享育儿假等灵活休假制度，强化男性育儿责任，分担女性育儿压力，助力女性生育意愿回升。

三是营造生育友好的企业环境。探索“政府补一点、企业让一点”机制，通过税费减免、财政补贴等优惠政策，对育龄女性职工超过一定比例的企业给予适当补偿，降低企业用工成本的同时，切实解除女职工生育后顾之忧。

（四）构建“家校社”共担养育体系

一是营造夫妻共担的家庭氛围。综合运用主流媒体、新媒体平台，加大宣传力度，潜移默化形成家庭劳动的价值认同感、共担共育的科学育儿观。通过案例宣讲、指南发放等方式，科普宣传男性参与家庭养育的优势与价值，引导鼓励更多的男性与女性一同参与家庭养育。

二是探索儿童心理健康的家校共护机制。鼓励以公办幼儿园为载体，率先探索建立儿童心理健康“知多少”大讲堂，以线上、线下相结合形式，开设涵盖儿童心理发展阶段认知、儿童行为问题干预、网络时代心理防护、家长心理急救培训等系列课程，全面提升全省育龄家长对儿童心理问题的识别和干预能力。

三是完善家庭公共服务体系。探索将养老、托育、婚姻家庭辅导、家庭教育指导等纳入基本公共服务体系[①]，大力发展社区普惠性托育养老服务，减轻女性家庭照料压力。

（五）优化女性友好的就业环境

一是深化巾帼云创行动。依托浙江省数字经济发展优势，充分发挥基于互联网的新业态吸纳妇女就业的功能，通过建立妇女创新创业导师团、女性创新创业基地等形式，鼓励高校女性毕业生、进城务工妇女、去产能分流女职工等重点人群参与新业态从业人员技能培训，提高女性就业创业能力。

二是拓展灵活就业形式。持续推进来料加工式“共富工坊”建设，创新推进一批如“妈妈的味道”美食、女红等妇女就业创业工作品牌迭代升级，在满足农村妇女就近照料家庭需求的同时，帮助其拓宽“家门口”就业增收渠道。

三是营造性别平等的就业市场环境。发挥工会、妇女组织协调帮扶作用，联合搭建调解平台，帮助女职工调解特殊时期正当的劳动权益与用人单位的争议，化解矛盾。发挥司法机关执法监察效力，依法受理涉及就业性别歧视的诉讼，依法惩处用人单位和职业中介机构的性别歧视行为。

---

① 《南通市人民政府办公室关于印发南通市妇女发展规划和儿童发展规划的通知》，南通市人民政府网，2022年2月14日。

加快浙江省老龄产业提质发展的建议*

林俐　王娇娇　官永进　陈倪垚

党的十九届五中全会将积极应对人口老龄化上升为国家战略，为应对人口老龄化提供了根本遵循和行动指南。党的二十大报告中再次重申，要“实施积极应对人口老龄化国家战略，发展养老事业和养老产业”。习近平总书记多次就老龄工作作出重要指示批示，2021 年其主持召开的中共中央政治局会议强调加快建设居家社区机构相协调、医养康养相结合的养老服务体系和健康支撑体系，发展老龄产业，推动各领域各行业适老化转型升级①。浙江是最早进入人口老龄化的省份之一，老年人口在过去五年间持续增长，由 2017 年的 1080 万人增至 2022 年的 1329 万人，年均增速达到 4.24%。老年人口基数大、增速快将进一步加剧经济社会的综合压力，发展老龄产业的必要性和紧迫性日益提升。

一、老年市场需求分析

全国老龄工作委员会（以下简称全国老龄委）发布的《中国老龄产业发展报告（2021~2022）》显示，从 2014 年到 2050 年，我国老年人的消费规模将从 4 万亿元增长到约 106 万亿元，占 GDP 的比例将增长至 33%，成为全球老龄产业市场潜力最大的国家。2020 年，我国养老消费市场规模约为 3.3 万亿元，但提供的养老消费产品不足 1000 亿元，老龄产业不仅存在着广阔的发展空间，也蕴含着巨大的消费市场。

---

* 本文刊于《发展规划研究》2023 年第 11 期。

①《中共中央政治局召开会议》，《人民日报》2021 年 6 月 1 日。

（一）老年群体日常生活出行所需急剧攀升

随着我国人口老龄化进程加快，老年人群基数加速增长，以老年人为消费主体的老年用品市场规模将急速扩张。以老年行动辅具领域为例，浙江省失能老年人占老年人口比例约 8%，且失能人口规模仍处于迅速增长阶段，对老年行动辅具的需求也将持续攀升。以老年交流通信产品为例，据澎湃新闻发布的《2020 老年人互联网生活报告》，截至 2020 年 6 月，中国拥有网民超 9.4 亿人，其中 60 岁以上老年网民占比为 10.3%，意味着中国移动互联网上活跃着约 9600 万“银发族”，老年交流通信产品市场前景无限。

（二）老年群体养老照护服务趋向刚性需求

随着人口发展进入深度转型期，我国不仅在家庭规模上呈现出小型化，在家庭结构上也逐渐向“四二一”靠近，传统的代际供养和护理能力将逐渐下降，老年人养老服务需求与供给之间的矛盾日趋尖锐，促使社会化力量养老成为家庭的普遍需求。《中国城乡老年人生活状况调查报告（2018）》数据显示，我国拥有高龄老人 3000 多万人、失能老人 4000 多万人，部分生活能力的丧失以及生理机能的退化，导致老年人健康状况逐步下降，因而其对养老服务也呈现出更为迫切的需求。

（三）老年群体居住环境优化期望日益旺盛

当前，我国 90% 左右的老年人选择居家养老，全国老龄委统计，有 4000 万名居家养老的老年人处于残疾状况，且跌倒已成为 65 岁以上老年人意外伤害死亡的首要原因。相较于全国水平，浙江省选择居家养老的老年人占比更高，达到 98.5%，老年人居家养老所面临的风险更大，适老化改造亟待全面展开。住房和城乡建设部相关数据显示，中国现有 400 亿平方米老旧建筑，改造市场规模大约 15 万亿元，其中居家环境适老化改造直接市场份额约为 3 万亿元[①]。结合各省份人口占比、老龄化程度及居家养老比例综合推算，浙江省适老化改造市场规模约为 1520 亿元，市场潜力不容小觑。

---

① 郭艳：《构建适老产业高质量发展新格局——2023 中国适老产业发展高峰论坛举办》，《中国建筑装饰装修》2023 年第 8 期。

二、浙江省老龄产业发展基础

浙江是民营经济大省，同时数字经济发展走在全国前列，作为高质量发展建设共同富裕示范区，在政府引导培育和市场共同努力下，浙江省老龄产业已经取得了初步进展。

（一）政策先行，产业支撑体系初见雏形

完善的政策体系能够为老龄产业健康长远发展提供科学指引和制度保障。2020 年以来，浙江省级层面陆续出台《关于加快康养体系建设推进养老服务发展的意见（征求意见稿）》《浙江省人民政府办公厅关于全面推进城镇老旧小区改造工作的实施意见》《浙江省民政厅等十六部门关于加快发展康复辅助器具产业的实施意见》等一系列政策，初步搭建起了老龄产业发展政策支撑体系。各城市积极创新探索，如嘉兴市出台了全国首个《康复辅助器具展示中心建设指南（试行）》，丽水市国内首创《居家无障碍设施改造技术规范》《乡村景区无障碍环境建设指南》两个地方标准，宁波市出台了浙江首部居家养老服务地方性法规《宁波市居家养老服务条例》等。

（二）多点开花，多元市场主体创新发力

各地积极挖掘优势培育或引进相关市场主体，打造了一批产业龙头企业和知名产品，如嘉兴市以互联网、物联网等技术手段为媒介，创新培育了“椿熙堂”“嘉科”等一批智慧养老服务机构，并被命名为国家级智慧健康养老示范企业。同时，各地也积极争取国家相关试点示范，如绍兴市、丽水市、台州市相继入选全国第二批、第四批、第五批居家和社区养老服务改革试点，嘉兴市被确定为国家康复辅助器具产业综合创新试点地区、国家康复辅助器具社区租赁服务试点地区等。

（三）数字赋能，智慧养老领域特色鲜明

全省数字化改革为应对人口老龄化提供了新的科技支撑和创新动力。“浙里康养”智慧养老服务平台搭建完成，并研发升级了养老地图、福利直达、老年

优待等应用场景。“养老大脑 + 智慧养老 + 未来社区”试点建设如火如荼，如舟山市积极探索“智慧应用”，全市智慧养老终端和服务社区覆盖率已逾 90%。智慧健康养老产业实现快速发展，如 2019—2021 年，浙江省分别有 20 家、15 家、13 家单位入围第三批、第四批、第五批国家智慧健康养老应用试点示范名单，数量分别居全国第一位、第一位、第二位。

三、浙江省老龄产业重点发力方向建议

结合人口老龄化国家的早期实践探索以及浙江省实际，建议逐步推动老龄产业走福利性事业与市场化产业协同发展道路，重点往老年用品、养老服务和适老化改造三大方向精准施力。

（一）发展老年用品产业

培育功能性老年服装服饰产业。发挥浙江省纺织服装、纽扣拉链、工业设计等行业优势，大力发展新款式研发设计、工艺流程改进设计、辅助装置研发设计等新业态。鼓励海宁皮革、濮院毛衫、诸暨袜艺等县域特色产业集群的链主型企业、龙头企业开发适合老年群体需求的健步鞋、蓄热保暖外套、防滑袜、旅行背包等，同步依托特色产业市场影响力，打造集创意设计、检验检测、品牌展示、物流销售等于一体的品牌展销平台，带动老年服装服饰品牌推广。

发展智能化老年日用辅助产品产业。推动人工智能、虚拟现实、智能导航等技术研发攻关，加快开发老年代步车、协作机器人、智能拐杖、智能轮椅等辅助老年人行走及预防跌倒的系列产品。依托木玩、电竞等产业发展优势，鼓励开发面向老年群体的益智玩具、益智游戏、指尖乐器等文娱产品。探索建立全省统一的老年日用辅助产品生产标准及检测公共服务平台，推行产品设计、研发、检测、认证和知识产权保护闭环管理。

壮大老年康复辅具产业。开设一批老年康复辅具体验店、应用推广中心，定期开展产品展示、技术指导、服务培训、产销对接等活动，谋划举办康复辅具博览会。加快设立集成租赁、销售、展示、体验等功能的社区康复辅助器具适配服务中心，配套发展康复辅具洗消行业，建设一批专业化集中洗消中心，推动洗

消设备生产、康复辅具消杀、康复辅具维修、辅具配置评估、物流递送等链式发展。

做特老年食品药品产业。充分利用舟山、台州、温州等沿海地区海洋资源和生物医药产业发展优势，开发生物活性肽、鱼油等老年生物食品。发挥丽水、衢州等地生态优势，开发适合老年群体的功能性油脂、食用药用菌等特色食品，加快形成集产品研发、种植养殖、深加工、市场营销、物流配送于一体的完整产业链。引导浙江知名药企加大研发力度，拓展开发铁皮石斛、蜂产品、珍珠粉类、灵芝类等系列老年保健类产品。依托“浙八味”、畲药等浙江道地药材，发展适合老年人的药膳、茶酒、饮料等老年养生产品。

（二）发展养老服务产业

做优养老照护服务产业。迭代升级“浙里康养”智慧养老服务平台，强化老年人及其家属、养老机构和涉老政府部门间的信息精准对接。推动养老机构进社区、进家庭，运营社区养老设施或设立服务场所，为失能失智老人提供日常照护、家庭巡诊、精神慰藉、家政清扫等上门服务业态。建设社区居家“虚拟养老院”，探索设立社区嵌入式养老床位，创新“社区 + 物业 + 养老服务”模式。

做强老年医疗服务产业。积极建设康养产业联合体，打造一批特色养老产业园区。加强医疗机构与养老机构间的合作，采取机构联营、开设分部、医护流动站、对口服务等多种形式，为老年人提供多层次医养结合服务。推动医疗机构、养老机构与社区居家养老服务中心等的深度合作，创新打造医养护联合体，开展个性化医养护服务，为老年人提供从住院治疗、康复护理、居家日常照护到临终关怀等一站式便捷服务。

做精老年教育服务产业。吸引集聚国内外知名老年教育机构在浙江设立分支机构，开设音乐艺术、运动健身、营养膳食、健康教育、智能技术教育等老年教育课程。探索开发结合地方特色的木玩、青瓷、篆刻等老年教育课程内容。依托“浙里美”老年空中课堂、“第三年龄学堂”线上学习平台、浙江省老年活动中心老年远程教育学院华数门户频道等，推动“互联网 + 老年教育”跨越式发展。

提升老年旅游服务产业水平。推进“康养 + 老年旅游”，因地制宜发展阳光康养、海岛康养、森林康养等“候鸟式”老年旅游业态。拓展老年旅游消费市场，依托浙江诗路文化带建设成果，开发养生保健游、孝心游、金婚纪念游、乡村追思游、红色感悟游、行摄体验游、美食品鉴游等一批精品老年旅游线路，加快打造长三角老年旅居康养目的地。

（三）发展适老化改造产业

强化公共场所适老化改造。推动城市道路、公共交通工具、信号灯、隔离带等适老化改造。结合城镇老旧小区改造，推进既有住宅加装电梯。鼓励有条件的商场、超市、文化场馆等开展防滑地面铺设、轮椅坡道设计、无障碍公厕改建、扶手加装、助行辅助器具配置等适老化设施改造。建设老年人商业服务综合体，为老年人提供一站式满足日常健身、娱乐、购物等需求的场所。

做实居家适老化改造。制定全省统一的家庭适老化改造标准，保障住宅适老化改造质量。通过政府购买服务等方式，对有需求的困难老年人家庭进行适老化改造。支持房地产、物业、装修装饰、家政服务等相关领域企业拓展适老化改造业务，培育一批带动性强的龙头企业和富有创新活力的中小企业。引进国内外优质品牌企业，联合开展适老化改造项目，加快开发生产防滑贴、防滑垫、防灾应急包、升降机、平层避险装置等适老化环境改善产品。

后疫情时代青年就业问题调查及对策研究*

浙江省发展规划研究院课题组①

党的二十大报告指出，强化就业优先政策，健全就业促进机制，促进高质量充分就业。2022年中央经济工作会议也强调，落实落细就业优先政策，把促进青年特别是高校毕业生就业工作摆在更加突出的位置②。青年是全社会最富有活力、最具有创造性的群体，是国家宝贵的人才资源，也是推动科技创新和高质量发展的生力军和重要支撑，他们实现高质量充分就业，不仅事关万千家庭的民生福祉，也关乎经济发展和国家的未来。本文分析了我国青年就业的背景情况，并通过问卷调查剖析了导致青年失业的原因，进而提出促进青年就业的对策建议。

一、背景情况

青年是国家的未来，是民族的希望。近年来，受疫情、经济增速放缓和高校毕业生规模持续增大等因素的影响，我国青年失业率持续攀升，青年就业问题日益突出。2023年6月，我国16~24岁的青年调查失业率达到了21.3%，连续3个月保持在20%以上（见图7-8）。根据国际劳工组织的统计口径，我国15~24岁青年失业率从2018年的9.7%增加至2022年的13.2%（见图7-9）。同时，相比于经济合作与发展组织（OECD）和其他国家及国际组织，我国青年失业率也处于高位（见图7-10）。

---

* 本文刊于《发展规划研究》2023年第11期。

① 课题组成员：李杨、孙夏妮、陈倪垚、袁珂鑫。

②《中央经济工作会议在北京举行》，《人民日报》2022年12月17日。

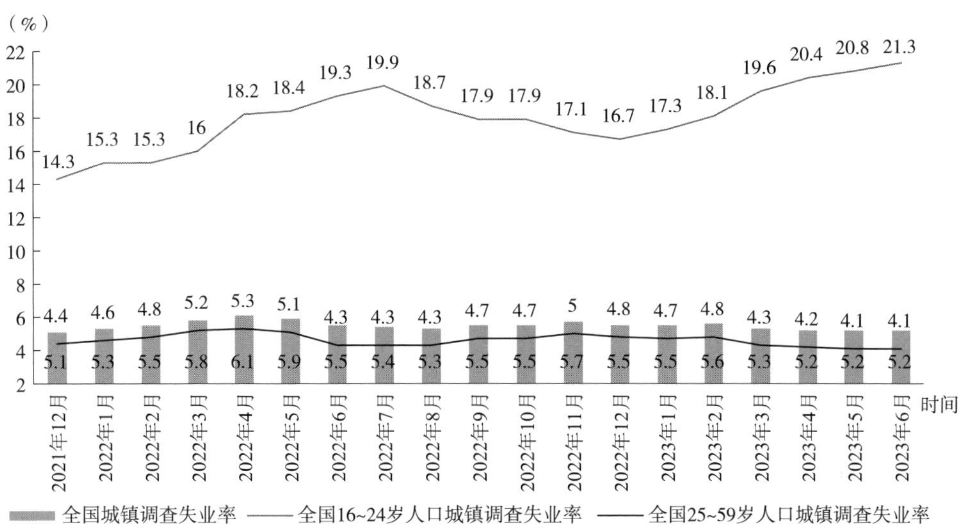

图 7-8　2021 年 12 月至 2023 年 6 月全国城镇调查失业率及分年龄段失业率

资料来源：国家统计局。

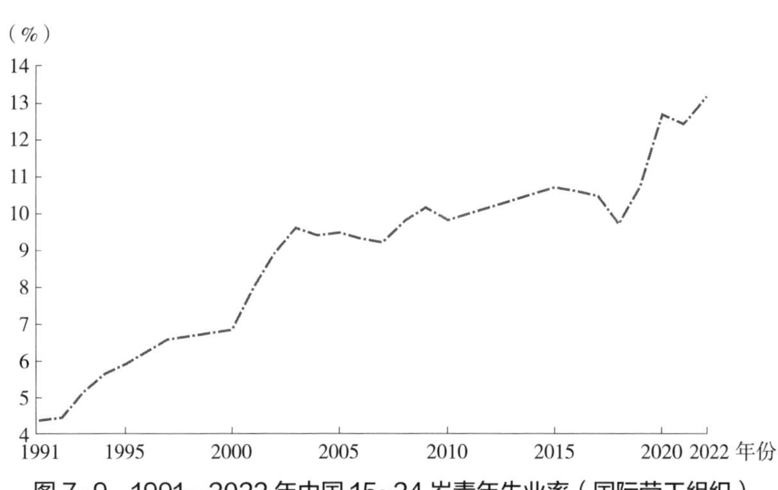

图 7-9　1991—2022 年中国 15~24 岁青年失业率（国际劳工组织）

资料来源：国际劳工组织网站。

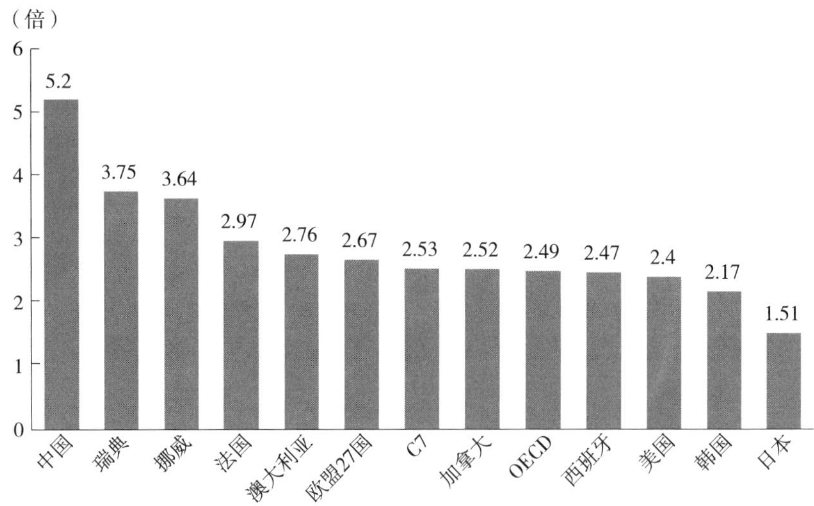

图 7–10 部分国家及国际组织青年失业率与成年失业率之比

资料来源：国际劳工组织网站。

二、问卷调查分析

为了全面深入了解青年失业和就业的特征、问题和诉求，课题组面向全国，针对待业、就业青年群体和用人单位发放了调查问卷，分别收回了 3835 份和 1086 份。问卷调查分析如下。

（一）待业青年的特征及政策诉求

就业特征方面：预期与现实不匹配是青年待业的主因。分别有 51.55% 和 32.30% 的失业青年因为薪酬等就业条件不理想和自身学历、技能不符合招聘要求而处于待业状态（见图 7–11）。失业青年总体呈双峰分布。有 42.24% 的失业青年距离上次工作只有不到半年，但也有 32.92% 的失业青年从未就业；对目前的生活状态满意的占 53.42%，不满意的占 46.58%（见图 7–12）。失业青年心态较为平和，但“躺平”只是极少数。失业青年中自认为属于平和随缘的“佛系”青年的占比最多，达到 41.94%，拼搏奋进的占比也达到了 25.81%，“躺平”的只占 6.45%（见图 7–13）。

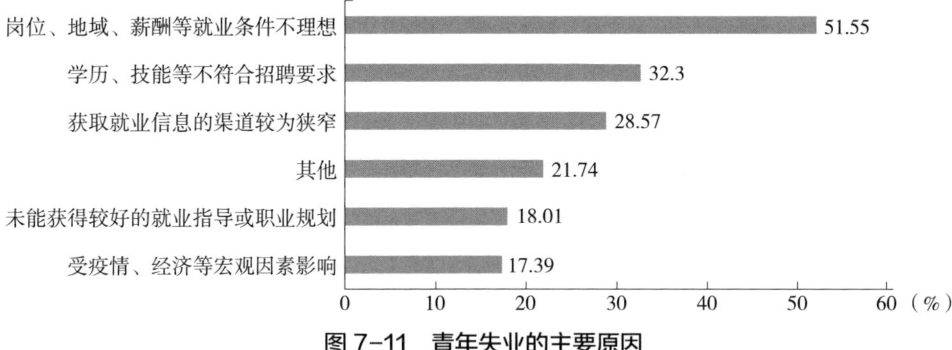

图 7-11　青年失业的主要原因

资料来源：作者自绘。

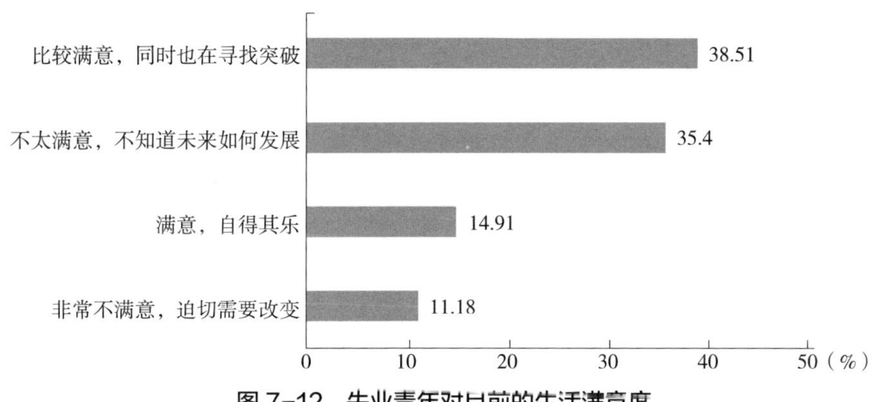

图 7-12　失业青年对目前的生活满意度

资料来源：作者自绘。

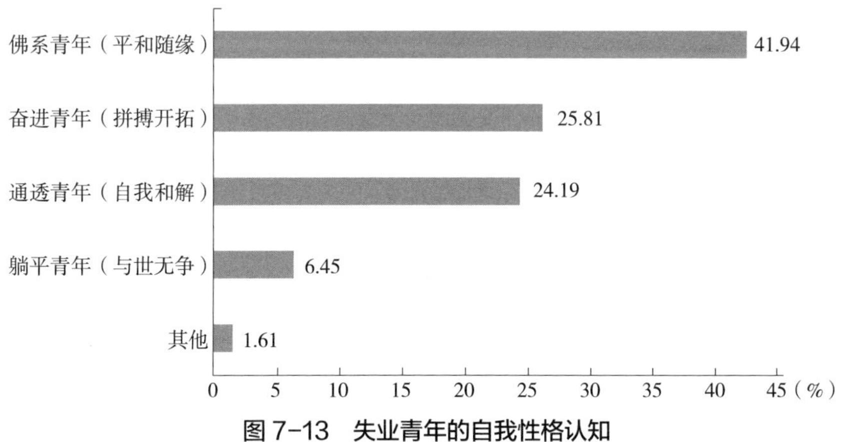

图 7-13　失业青年的自我性格认知

资料来源：作者自绘。

政策诉求方面：经济压力是失业青年面临的最主要压力。有 53.42% 的失业青年认为经济压力最大，其次为家庭压力（33.54%）和自我压力（29.81%），而目前的收入来源主要来自自己的积蓄（59.01%）和家庭亲友的资助（42.86%）。大部分青年正在积极求职。有 81.37% 的失业青年正在找工作或者考研、考公，只有 18.63% 的青年暂时不想找工作。如果时间延长到 1 年，只有 9.32% 的青年仍然不想找工作。政府部门成为最受青睐的工作。“考公热”是时下的普遍现象，有 39.13% 的失业青年将来择业首选政府部门，其次为教育（17.39%）、金融（17.39%）和互联网信息行业（16.77%）。经济补贴和就业帮扶是最为期盼的就业政策。分别有 54.66% 和 53.42% 的青年呼吁获得一定的经济补助和更多支持性就业政策，其次为社会包容（24.22%）和心理援助（16.77%）。

（二）就业青年发展情况及满意度

就业青年对工作普遍感到满意。83.5% 的就业青年对目前工作感到满意，满意程度随年龄、学历和工作次数而变化。一是年龄越大，对工作的满意度越高。14~19 岁年龄段中仅 75.0% 的就业青年对工作感到满意，20~29 岁上升至 83.1%，30~35 岁进一步上升至 85.2%（见图 7-14）。二是工作满意度随受教育程度上升呈倒 U 形。高中学历的就业青年有 69.0% 对工作感到满意，大专及本

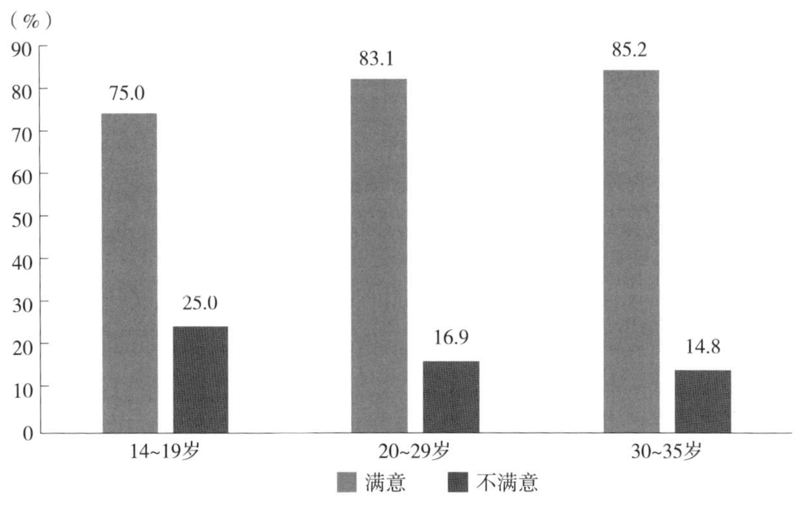

图 7-14 分年龄段就业青年工作满意度

资料来源：作者自绘。

科学历的满意度上升到 84.4%，硕士及以上学历的工作满意度则下降至 79.3%（见图 7-15）。三是跳槽越多的青年工作满意度越低。跳槽过一次的就业青年对工作感到满意的占比为 86.1%，跳槽过两次的工作满意度下降至 82.3%，跳槽三次及以上的进一步下降至 82.0%（见图 7-16）。四是收入低是制约青年工作满意度的最主要因素。制约就业青年在工作中产生获得感的因素依次为收入较低

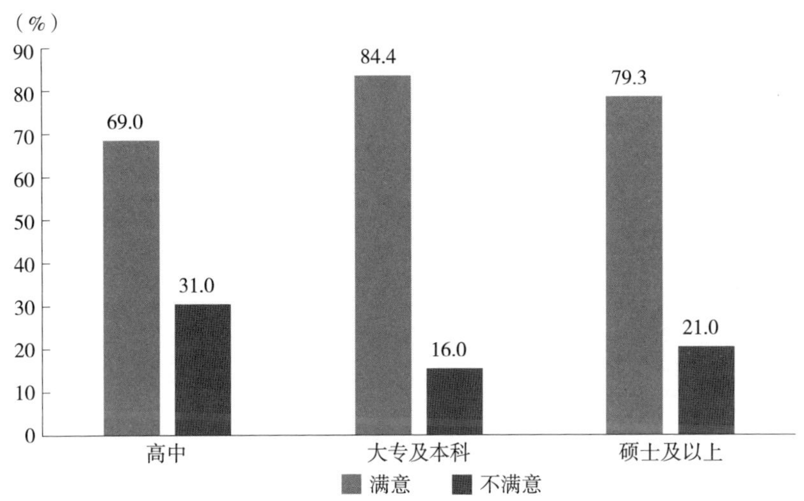

图 7-15　分学历就业青年工作满意度

资料来源：作者自绘。

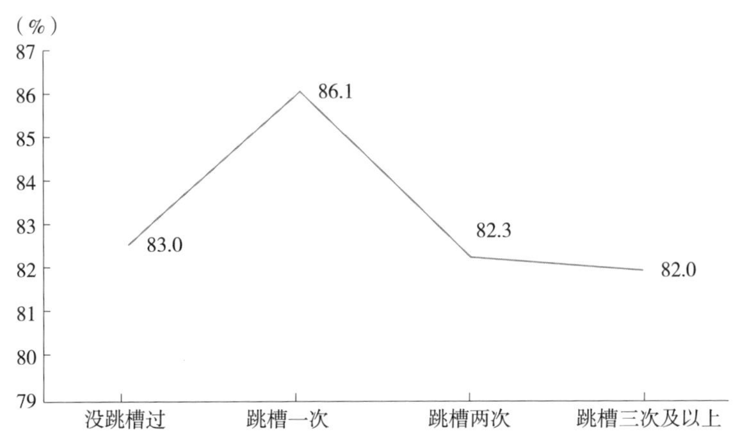

图 7-16　分跳槽次数就业青年工作满意度

资料来源：作者自绘。

（57.5%）、职业长期发展受限（26.4%）、加班频繁且时间过长（21.8%）、通勤时间过长（19.9%）（见图 7–17）。

就业青年的职业发展较为稳定。一是多数就业青年的能力和岗位相匹配。有 86.1% 的就业青年认为自己能力与岗位相互匹配，其中认为能力过硬、信心十足的有 17.2%，尚属称职、安安稳稳的占 68.9%（见图 7–18）。二是就业青年自我定位是本分打工人。66.6% 的就业青年在职场中自我画像定位为职场打工人（见图 7–19）。三是就业青年对所在行业发展前景稳中看好。有 58.9% 的就业青年认为自

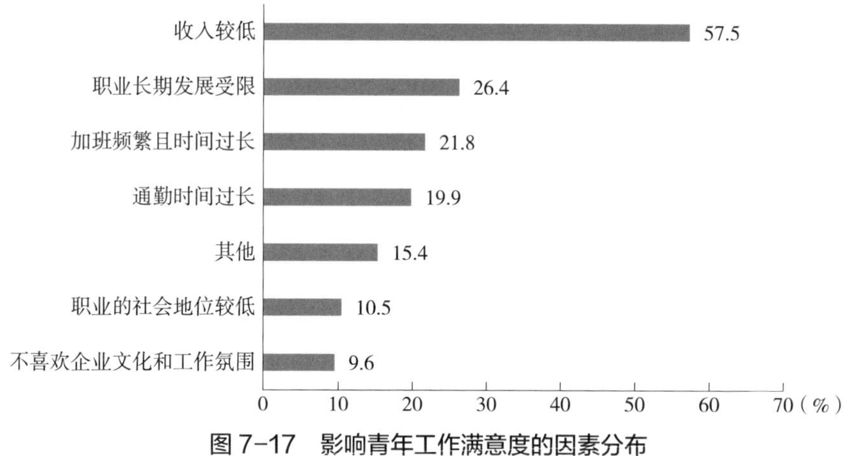

图 7–17　影响青年工作满意度的因素分布

资料来源：作者自绘。

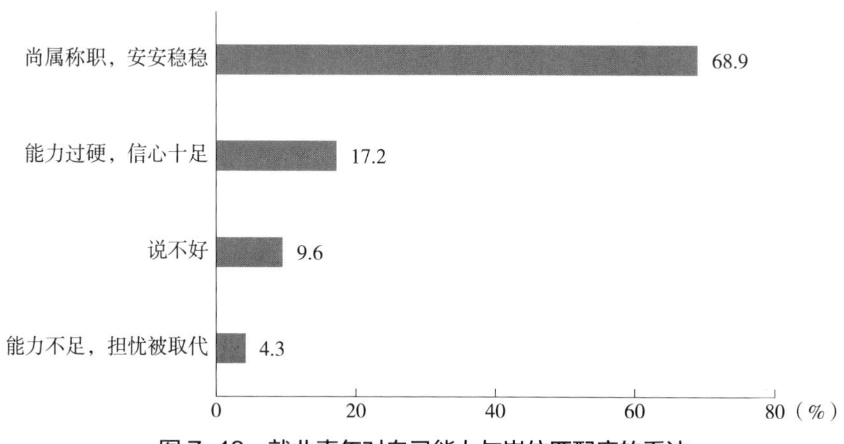

图 7–18　就业青年对自己能力与岗位匹配度的看法

资料来源：作者自绘。

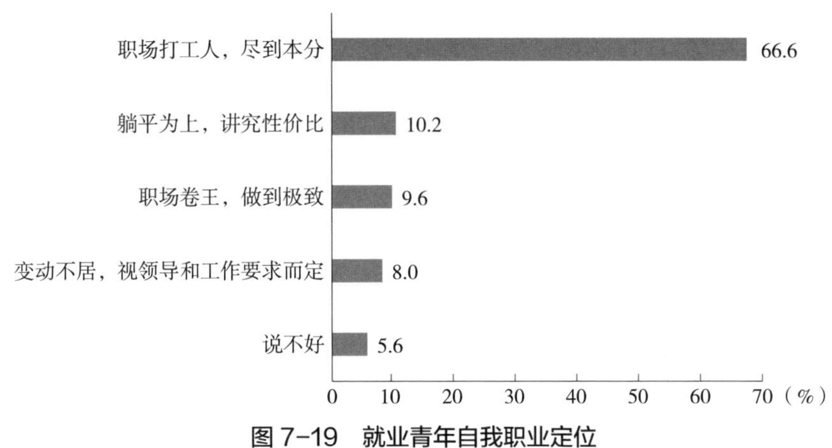

图 7-19　就业青年自我职业定位

资料来源：作者自绘。

已所在行业发展较为平稳；还有 15.8% 认为行业正蒸蒸日上，应注重保障青年人的工资待遇。在政府给予就业支持政策方面，青年人普遍认为首先应该保障工资和福利（78.1%），其次应该支持整个行业发展（48.3%）、规范用工环境（19.7%）、提供在岗培训和跨领域技能培训（18%），并且年纪越轻，对于保障工资和福利待遇的呼声越强烈。同时，随着收入的增长，青年群体呼吁政府出台行业支持政策的比例更高。年收入为 30 万 ~60 万元的就业青年中有 66.7% 希望政府支持行业发展；而在年收入 60 万元以上的就业青年中，这一比例上升到 87.5%（见图 7-20）。

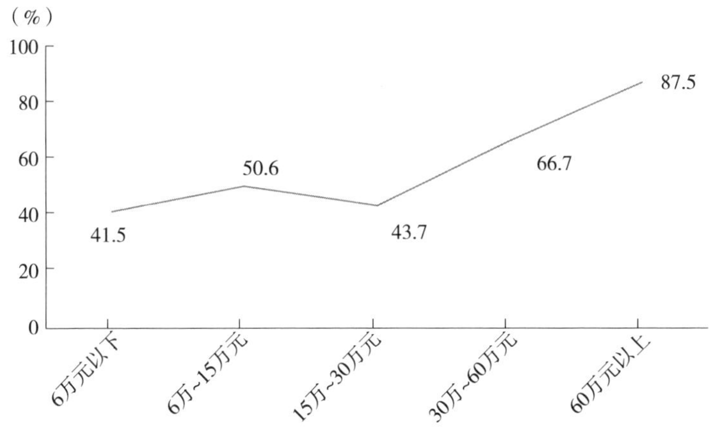

图 7-20　不同年收入就业青年呼吁政府出台支持政策的比例

资料来源：作者自绘。

（三）企业青年用工的情况分析

企业总体倾向于高层次青年员工。从企业对硕士及以上学历、普通本科学历、职业院校毕业三类青年员工的总体满意度看，比较满意及以上的企业比例分别为 78.38%、80.20% 和 69.97%，不满意及非常不满意的企业比例分别为 1.33%、0.83% 和 3.80%（见图 7–21）。可以看出，企业普遍对本科学历青年感到满意，对高学历青年的满意程度会更高，同时，对职业院校毕业的青年不满意的企业较多。

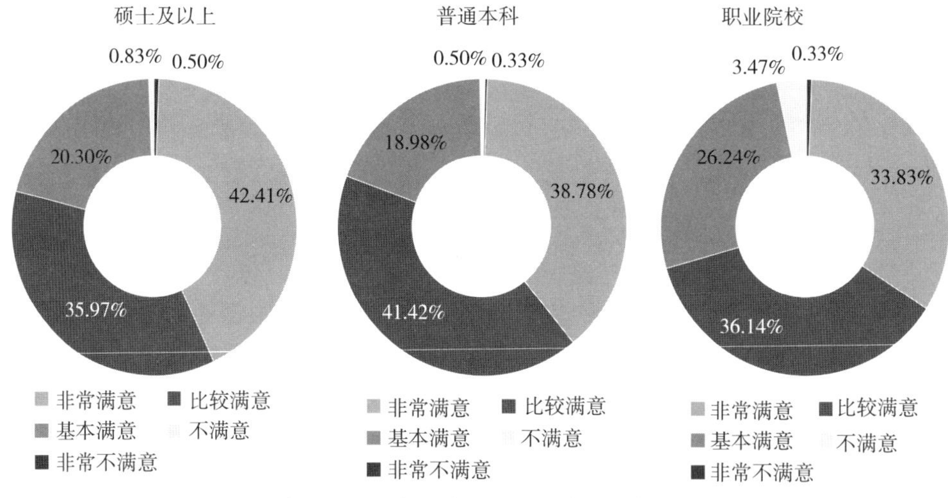

图 7–21　硕士及以上、普通本科、职业院校三类青年员工满意度

资料来源：作者自绘。

行业的技术难易度影响企业对于青年员工的满意度。在制造业、交通运输业等工业和传统服务业中，企业对三类青年员工非常满意的比例分别为 40%、35% 和 33%（见图 7–22）。因此，在人力需求较大、技术复杂性较低的企业中，虽然高学历青年较受欢迎，但对职业院校与本科毕业青年的满意程度较接近。在金融业、科学研究和技术服务业等现代服务业中，企业对三类学历青年员工比较满意及以上的比例分别为 79%、80% 和 67%（见图 7–23），因此在科研技术和服务素质要求较高的企业，本科及以上学历的青年员工更受欢迎。

青年员工的工作态度、实务能力亟须提升。用人单位认为青年员工最需要提

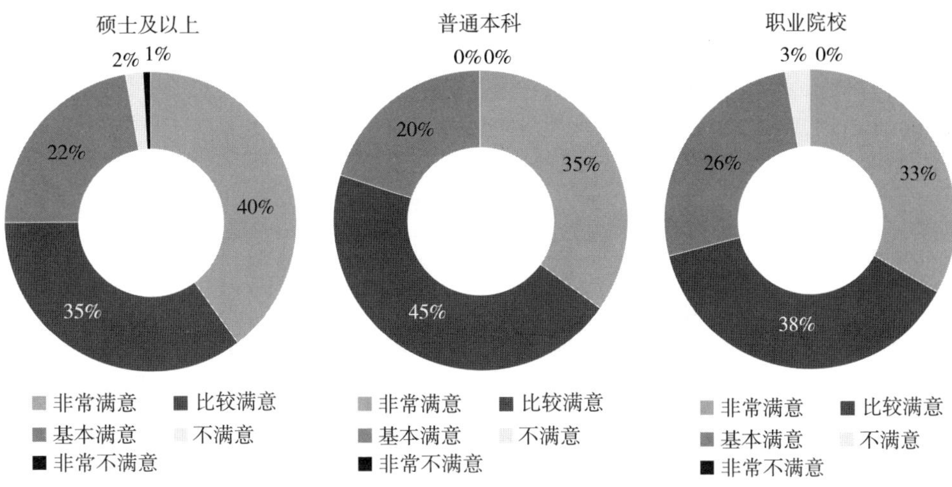

图 7-22　工业和传统服务业企业满意度

资料来源：作者自绘。

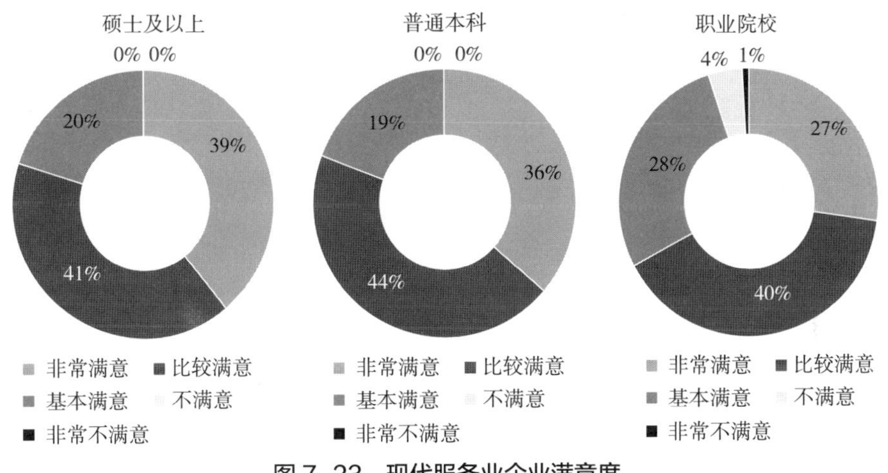

图 7-23　现代服务业企业满意度

资料来源：作者自绘。

升的是工作态度（50.3%）、实务能力（46.7%）和抗压能力（35.2%）。从规模来看，规模越小的企业越需要青年员工在工作态度上有所提升，规模越大的企业越需要青年员工在抗压能力和自我驱动力上有所提升，而中等规模的企业相对更关注青年员工的团队协作能力（见图 7-24）。

青年员工规模将持续扩大，但青年的不稳定性是企业最大的顾虑。总体上

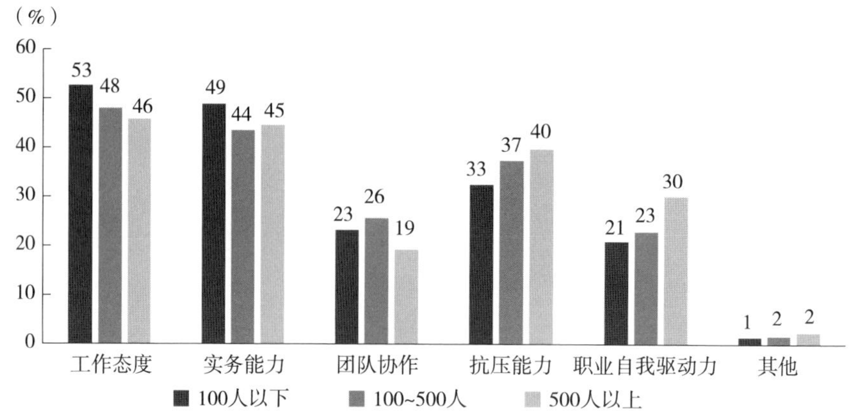

图 7-24 不同规模企业对青年员工的能力提升需求

资料来源：作者自绘。

看，70.3% 的企业在未来三年将考虑扩大青年员工的规模，扩大的愿望与企业现有规模成反比。从用人单位招聘青年员工的顾虑看，51.2% 的企业认为青年员工归属感不强，其次是顾虑青年员工工资待遇需求高（37.1%）、工作实操能力低（26.57%）、缺乏定力与耐心（26.1%），还有 25.91% 认为青年员工个性较强、领导管理难度大。分规模来看，中等规模的企业相对更需要青年员工的忠诚度，加强员工队伍的稳定性需要提高工资待遇，这恰恰是企业方很大的顾虑；500 人以上规模的企业，对于青年员工缺乏定力与耐心、难以管理的顾虑相对较大，而对青年员工缺乏经验的顾虑相对较低（见图 7–25）。

三、青年失业问题原因分析

青年职业初期经验不足、流动性大。青年失业率高于成年失业率并不是我国特有的现象，在全球范围内也较为普遍。根据联合国的数据，全球青年失业率大约为成年失业率的 3 倍。一是青年工作经验和能力相对不足。青年初次就业时面临从学校到社会的转变，工作经验和实务能力不足。二是青年仍处于事业探索期。青年还未完全了解自己的能力和偏好，因而更有可能通过跳槽来找寻适合自己的工作，从而导致较高的离职率和失业率。

青年劳动力供给增加，劳动力市场需求减少。从供给端看，近年来，我国高

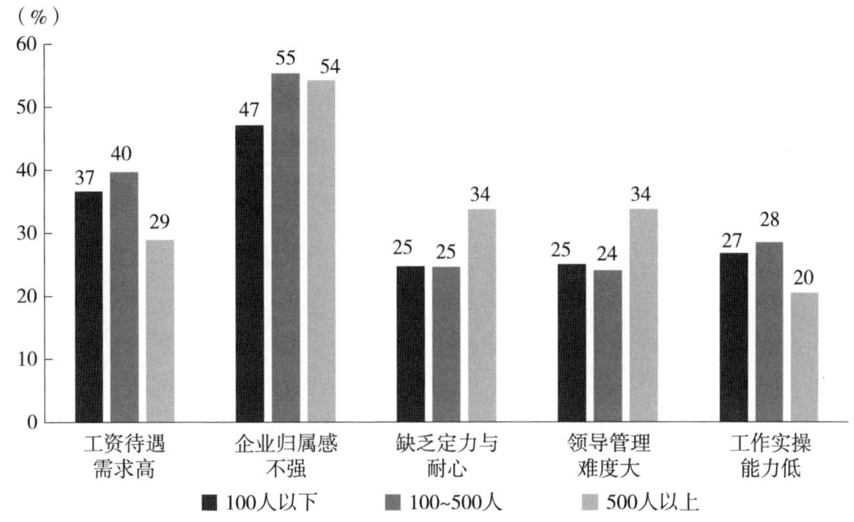

图 7-25　不同规模企业对招聘青年员工的顾虑

资料来源：作者自绘。

校毕业生数量迅速增多，2022 年全国高校毕业生数量首次突破 1000 万人，达到 1076 万人，比上年增加 167 万人，规模和增量均创历史新高。从需求端看，受新冠疫情、国内外宏观环境变化影响，我国经济增速放缓，导致就业需求降低。劳动力市场的供需矛盾是导致青年失业率提高的重要因素。

青年就业观念变化，理想与现实有差距。随着受教育程度的提高，青年对于就业、收入等预期更高，往往不愿意从事传统制造业或者薪酬普通、工作压力大的行业。同时，受"躺平""丧文化"等观念的冲击，青年人越发不愿从事按部就班、工作强度大的工作，更倾向于较为自由和灵活的就业模式，以"赚多少就用多少"或"需要多少就赚多少"的方式维持自在生活。流动性和灵活性的提高也在一定程度上推高了失业率。

四、促进青年就业的对策建议

（一）立体化施策帮扶失业青年

营造包容支持青年的社会氛围。正确认识青年择业的新特点和新需求，引导形成包容支持的舆论导向，营造良好的社会氛围。建立精准化调查排摸机制，通过大数据比对筛选出基本符合就业困难人员认定条件的失业青年人员信息，并点对点发送至县（市、区），指导县（市、区）开展针对性走访，详细了解失业青年家庭情况、失业原因、求职意向、技能水平等基本信息，建立长期失业青年实名制帮扶台账。

强化职业规划与就业管理服务。鼓励高中和大学开设职业指导课程，树立青年就业积极心态，利用职业画像、实习见习等方式，明确职业定位，合理构建青年求职预期。聘请职业指导师、企业人事主管和有关专家，成立专家导师队伍，帮助青年制定就业计划和职业规划书。根据青年特点，推出集体指导、重点指导、会诊指导、跟踪指导等灵活多样的服务举措。

统筹协调就业服务供给。各地各部门广泛组织开展各类线上线下招聘活动，广泛筛选归集岗位信息进校园，通过多渠道直播带“岗”、空中宣讲等模式，拓宽职业信息渠道。通过社区零工驿站、社区居民微信群等推送岗位信息，使就业信息直接触达城市“神经末梢”。定期开展相关回访，及时跟踪解决青年工作后遇到的困难问题，做到“扶上马，送一程”。

（二）做实做大青年就业基本盘

发挥重点行业吸纳就业的能力。一是优先发展吸纳就业能力强的行业产业，如制造业、互联网信息服务业、商贸流通业、批发零售业等，对吸纳就业人口多的企业提供稳岗补贴、就业补贴等多种形式的补助。二是支持国有企业扩大招聘规模，稳定事业单位招聘岗位规模，挖掘编制存量，加大补员力度。

营造公平友好的就业环境。一是提升公共就业服务水平，健全终身职业技能培训制度，跟踪全职业生涯周期，持续提高劳动者的能力素质和技能水平，加强对低收入、低技能青年的兜底帮扶。二是维护就业者合法权益，倡导按工作制度作息的行业规范，保障就业青年合理的休息和闲暇时间，促进青年实现工作与生活的平衡。三是反对学历、性别等任何形式的就业歧视，保障全日制和非全日制、专科和本科学生同等就业权利，保障生育女性在孕期、产期、哺乳期的合法就业权益。

（三）为企业用工提供精准支持

制定多元化的企业聘用青年支持政策。结合用工企业的实际需求，制定税收优惠、社保补贴、人才奖励、就业见习补贴等支持性政策。加强对用工企业的指导和服务，帮助用工企业提升人力资源管理水平，优化用人结构，提高员工素质和效率，提高企业青年员工的稳定性。

建立“企业—人才”精准对接的“人才池”。建立各行业、各层次的人才市场数据库和人才服务平台，实现企业和青年员工的精准匹配、信息共享和沟通互动。通过就业服务进校园、全国巡回人才招引、搭建创业孵化示范基地等措施，增加企业和青年员工的交流和沟通机会，提高人才招引的效率和质量。

助力企业开展青年员工职业培训。支持企业建立健全的青年员工培训体系，提供必要的资金、场地和师资等资源，帮助企业提升青年员工的专业技能和综合素质。推动企业与高校、职业院校、科研机构等合作，开展产学研一体化的人才培养模式，培育适应市场需求的高层次人才。

第八章

铁路 PPP 板块：浙江省铁路投资建设运营的路径探索

浙江省铁路运营现状、问题与对策*

靳丽芳　祝诗蓓　徐斌

相较于高速公路、城市轨道等区域路网交通基础设施项目的“建—管—运”成熟模式，分层管理后的合资铁路普遍面临经营亏损问题。鉴于铁路基础设施的特殊属性，合资铁路公司经营现金流缺口呈现逐年扩大趋势，甚至直接影响到合资铁路公司的运转。《浙江省人民政府关于深化铁路、高速公路投融资改革的若干意见》（浙政发〔2020〕33号）将全省铁路和高速公路投融资改革的重心锁定在“可持续发展”上，并将“盘活存量和创造增量”作为主要工作原则之一，希冀为持续亏损的地方铁路项目提供可持续发展新思路。

一、浙江省存量铁路总体情况

（一）区域铁路公司概况

2021年12月，经国铁集团和浙江省协商，双方对各自持有的省内存量铁路资产进行股权置换，路方以持有的浙江金温铁道开发有限公司、金台铁路有限责任公司、九景衢铁路浙江有限公司股权对金丽温铁路有限责任公司进行增资。2022年2月，金丽温铁路有限责任公司更名为“浙江省铁路发展控股集团有限责任公司”（以下简称浙铁集团），作为“一省一公司”改革的重组整合平台。整合重组后，公司注册资本由89.85亿元增加到445.56亿元，浙江省交通集团、铁路上海局和铁路发展基金公司分别持股64.80%、27.82%和7.38%。

浙铁集团由浙江省交通集团代管，承担铁路资产管理板块的具体职责，负责

---

*　本文刊于《发展规划研究》2023年第10期。

金温铁路、金台铁路、湖杭铁路、九景衢铁路浙江段、衢宁铁路浙江段、金建铁路、金丽温铁路，以及后续整合并入的杭黄铁路浙江段等路地合资（浙江省方控股）铁路的资产经营与管理。

（二）存量铁路线路经营情况

1. 存量铁路建设运营模式

按照省方的控股参股程度不同，可将浙江省存量铁路线路大致分为省合资铁路、省独资铁路和 PPP 模式铁路。其中，省合资铁路共有 8 条线路，绝大多数已进入运营期；省独资建设铁路项目共有 4 条线路，除已运营的乐清湾铁路外，其余线路尚处于建设期（见表 8-1）；铁路 PPP 项目是浙江省的一项重大创新实践，开创了社会资本参与铁路客运（高铁）线路的投融资、建设和运营的先河。

表 8-1 浙江省存量铁路线路分类（截至 2022 年底）

序号	分类	具体线路	所处阶段
1	省合资铁路	金温货线	1998 年 6 月投入运营
2		金丽温铁路	2015 年 12 月投入运营
3		九景衢铁路浙江段	2017 年 12 月投入运营
4		杭黄铁路浙江段	2018 年 12 月投入运营
5		衢宁铁路浙江段	2020 年 9 月投入运营
6		金台铁路	2021 年 6 月投入运营
7		湖杭铁路	2022 年 8 月投入运营
8		金建铁路	预计 2024 年 7 月建成
9	省独资铁路	乐清湾铁路	2020 年 8 月投入运营
10		金甬铁路	预计 2023 年 10 月建成
11		杭温铁路杭州至义乌段	预计 2024 年 6 月建成
12		衢丽铁路松阳至丽水段	预计 2025 年 1 月建成
13	铁路 PPP 项目	杭台高铁	2022 年 1 月投入运营
14		杭温铁路义乌至温州段	预计 2024 年 6 月建成
15		杭衢铁路建德至衢州段	预计 2024 年 6 月建成
16		甬舟铁路	预计 2028 年 11 月建成

资料来源：作者自制。

浙江省存量铁路线路，特别是客运为主的线路，均按照国铁集团和铁路上海局的要求，在建设期采用“委托代建或 EPC”方式，运营期采用“委托运输管理”方式实施。值得一提的是，浙江省拥有我国第一条合资铁路——金温货线，和全国唯一由省方控股、客货兼顾且自管自营的合资铁路公司——浙江金温铁道开发有限公司。经过多年的经营管理经验积累，目前该公司“自管自营”金温铁路货运、金台铁路客货运和乐清湾铁路货运，总里程超 500 公里，每日图定开行长途普速旅客列车、城际列车、市郊列车和货物列车。除此之外，浙江省其余存量铁路线路的列车开行、运营等均由国铁集团和铁路上海局统一管理。

2. 存量铁路建设运营经济效益

对部分存量铁路线路运营的经营收入和成本数据进行分析后可见，在现有铁路行业管理模式现状下，各线路均处于“入不敷出”境地，且缺口还在逐步拉大。浙江省方控股和独资的 6 条铁路线路（金丽温铁路、金温货线、九景衢铁路、衢宁铁路、杭黄铁路、乐清湾铁路）以及 2021 年以来新开通的金台铁路、湖杭铁路，均存在较大的现金流缺口。从财务数据分析来看，各线路的主要收入来源是委托运营单位的线路清算收入和少量的商业经营收入；成本支出主要包括线路的项目融资还本付息、委托运输管理费、其他经营性成本等。

二、铁路经营存在的主要问题

不论是从铁路项目本身，还是从铁路行业管理体制以及铁路建筑行业客观情况来看，铁路线路的自身经营属性都很弱，铁路运营的主要问题是持续亏损，其原因有三。

（一）铁路项目本身的可行性预测不足

一是线路内部收益率低于行业基准。对照部分铁路项目的可行性研究报告数据，基于一定客流基础预测得出的财务内部收益率，通常无法达到行业基准 3% 的要求。铁路项目通过可行性论证后，一般均需采用土地综合开发、财政补贴等方式进行弥补。比如，金台铁路和金建铁路的可行性研究报告中，在不考虑财务弥补的情况下，初始内部收益率远低于基准水平。由于种种原因，财务弥补难以与项目建设运营同步推进、同步完成，因此，项目一经建成运营，便出现了经营亏损。

二是线路客货流实际值低于预测值。在铁路项目研究立项阶段，部分项目在可行性研究报告中，已作为流量预测在内的工业货源、人流货源，由于种种原因未能实现，使得线路的客货流预测值远高于实际值。比如，衢宁铁路的货流预测中考虑了宁德漳湾港铁路专用线的运输量，但衢宁铁路已开通近 3 年，铁路专用线却还未开工；九景衢铁路的客流预测中考虑了江西境内的鄱阳湖生态经济区发展，但因经济区开发建设不及预期，未形成有效客流；金台铁路的货流预测中考虑了头门港区石化项目的运输需求，但因投资方原因导致项目未能落地；等等。

三是线路设计通行能力高于实际。一方面，在国铁集团统一规划、集中调度等“全国一盘棋”统筹下，浙江省部分存量铁路线路的关键配套项目未能与主线项目“同步立项、同步实施、同步投产”，也影响了主线通行能力的充分发挥。比如，金台铁路头门港铁路二期工程、金温货线金华南至武义东段电气化改造工程等工程实施缓慢，铁路通行能力未得到充分发挥。另一方面，浙江省部分存量铁路线路与新开通项目之间存在“同通道客流竞争”现象，导致同通道线路都“吃不饱”。比如，在 2015 年已通车的金丽温铁路通道上，还有金温货线、杭台高铁、杭温铁路 3 条同向线路，势必对南北向通道的相对固定的客流造成分流。

（二）铁路行业管理的经营性属性不足

一是铁路运输收入来源固定。由于存量铁路项目绝大多数采用委托运输管理的方式，铁路收入清算机制为国铁集团和受托运输路局统一掌握，地方缺少议价的话语权。从铁路客货运输收费标准来看，出于铁路的公共品属性定义，铁路客票单价已十余年未上涨；委托运输管理模式下，线路项目公司与被委托运营路方结算的线路使用费、接触网使用费收费标准也多年未上涨。总体上，在地方人口规模和经济发展程度等相对平稳、收费标准不调整的情况下，铁路运输的客货运收入水平短期内不会有太大波动。

二是铁路运营成本持续攀升。从铁路运营成本构成看，铁路线路的委托运输管理费、还本付息以及折旧等刚性成本占比达到 85%~90%。铁路运营成本的持续攀升，主要体现在委托运输管理费的人工成本，这部分成本占委托运输管理费的 65%~80%。在金丽温铁路、九景衢铁路、杭黄铁路的实践中，委托运输管理费均出现了持续增加。

三是非干线铁路普遍“收入不能覆盖支出”。从现有国家路网线路运营情况来看，承担国家路网主骨架、客货流密度高的线路，比如京沪高铁（盈利 48.16 亿元）、沪杭高铁（盈利 10.14 亿元），能够实现盈利；其他区域连接线、城际铁路等属于非干线通道铁路，线路自身的客货流密度相对较低，运输收入均不足以覆盖成本。

（三）铁路建造成本大幅攀升

对比功能和技术标准相近的金丽温铁路（2015 年建成）、杭黄铁路（2018 年建成）、金建铁路（2024 年建成）的政策处理费用、综合工费、材料价格等关键指标，前述 3 个项目的单公里工程造价分别约为 0.92 亿元、1.3 亿元和 1.85 亿元，已翻倍上涨。与此同时，铁路建设项目的资本金比例一般为 40%~50%，单个铁路项目的融资规模也越来越大，导致项目进入运营期即面临巨大的还本付息压力。

三、对策建议

铁路项目的运营亏损，既有项目自身的“先天不足”因素，也受到国家铁路行业固有体制的深刻影响。铁路作为战略性、关键性基础设施，需要在继续深耕、为公众提供优质公共产品的同时，考虑提高铁路运营效益，尽量缩小亏损面。建议从提高线路运营效率、加快配套体系支撑、发挥铁路产业链综合效益三方面入手。

（一）提高线路运营效率

提高铁路运输收入。根据每条铁路线路技术条件，结合沿线地区客货流交通起止点调查（OD）情况，深入研究优化运行图，提高线路使用效率。一是对于自主运营线路、客运线路要进一步研判客流需求，精准投放运能，提高担当列车上座率，减少付费等成本支出；货运线路要加大以货补客力度，保持港铁联运增长。二是对于委托运输管理线路要进一步深化对沿线客流调研，加强与路方的沟通对接，积极争取“多开车、开好车”。在确保开行列车客座利用率的同时，努力保障列车按图开行，提升运行图兑现能力，加大清算核算力度。

挖潜压降经营成本。从委托运输管理费、财务费用两大渠道寻找挖潜压降空间。一是降低委托运输管理人工成本。协调委托运输管理单位适当下调人工费计取基数，积极沟通路局，在保证运营安全的前提下，降低运营期更新改造费用。二是降低财务费用。在前期工作基础上，推进出台存量铁路运营补亏政策，争取政策性金融机构对部分运营线路实施融资再安排。

（二）加强配套体系支撑

加强铁路配套项目建设支撑。全力打通路网卡点、瓶颈点。比如，畅通台州、温州、金华铁路货运网络通道，加快实施头门港支线二期、金温货线金华南至武义东段电气化、金华铁路枢纽扩能改造提升工程；打通台州往杭州、上海方向的客运通道，加快实施沪乍杭铁路等项目。

创造存量资源盘活条件支持。梳理铁路沿线存量土地、存量物业等资产情况，通过资产证券化、重组、转让等方式盘活存量资产，利用铁路运输优势，加大矿产资源、物流园区等的开发力度，积极创造条件，通过铁路运输提高项目线路收益水平。

加强组织管理体系支撑。优化存量线路管理机构设置，加快实施运营公司经营机制改革，积极推动运营公司采取多种方式，节约行政成本、采购成本、流程成本等，强化运营成本支出管理。

（三）发挥铁路产业链综合效益

提高多种经营开发收入。一是用好线内资源。加强对红线范围内的房屋、土地资源以及自主运营线路列车冠名、车站商铺等权属资源开发利用。二是创新收益共享机制。积极与路方协商沿线车站商业开发收益共享机制，组建商业开发公司，提高在车站的商业开发收益分成。

提升主业产业协同效益。一是结合线路基础设施、移动设备的运营维保和更新改造实际，加强与浙江省内设计、施工、能源、物贸等关联企业之间的协同，提高产业协同效益。二是依据各项目与沿线地方政府签订的土地综合开发协议，继续推动研究解决土地指标问题，通过土地、矿产等资源合作开发增加收入，弥补部分亏损。

提升浙江省地方铁路投融资效益的若干建议*

范高龄　祝诗蓓　汪东

近年来，浙江省铁路建设取得显著成效，目前铁路运营里程已达3800公里，53个县（市）中已有42个通达铁路或有铁路项目在建，基本构建形成杭州至长三角和省内主要城市1~2小时高铁交通圈。“十四五”期间是浙江省铁路建设高潮期，存在铁路建设资金需求大、运营补亏压力大、融资渠道较为单一等挑战，如何提升地方铁路投融资效益成为关键因素。本文聚焦铁路投融资全生命周期关键环节，借鉴省内外成功经验，针对性提出建议。

一、浙江省地方铁路投融资面临的三大挑战

“十四五”期间，浙江省地方铁路投融资主要面临三个方面挑战：一是投资资金需求大。浙江提出铁路建设“345”行动计划：建设铁路3000公里，完成投资4000亿元，运营里程达到5000公里。与此同时，桥隧比提高、材料和人工价格不断上涨等因素叠加，导致铁路单位造价不断攀升，如通苏嘉甬铁路、甬舟铁路单位造价每公里分别达到3.74亿元和3.53亿元，是2022年建成通车的杭台高铁的2倍以上。二是运营补亏缺口大。据有关部门初步测算，“十四五”期间，地方铁路营业利润亏损总额预计将达到340亿元，现金流缺口将超过300亿元。三是资金筹措渠道仍需拓展。目前浙江省铁路投资仍以政府投资为主导，以财政预算资金、专项债、政策性开发性金融工具作为资本金出资，同时也积极引入社会资本投资。由于行业特殊性，社会资本尤其是民营资本投资铁路仍有壁垒，投

* 本文刊于《发展规划研究》2023年第10期，公开发表于《浙江经济》2023年第6期。

资回收期长、风险较大等现实问题在一定程度上影响了社会资本投资积极性。

二、若干建议

针对浙江省地方铁路投融资面临的三大挑战，建议聚焦投融资的“投”“融”“建”“管”“退”全生命周期，创新铁路投融资模式，提升地方铁路全生命周期综合效益，推动浙江地方铁路可持续发展。

（一）“投”：精准施策，提升投资决策科学性

项目投资决策阶段，需要综合考虑项目经济和社会效益，深化项目可行性研究和投资决策，同步统筹做好资金平衡方案。一是针对预期经营效益较好、现金流较为充沛的项目，可考虑引入有实力的社会资本参与。例如，杭台高铁引入由浙江复星商业发展有限公司牵头组成的社会资本联合体，充分发挥民营企业优势，成为国内首条民营控股高铁；珠三角广花城际铁路通过“股权投资 + 施工总承包”模式引入中国平安建设集团、中国铁建、广州建筑等社会资本，并取得良好成效。二是针对预期效益一般但有战略意义的项目，可探索采用“项目 + 资源”模式推进。通过捆绑打包沿线土地、矿产、旅游等资源与铁路项目，提升项目财务可行性和运营效益，做好全生命周期资金平衡顶层设计。例如，衢丽铁路二期项目利用沿线矿产资源反哺铁路投资建设，通过签署框架协议落实责任；广东针对地方铁路、城际铁路、铁路站场及毗邻区域土地综合开发，提供土地要素保障等支持政策。三是针对资金难以平衡、战略性意义不突出的项目，需谨慎实施，待有可行的投资建设模式后再行考虑。

（二）“融”：借鉴经验，拓宽多元化融资渠道

项目融资阶段，应进一步畅通融资渠道，用足用好政策，结合粤、皖、苏、鲁等地实践经验，建议做好三个方面工作。

一是整合优化现有基金，研究设立省级铁路投资基金。粤、皖、鲁等地均已设立省级铁路发展基金，其中广东注册资本 400 亿元、安徽 300 亿元、山东 206 亿元（见表 8–2），重点用于省本级铁路建设资本金出资。目前，已成立浙江交

投太平交通基础设施股权投资基金（有限合伙），基金规模 1000 亿元，但由于基金收益水平偏低，筹资吸引力不足，总体运行不理想。建议在现有基金基础上，利用低利率融资窗口期，制定整合提升方案，研究设立省级铁路发展基金，重点用于地方铁路投资运营，同步带动高端装备等涉铁产业发展。

表 8–2 粤、皖、鲁设立铁路发展基金情况

省份	注册资本（亿元）	主要股东	主要用途
广东	400	广东省基础设施投资铁路引导基金合伙企业（40.0%）、广东省铁路建设投资集团有限公司（25.0%）、建信资本管理有限责任公司（22.5%）、中粮信托有限责任公司（12.5%）	不低于 80% 用于广东省铁路省级资本金出资，其余可用于土地综合开发等市场化经营项目
安徽	300	安徽省投资集团控股有限公司（46.67%）、安徽省铁路投资有限责任公司（42.37%）、安徽省地质勘查基金管理中心（6.67%）、国开发展基金有限公司（4.30%）	不低于 400 亿元用于省本级铁路建设资本金及征拆资金，其余 200 亿元用于土地综合开发和资本运作
山东	206	山东铁路投资控股集团有限公司（48.49%）、山东省财金发展有限公司（19.40%）、山东发展投资控股集团有限公司（14.55%）、山东省土地发展集团有限公司（14.55%）、华鲁控股集团有限公司（3.02%）	山东省高速铁路等项目建设

注：表中百分数为四舍五入后的结果。
资料来源：作者自制。

二是提前谋划、做好储备，用足用好地方专项债、政策性开发性金融工具。专项债方面，截至 2022 年底，全国铁路项目累计使用专项债作为资本金达 5646 亿元，其中广东累计使用达 854 亿元；浙江累计使用达 446 亿元，与江苏、山东同在 400 亿 ~500 亿元（见表 8–3）。2022 年，浙江共争取专项债 3128 亿元，其中铁路项目 139 亿元，占比约为 4.4%，相比于广东 5.5% 仍有差距。政策性开发性金融工具方面，2022 年浙江获批 655 亿元，占全国 8.8%，居全国第 2 位，其中铁路项目获批 261 亿元。鉴于政策性开发性金融工具有存续期限长、利率低等特点，与铁路项目需求较为契合，建议加强项目前期谋划和储备，争取更多资金支持，进一步加强资金使用全过程监控，同步做好用地、环评等开工要素保障，尽快形成实物工作量。

三是规范引入社会资本，加强 PPP、“股权投资 + 施工总承包”等模式推广。

表 8-3　2019—2022 年粤、皖、苏、鲁、浙铁路项目专项债使用情况　单位：亿元

省份	2019年	2020年	2021年	2022年	2019—2022年累计	重点使用项目
广东	7	368	234	245	854	广州至湛江铁路（省本级 187）、汕头至汕尾铁路（省本级 89）
安徽	15	109	108	152	384	合安九（安庆段）征拆及站房配套（安庆市 30）、新建合肥至新沂铁路安徽段项目（省本级 28）
江苏	46	188	70	176	480	新建上海经苏州至湖州铁路（苏州市 44）、南通港洋口港区至吕四港区铁路联络线（南通市 30）
山东	0	147	116	210	473	潍坊至烟台铁路（省本级 55）、烟台市莱西至荣成铁路（24）
浙江	0	166	141	139	446	新建湖州至杭州西至杭黄高铁连接线（省本级 82），温州市域 S2 线（省本级 33、温州市 14）
全国	165	2192	1443	1845	5645	—

资料来源：作者自制。

浙江省铁路 PPP 项目实施已有先行实践，首条民营控股高铁杭台高铁于 2022 年 1 月正式开通运营，杭温铁路一期、甬舟铁路等铁路 PPP 项目也在稳步推进。从兄弟省份看，山东济青高铁项目采用“股权投资 + 施工总承包”模式，中国建筑集团投资 10% 股权，同时获取总承包工程约 150 亿元；广东计划推出广花城际、芳白城际等 3 条线路开展该模式试点。鉴于社会资本参与投资建设运营铁路仍有诸多壁垒，建议完善省方与路方高层级沟通协调机制，加强代建、接轨、运营排图等关键问题协调，充分争取地方、社会资本合理利益诉求。同时，加强实施机构力量建设和机制保障，更好监管服务铁路 PPP 项目全生命周期实施。

（三）“建”：严控投资，优化造价管控机制

建设环节，投资造价控制尤为重要，需稳定重大技术方案，建立行之有效的奖惩机制，并加强过程管控，做好建设期全过程造价控制，建议重点从两个方面入手。

一是制定重大技术方案，严格落实规划设计和建设标准。前期工作需做深、做细，做好重大方案设计，加强规划引领及其刚性约束。特别是站房规模，需结合当地特色、人口、客流情况，把握好“适度超前”原则，但不能随意提高建设标准，给建设投资及后期运维带来较大压力。按照路方惯例，省内铁路除 200 公里 / 小时以下少数铁路项目（如金台铁路）可采用省方自建模式

外，其余以委托国铁集团代建为主。建设过程中要充分发挥代建单位在项目管理、工程技术、投资控制等方面的优势，通过稳定重大方案、持续优化设计、严格变更管理等多渠道控制超概算风险。

二是建立工程造价控制奖惩机制。针对投资节省项目，建议在节省费用中提取一定比例奖励给优化方案提出单位，提高各参与方积极性；针对超概严重项目，要认真分析原因，有失职行为的应给予通报和追责处理。例如，甬舟铁路在代建协议中明确“乙方按时完成代建任务，且工程质量优良、项目投资控制在批准概算总投资范围内（不包含征地拆迁、物价上涨、政策性因素等非受托人责任增加的费用）时，甲方按照代建管理费的10%另行向乙方一次性支付奖励资金”。

（四）“管”：多元经营，提升综合运营效益

运营环节，如何加强运营管理创新、多渠道提升运营效益是浙江省地方铁路可持续发展的重要命题，建议重点关注三个方面。

一是整合资源推进全省地方铁路自主运营，促进运营降本增效。充分发挥浙江省轨道交通运营管理集团有限公司平台作用，加强省方对地方的统筹协调，在资源整合、标准统一、资产管理、自主运营、自主定价、清算机制、接轨补偿等方面加强研究，制定制度标准，争取更多自主权。同时，积极实施降本增效措施，如浙江省内部分铁路实施照明系统智慧化改造，降低全线运营能耗，取得较好成效，建议借鉴推广。

二是多维度实施引流增源举措。利用各类平台、渠道加强品牌宣传，结合沿线特色（文旅、特产等），开展“客票＋”活动，同时地方要做好车站周边交通衔接、市政配套，并积极与路局协商，争取多开利于市民出行的时间段车次，为吸引客流创造条件。例如，浙江省内杭台高铁发挥民营控股优势，运营期间大胆开展创新实践，依托抖音、视频号等新媒体平台，推动高铁与旅游融合，串联沿线景区资源，开展“客票＋旅游”等系列活动，打造“诗路高铁”品牌。

三是推进多元化经营开发。充分利用车站内部空间、屋顶、沿线边坡、桥下空间、闲置房屋等，在满足铁路安全运营的前提下，提升空间综合利用率。例如，浙江省内杭台高铁与国家电网浙江省电力有限公司合作打造源网荷储一体化项目，利用沿线车站屋顶，建设分布式光储，集成光伏发电、电能储存等多种能

源供应方案，构建“铁路 + 新能源”融合发展模式；广东则通过土地综合开发反哺铁路建设，土地开发净收益超 200 亿元，其中 120 亿元用于铁路项目资本金出资，在一定程度上减轻了财政压力。

（五）“退”：试点突破，探索多元退出机制

退出环节，需要依托国内多层次资本市场，借助多种金融工具实现资产证券化，在确保项目稳定运营前提下，进一步畅通多元退出路径，让社会资本“进得来、出得去”。

一是市场公开挂牌进行股权转让。例如，2019 年山东省济青高铁通过公开挂牌方式转让股权，引入战略投资 23.86 亿元。建议浙江省可选择合适项目积极开展市场调查，吸引有实力的投资方，进行股权转让合作，推动盘活存量资产用于其他项目投资。

二是探索开展铁路项目不动产投资信托基金（REITs）试点。从国内看，2020 年 9 月，国铁集团宣布在沪汉蓉铁路湖北段、粤海铁路轮渡和广珠城际铁路开展铁路基础设施 REITs 试点。建议借鉴浙江省内已发行公募 REITs 的沪杭甬杭徽高速公路项目做法，结合铁路行业特点，开展前期研究，适时开展试点，形成存量资产与新增投资良性循环。

三是做好优质铁路资产首次公开募股（IPO）前期储备。目前，铁路运输行业有大秦铁路、广深铁路、京沪高铁等上市企业（见表 8–4），浙江省内优质铁路资产可提前做好谋划准备。

表 8–4　铁路运输相关上市企业概况

时间	企业名称	主营业务	净资产（亿元）	控股股东	交易场所
2006 年 8 月	大秦铁路股份有限公司	货运	1242	中国铁路太原局集团有限公司	上交所
2006 年 12 月	广深铁路股份有限公司	路网服务 + 客运	282	中国铁路广州局集团有限公司	上交所
2020 年 1 月	京沪高速铁路股份有限公司	路网服务 + 客运	1836	中国铁路投资集团有限公司	上交所
2021 年 9 月	中铁特货物流股份有限公司	物流	158	中国铁路投资集团有限公司	深交所

资料来源：作者自制。

广东土地综合开发反哺铁路建设运营的经验做法及对浙江的借鉴与启示*

徐弘　祝诗蓓　靳丽芳

当前及今后一段时间，浙江铁路建设面临投资任务重、运营压力大等困难。广东在铁路沿线土地开发反哺铁路建设运营方面走在全国前列。对广东土地综合开发反哺铁路建设运营的成效、做法和经验进行梳理总结，分析浙江铁路沿线土地综合开发存在的困难和问题，在借鉴广东经验的基础上提出对浙江的启示与可操作性路径建议。

一、引言

交通运输部《2022 年交通运输行业发展统计公报》显示，2022 年全国铁路路网规模进一步扩大，全国铁路固定资产投资完成 7109 亿元，投产新线 4100 公里，其中高速铁路 2082 公里。全国铁路营业里程达到 15.5 万公里，其中高速铁路达到 4.2 万公里。“十四五”期间，浙江铁路计划完成投资 3000 亿元，铁路项目投资建设任务较重，运营补亏压力较大，亟须走出一条用铁路沿线土地综合开发收益反哺铁路建设运营的道路，以实现铁路建设事业健康可持续发展。

* 本文刊于《发展规划研究》2023 年第 10 期，公开发表于《中国工程咨询》2024 年第 8 期。

二、广东土地综合开发反哺铁路建设运营的经验做法

（一）总体情况

“十二五”期间，广东广珠、广肇、穗莞深、佛莞等 10 条珠三角城际铁路项目涉及沿线土地综合开发。为加快推进珠三角城际铁路 TOD 综合开发工作，广东省政府在国内率先出台了《关于完善珠三角城际轨道交通沿线土地综合开发机制的意见》，明确了珠三角城际铁路土地综合开发的总体方向和实施要点，包括开发主体、开发规模、补亏责任、收益管理等事项，构建了省市利益共享、责任共担、合作共赢的机制。2018 年广东出台《广东省人民政府办公厅印发关于支持铁路建设推进土地综合开发若干政策措施的通知》（粤府办〔2018〕36 号，以下简称“36 号文”），明确建立“铁路项目 + 土地开发”综合回报模式。自“36 号文”印发以来，已完成广湛、梅龙、揭惠、深茂铁路深江段、珠肇高铁江门至珠三角枢纽机场段、珠肇高铁高明至肇庆东段、珠肇高铁珠海至江门段、深南高铁珠三角机场至省界段和罗岑铁路等 9 个项目共 25 个土地综合开发协议的签署。

（二）主要成效

珠三角城际铁路 34 个 TOD 项目累计归集省级运营保障金约 220 亿元，除珠海北 TOD 项目和惠州客运北 TOD 项目外，其余项目均采用地方政府主导固定收益模式，已基本完成。“十三五”以来的新建铁路项目均按照“36 号文”精神，在可行性研究报告批复前与各沿线市签署综合开发协议，9 个项目约定开发用地规模合计超 2 万亩。

（三）具体做法及经验

出台专项支持政策。广东出台“36 号文”，在《国务院办公厅关于支持铁路建设实施土地综合开发的意见》基础上，结合广东探索经验，明确建立“铁路项目 + 土地开发”综合回报模式，以纳入土地综合开发收益后铁路项目财务内部收益率原则上不应低于 3%，确定项目可持续经营责任。土地出让收入扣除土地收储等必要的成本和国家、省规定的刚性计提后，其余可用于铁路项目

建设和运营。

明确具体操作路径。在铁路项目可研阶段，广东铁投集团通过站点周边土地摸查确定土地综合开发用地，省与铁路沿线市签署土地综合开发协议予以明确。土地出让收入由地方政府按照收支两条线的要求纳入地方政府基金预算管理。若沿线市境内综合开发用地土地出让净收益超过其承担的可持续经营责任，则超出部分归地方政府所有；若土地出让收入无法满足可持续经营责任，则由地方政府另行安排现金或物业予以补足。

争取国家特殊政策支持。广东争取到自然资源部 6 万亩新增建设用地指标，专项用于铁路沿线土地综合开发，并配套出台保障金管理、规划指引等支持性政策，一方面为土地综合开发提供坚实保障，另一方面也调动了地方积极性。主要做法如下。

一是因地制宜、分类实施。专项下达的 6 万亩规模涉及珠三角九市和清远市。按照“一地一策”原则，广州、深圳两市采用“独立开发、自担补亏”模式，广东省内追加给予新增建设用地指标。其余 8 个沿线市采取“省市合作开发、共担补亏”模式。广东铁投集团陆续与 8 个沿线市签署了红线外合作开发协议和工作方案，并分别成立 8 个省方主导的 TOD 合资公司，负责各市 TOD 开发。

二是探索实践两类开发模式。一类是省、市合资公司主导一级开发、共享收益模式，即省、市合资公司与地方政府合作实施一级开发，省、市合资公司负责筹集开发资金，开发用地直接向市场公开出让，省、市共享开发收益，如珠海北、惠州客运北项目；另一类是地方政府主导一级开发、固定收益模式，即地方政府投入相应资金主导土地综合开发并扣除成本及相关费用取得的收益，按协议上缴省级固定收益，除了珠海北、惠州客运北 TOD 项目，其余 32 个 TOD 项目均采用该模式。

三、当前浙江推进铁路土地综合开发存在的困难和问题

（一）用地指标紧缺亟待破题

新增建设用地指标普遍紧缺，全省 2022 年对各地市追加预支用地指标共

7590 亩，平均每个市不足 700 亩。根据杭衢铁路综合开发试点实施方案，仅衢州西站及江山站 2022 年计划出让 2 处地块就需要 356 亩，因土地指标一直未落实，杭衢铁路试点开发地块未能按计划出让。目前，尚未针对铁路综合开发项目新增建设用地指标进行专项管理，有待进一步强化省级层面整体统筹。同时，除杭衢铁路试点项目外，其他铁路综合开发项目暂无获取用地指标支持的有效途径，土地指标成为推进综合开发的主要卡点难点问题。

（二）省级支持政策亟待完善

广东、山东、江苏等省份均已出台支持铁路沿线土地综合开发的实施意见，重点在规划统筹、土地供应、收益分配、运营补亏等方面进行政策引导和细化落实，为推动地方铁路土地综合开发提供了有力支撑。例如，广东明确项目可行性研究阶段同步编制站场土地综合开发规划，土地出让收入扣除成本及刚性计提后根据开发协议拨付资金至项目公司；山东要求土地出让后 3 个月内以安排专项补助资金的形式将资金拨付至合资开发公司，土地开发可以采取一次供地或分期供应方式，分期供地最长不超过 5 年；江苏明确由铁路项目主要投资主体会同其他投资主体与沿线政府组建开发主体；贵州提出每年优先安排不少于 200 公顷土地综合开发利用计划指标。目前浙江尚未出台专项政策，铁路沿线土地综合开发工作推进缓慢。

（三）多方参与机制亟待明确

省级出资代表本应该以土地开发主体的身份进行投资开发并获取收益，同时掌握铁路沿线土地一级开发的话语权。但目前不少地区铁路站场周边的土地一级开发由地方政府出资代表负责，省级出资代表的开发主体作用未能得到充分发挥，未能统筹使用土地开发收益用于反哺铁路建设运营。推进铁路沿线土地综合开发，地方政府的支持力度也是重要因素之一。目前部分地方政府较为支持，积极谋划开发方案，期望获取政策支持和土地指标来实现铁路土地综合开发；部分地方政府则在观望成效，没有实质性推动。大多数铁路项目公司有参与土地综合开发的意愿，但土地规划、开发话语权缺失，无法与各级政府形成合力共同开发。

四、借鉴与启示

针对浙江铁路沿线土地综合开发当前面临的困难，可尝试从以下路径着手，争取获得实质性突破。

（一）全力争取国家专项土地指标

借鉴广东经验，全力争取自然资源部预支土地指标或年度跨省统筹调剂指标支持，专项用于推动铁路沿线综合开发。针对杭衢试点项目，建议继续积极对接自然资源部，进一步明确实施方案调整相关要求，争取尽快完成备案审查。待杭衢试点项目操作落地后及时总结经验，形成可复制的模式并全省推广。

（二）制定出台省级专项政策意见

参考广东、江苏、山东等省份做法，建议出台浙江关于支持铁路建设推进沿线土地综合开发的若干政策意见。由省级国土部门出台管理办法，对铁路土地综合开发用地进行专项管理，明确年度专项用地规模、使用计划安排、申报使用流程，由地方政府按需申请，付费使用，可以研究争取在浙江预留用地规模中单独设置铁路综合开发用地规模。沿线地方政府要编制铁路土地综合开发规划和年度土地指标使用计划，报省级有关部门备案后组织实施。

（三）多方参与利益共享

为调动各方积极性实现合作共赢，可由省级政府出资代表、地方政府出资代表、铁路项目公司按比例组建项目开发公司，省、市股比合计可以占主导地位。在此基础上，签订铁路沿线土地综合开发协议，明确开发范围、时序及任务。省级出资代表主要负责协调省级相关部门，以及向上争取政策、土地指标、资金等资源支持。地方出资代表主要负责土地开发具体事项，以及托底解决综合开发用地指标，为充分调动其积极性，项目开发合资公司以地方人员为主，将土地综合开发项目按最优投资进行规划建设。铁路项目公司主要负责利用概算中的土地综合开发费最大限度地筹集资金，并沟通铁路方相关部门，协调涉及铁路方的规划、审批等事项。

（四）加强铁路用地复合开发

可考虑对铁路站场红线内土地进行高强度复合开发。参考杭州西站及杭州西动车运用所做法，对铁路红线内用地分层确权，从根本上规避土地指标难解决的问题。该路径需要从项目前期就开始谋划，初步设计阶段就考虑上盖开发需求，需要铁路项目公司深度参与，且公司可以与开发商合作，通过带条件出让的“招拍挂”方式取得铁路联建地块，实现一、二级联动开发，提高综合开发整体效益。为提高社会资本投资建设铁路积极性，可考虑在杭温铁路、杭绍台铁路等 PPP 项目开展试点，项目公司优先获得联建土地开发权，做大蛋糕。

深化民营资本投资铁路改革创新，提升杭台高铁运营效益的思考与建议*

浙江省发展规划研究院课题组①

全国首条民营控股高铁——杭台高铁（杭绍台铁路）自 2022 年 1 月 8 日正式开通运营以来，截至 2023 年 6 月底，已累计开行列车近 2 万列，运送旅客超千万人次，实现稳定运营。在各方共同努力下，列车开行对数从开通初期的 5 对跨线列车，提高到 2023 年三季度的 28.5 对。但受疫情、客流培育等影响，对照 PPP 项目合同约定仍有差距。为进一步扩大首条民营控股高铁改革创新示范效应，加强运营期改革创新，提升整体运营效益，缓解政府补助压力，本文提出对策建议。

一、前期工作成效及创新亮点

杭台高铁是国家发展改革委首批 8 个社会资本投资铁路示范项目之一，是“两个毫不动摇”背景下民营资本投资建设铁路的标志性项目，在中国铁路改革发展史上具有里程碑意义，得到国家部委及社会各界高度关注，主要有五个方面的创新亮点。

（一）铁路投融资体制机制改革创新

杭台高铁是民营资本以 PPP 模式进入铁路领域的示范案例，构建民营资本

---

* 本文刊于《发展规划研究》2023 年第 10 期。

① 课题组成员为殷志军、祝诗蓓、徐弘、徐斌、靳丽芳、何雨佳。

控股，政府方、国铁集团参股的创新型股权架构，建立“使用者付费 + 可行性缺口补助”的动态回报机制及边界清晰的风险共担机制，大大减轻政府方一次性资金投入压力，在股权合作、收益回报、风险共担等方面创新机制设计，取得预期成效。

（二）铁路“PPP+EPC”建设管理模式创新

作为首批以设计、采购、施工一体化（EPC）模式建设的高铁项目，杭台高铁在管理架构、投资控制、资金保障、接轨国铁、竣工验收等方面持续创新，在破解民营资本投资建设铁路面临的问题上率先取得多个突破，破解了取消还贷电价之后外部电源建设问题、取土场按矿产处理问题、接轨国家铁路网补偿处理问题、国铁上海局“非控股非代建”项目竣工验收问题等，相关经验做法具有“先行先试”的重要示范作用和借鉴意义。

（三）民营资本参与铁路运营管理机制创新

发挥民营资本优势，通过新媒体渠道和线上线下宣传、“高铁 + 景区”联票、工会疗休养互动等多种方式，联动沿线政府组织客流。组建专业运营团队，主动对接国铁上海局，实现开行对数稳步提升，同步开展多元经济开发。实施机构创新可行性缺口补助管理和绩效考核模式，持续推动运营期改革创新。

（四）铁路全过程工程咨询管理创新

选定咨询服务类事业单位承担 PPP 项目实施机构，从 PPP 项目识别、准备、采购、执行和移交全生命周期考虑，提供跨投资决策执行、工程建设、项目运营三个阶段的智力技术支撑和服务保障，探索出 PPP 项目全生命周期咨询管理经验做法，出版首部铁路 PPP 领域著作。

（五）推进机制和组织模式创新实践

杭台高铁从 2015 年开始谋划，至 2021 年具备通车条件，历时 6 年。浙江省委、省政府领导亲自部署、亲自推动，省发展改革委牵头成立铁路专班，财政、自然资源、生态环境等省级部门，实施机构，项目公司及 EPC 工程总承包单位，设计单位，以及沿线地方政府齐心协力、克难攻坚、高效协同，确保项目如期建成。

二、项目运营及政府补助情况

（一）项目运营情况

从实际运营情况看，受新冠疫情等因素的影响，杭台高铁 2022 年实际共开行列车 5270 对，日均开行列车 14.72 对，其中单组 3437 对、重联 1833 对，重联占比约为 35%。2023 年以来，客流持续回升，开行对数持续增加，上半年共开行列车 4356.5 对，日均开行 24.1 对，重联占比为 45.1%，开行对数已接近上年全年总量。

（二）政府补助测算分析

根据 PPP 项目合同约定，2022—2027 年，杭台高铁可行性缺口补助主要包括固定补助和调整补助（主要包括总投资调整机制、列车开行对数调整机制等），政府方支出责任按省本级、绍兴、台州 4 ∶ 3 ∶ 3 比例分摊。

PPP 项目合同明确了线路基准对数以及对应的补助原则，课题组根据目前运营情况，结合未来几年路网变化趋势等进行综合测算，2022—2027 年政府补助总额预计分别达到 9.5 亿元、9.5 亿元、41.3 亿元、10.4 亿元、12.8 亿元、12.2 亿元。

三、提升运营效益、缓解补助压力的对策建议

（一）“建机制”：完善省、市、县三级运营责任共担机制

针对铁路运营期地方协同参与不够等问题，一是建议省级层面加强运营期统筹管理和协调指导，地方政府要落实 PPP 可行性缺口补助、客流培育组织、政府购买服务等职责，明确量化考核目标，制定切实可行的考核机制；二是针对铁路开行对数调整补助机制对项目公司主动作为的激励不足，进一步研究补助梯度扣减等激励机制；三是鉴于总投资调整补助一次性数额较大，各股东方和沿线地

方政府需提前做好储备和应对。

（二）“引客流”：多措并举抓好品牌化宣传和特色化运营

品牌宣传、活动策划、吸引客流是民营企业的优势所在。一是建议持续打响“诗路高铁”品牌，通过策划开展“万人游诗路”“诗路高铁专列”“党建联盟”等系列活动，建立杭州、台州、绍兴文旅合作联盟，开展工会疗休养合作，打造精品疗休养线路等多种形式引流，进一步加强客流培育。二是加大短视频、网红直播等新媒体宣传渠道开发力度，提升流量、热度和品牌影响力。三是创新对站点的地方特色文旅元素植入，打造“一站一品”，营造沉浸式体验场景，提升商业氛围和服务体验。

（三）“多开车”：争取路局支持增开列车、减少政府补助

研究表明，争取开行对数增长是政府方减少运营补助的主要手段。经测算，日均每多开行 1 对列车，可减少调整补助约 2000 万元。为此，一是建议项目公司加强客流流向流量、客群画像等精细化预测分析，主动与上海、武汉、南昌、广州等路局对接合作，积极通过谈判保障合理的最低开行对数，争取更多跨线车和始发车；二是借鉴广东、广西等地经验做法，地方政府争取路局支持，通过政府购买服务、补助客座率等形式增开列车，协商确定具体开行班次、补偿方式和补偿金额，提升开行对数；三是针对区间列车开行少等问题，借鉴杭州至宁波城际铁路开行模式，深化开行区域列车可行性研究，研究通过绍兴北中转实现班次高效衔接。

（四）“增收入”：加强多元开发，推动综合开发反哺运营模式落地

针对项目经营收入较为单一、铁路沿线土地综合开发参与难等问题，一是建议深化开展土地等存量资产、站房商业、停车场和桥下空间等统筹开发利用，与国铁上海局深化合作推进台州站商业开发试点；二是积极争取国家发展改革委、自然资源部支持，争取将杭台高铁作为铁路沿线土地综合开发试点，给予预支土地指标支持，项目公司参与开发、共享收益，弥补部分运营期可行性缺口。

铁路领域开展基础设施 REITs 的研究与建议*

范高龄　祝诗蓓　靳丽芳　徐斌

随着铁路建设的快速发展，铁路行业投融资改革迫在眉睫，推动优质铁路资产资本化、股权化、证券化是重要举措。铁路领域开展 REITs 试点是铁路资产证券化的一个重要方式，其意义在于：一是探索铁路资产证券化的新途径，推动铁路投融资改革，促进铁路事业可持续发展；二是为社会资本提供新的投资渠道，吸引更多的社会资本参与铁路建设，缓解铁路建设的资金压力；三是促进铁路资产的市场化运作，提高铁路资产的运营效率和经济效益。本文通过梳理相关政策要点，分析已发行 REITs 项目特点，开展铁路领域 REITs 研究，为铁路行业发行 REITs 提供技术支撑和决策建议。

一、基础设施 REITs 的政策要点

（一）政策依据

2021 年，《国家发展改革委关于进一步做好基础设施领域不动产投资信托基金（REITs）试点工作的通知》（发改投资〔2021〕958 号）（以下简称“958 号文”）发布，这是目前基础设施 REITs 政策文件中最全面、最重要的文件，是主要依据。该文件对基础设施 REITs 申报作了具体规定，在项目所处区域、行业、基本要求、申报材料、程序、审查、中介机构等方面作出了细化要求，是目前最全面、最重要的文件之一。2023 年，国家发展改革委发布《关于规范高效做好

---

* 本文刊于《发展规划研究》2023 年第 10 期，公开发表于《中国工程咨询》2024 年第 5 期。

基础设施领域不动产投资信托基金（REITs）项目申报推荐工作的通知》（发改投资〔2023〕236 号）（以下简称“236 号文”），该文件是补充创新，政策要点体现为 4 个“首次”：首次提出项目“前期培育”提法，首次将“消费基础设施”纳入支持范围，首次对项目分类的内部收益率水平进行区分，首次对回收资金使用结构进行细化约束。

（二）审核要求

根据国家发展改革委、证监会相关文件，特别是“958 号文”“236 号文”，以及咨询机构评估经验，公募 REITs 核心审核条件如下。

资产运营成熟。资产建设竣工运营 3 年以上，已有持续稳定的现金流，并具有较好的增长潜力和经营能力。申报发行基础设施 REITs 的特许经营权、经营收益权类项目，基金存续期内部收益率（IRR）原则上不低于 5%；非特许经营权、经营收益权类项目，预计未来 3 年每年净现金流分派率原则上不低于 3.8%。

合规性符合要求。资产产权清晰（特别是土地使用依法合规），已履行固定资产投资相关手续，通过竣工验收。原始权益人信用稳健，内部控制制度健全。

市场化运营。现金流来源具备合理分散度，主要由市场化运营产生，不依赖第三方补贴等非经营性收入。

产品结构完整。原始权益人享有所有权或经营权，不存在重大经济或法律纠纷，且不存在他项权利设定，基础设施基金成立后能够解除他项权利的除外。

二、基础设施 REITs 申报发行情况

自 2021 年 6 月 21 日首批 9 个试点 REITs 项目上市挂牌交易以来，截至 2023 年 5 月底，我国公募 REITs 基金共有 27 个标的，募集资金达 908.92 亿元。

从发行数量上看，在已发行的 REITs 基金中，产业园区、高速公路资产类型分别为 8 只、7 只，居前两位。产业园区类别在首批上市的 9 只 REITs 基金中占比达到 1/3，目前仍居上市 REITs 数量首位。

从发行规模上看，高速公路 REITs 远远领先于其他类型，目前已上市的 7 只高速公路 REITs 平均发行规模达到 62.47 亿元，约为全部 REITs 平均值 33.66 亿元的两倍。总量上，高速公路 REITs 合计发行规模达到 437.3 亿元，约占总体发行规模的一半。

三、铁路行业开展 REITs 可行性分析

（一）铁路行业发行 REITs 的机会分析

有利条件主要包括：①良好的政策支持环境。近几年来铁路领域深化投融资改革，鼓励铁路资产股权化、证券化、资本化，以盘活存量资产，形成存量资产和新增投资的良性循环。同时，2016 年以来，财政部、国家发展改革委、证监会等部门密集发布了推动基础设施 REITs 的相关政策。②铁路项目营业现金流稳定。铁路项目经过一定的培育期、运营期后（一般为 2~3 年），能形成较为稳定的客流，从而产生比较持续、稳定、可预测的现金流，这与 REITs 对基础资产现金流的要求完全一致。③铁路项目资产估值较高。相比于一般交通基础设施项目，铁路项目投资规模庞大，资产估值起点较高。公募 REITs 产品一般按未来可分配现金流折现估值，即在净利润基础上将折旧摊销、财务费用及所得税加回，相较 IPO 按未来归属母公司净利润折现估值，相同的铁路资产发行公募 REITs 产品募集的资金规模将更大。

不利因素主要包括：①铁路项目涉及面广，权属复杂，100% 股权转让协同难度大。要求发起人（原始权益人）、项目公司相关股东协商一致同意转让。相关管理部门或协议签署机构应对项目以 100% 股权转让方式发行基础设施 REITs 无异议。对 PPP（含特许经营）类项目，PPP（含特许经营）协议签署机构、行业主管部门应对项目以 100% 股权转让方式发行基础设施 REITs 无异议。②铁路项目普遍收益一般，难以满足收益率要求。要求现金流持续稳定且来源合理分散，投资回报良好，近 3 年内总体保持盈利或经营性现金流为正。特许经营权、经营收益权类项目，基金存续期内部收益率原则上不低于 5%；非特许经营权、经营收益权类项目，预计未来 3 年每年净现金流分派率原则上不低于 3.8%。

③铁路项目普遍高负债，需去杠杆以满足杠杆率要求。对于公募 REITs 项目，其直接或间接对外借入款项，应当遵循基金份额持有人利益优先原则，不得依赖外部增信，借款用途限于基础设施项目日常运营、维修改造、项目收购等，且基金总资产不得超过基金净资产的 140%。其中，用于基础设施项目收购的借款金额不得超过基金净资产的 20%。铁路项目往往存在大额银团贷款，因此也超过了相关规定对借款比例的要求，需要提前偿还大部分借款。

（二）铁路行业试点情况

2020 年 9 月，国铁集团宣布在沪汉蓉铁路湖北段、粤海铁路轮渡和广珠城际铁路开展铁路基础设施 REITs 试点。其中，广珠城际铁路由广东铁投投资集团牵头开展相关研究，2020 年以来，已与银行证券金融机构、律师事务所、会计师事务所等 10 余家中介机构开展专题对接研讨，近几年来受新冠疫情影响项目收益率未达标，尚未通过评审。沪汉蓉铁路湖北段主要存在土地权属、收益率等问题，尚在研究中。

近期，海南粤海铁路轮渡有限公司 100% 股权转让项目在上海联合产权交易所发布了预披露公告，这标志着铁路领域首单基础设施 REITs 发行工作正式进入实操阶段。粤海铁路轮渡是我国第一条跨海铁路通道，于 2003 年 1 月 7 日开通运营，海上航线距离约 12.5 海里（相当于 22.5 公里）。本项目具有三大特点：在土地权属上，粤海铁路轮渡是过海的，不涉及土地资产收购方面的问题，可把运输业务作为主营业务；在定价上，定价灵活、比较市场化；在同业竞争上，粤海铁路轮渡主要由目前的四艘万吨级渡轮来实现，火车通过琼州海峡没有其他竞争路线，收益稳定性有较大保障。鉴于以上特点，本项目避开了很多传统铁路资产证券化的难点，有望成为铁路领域第一单 REITs。

四、对策建议

目前，铁路领域及独立 PPP 项目均无成功发行的案例（市场上首单含 PPP 项目的 REITs 产品是富国首创水务，其中合肥水务资产是 PPP 项目。但在富国首创水务封闭式基础设施证券投资基金招募说明书中约定“原始权益人参与战略配售的比例不得低于 51%，且在特许经营期内不得降低比例，相应份额不得融资、抵押、质押、保理等，造成份额产生权利瑕疵”）铁路 PPP 项目发行基础设施 REITs 的可行性仍有待研究。针对铁路行业开展 REITs 试点，本文提出以下四个方面的建议。

第一，做好项目遴选分析，建立项目储备库。目前，国内积累了庞大的存量铁路资产，新建项目仍在如火如荼进行中。根据中金公司初步测算，铁路 REITs 潜在市场规模有望达到 7000 亿元。从项目控股方看，可分为国铁控股铁路、合资铁路（地方控股）、铁路 PPP 项目等；从基础资产收益来源看，可分为产权类、特许经营权或经营收益权类。针对不同项目类型特点，开展前瞻性、针对性研究，分类施策，选择权属清晰、现金流良好、具有潜力的铁路资产形成项目储备库，重点培育、滚动推进。

第二，成立高级别领导组织，统筹推进项目试点。借鉴公路项目 REITs 试点经验，铁路项目具有规模大，涉及面广，对内（沿线地方政府、主管部门等）、对外（国铁集团、国家发展改革委、证监会、交易所等）协调沟通事项繁杂等特点，高级别领导组织有利于重大事项决策、协调，加快项目推进。比如，中金安徽交控 REITs 一开始就成立了以集团一把手为组长的工作组，加强相关方统筹协调，成功实现了项目发行规模大、底层资产优、发行周期短、市场认可度高等良好效果。

第三，加强项目合规性核查，提高项目可交易性。一是土地权属问题。对项目公司拥有土地使用权的非 PPP（含特许经营）类项目、PPP（含特许经营）类项目分类分层考虑。借鉴目前公路行业试点经验，可采用剥离部分涉地资产、土地作价入股两种方式解决土地权属难题。二是股权转让问题。铁路是线性工程，涉及地方政府、相关部门繁多，相关职能部门或协议签署机构应对项目以 100% 股权转让方式发行基础设施 REITs 无异议。在机制设计上要提高各方积极性，做到利益共享。三是项目收益率问题。多维度实施引流增源举措，发挥项目公司、地方政府主观能动性，利用各类平台、渠道加强品牌宣传；通过发挥沿线文旅产业特色优势，完善站点周边市政配套等针对性措施，吸引客流，增加项目收益。

第四，加强铁路 PPP 项目 REITs 试点研究。一是控制权问题。发行 REITs 后，不能削弱原始权益人对项目的责任义务，可通过回购一定比例份额（如 51%）或在其他机制设计上（如引入一致行动人）加以保障，保证项目高质量稳定运营、公众利益不受损。二是收益来源问题。目前铁路 PPP 项目的经营收入中政府补贴占比较高。在满足铁路运营安全的前提下，充分利用车站内部空间、屋顶、沿线边坡、桥下空间、闲置房屋等，提升空间综合利用率，增加收入来源，做到合理分散。三是发起人扩募能力问题。发起人需要以控股或相对控股方式持有可发行基础设施 REITs 的各类资产，规模原则上不低于拟首次发行资产规模的两倍。